학습과 뇌과학의 만남

뇌기반 학습과학

The New Science of Learning

How to Learn in Harmony with Your Brain (2nd ed.)

Terry Doyle · Todd Zakrajsek 공저 | 박용한 역

학지사

The New Science of Learning:
How to Learn in Harmony with Your Brain, Second Edition
by Terry Doyle and Todd D. Zakrajsek

역자 서문

무언가를 하는 사람이 학습하는 사람이다(It is the one who does the work who does the learning). 책의 시작과 끝부분에서 저자가 반복하여 강조하고 있는 이 메시지는 현재 우리나라 교육 현장에서 이루어지고 있는 변화의 방향과 일치하는 의미를 함축하고 있다. 오랫동안 초 · 중 · 고 및 대학에서의 수업은 가르치는 사람, 즉 교사나 교수와 같은 교수자를 중심으로 이루어져 왔다. 이러한 교수자 중심의 수업에서는 교과서와 교재의 내용을 빼놓지 않고 전달하는 것, 진도를 맞추는 것, 학생들이 교사나 교수에게 집중하고 한눈팔지 못하도록 하는 것 등 가르치는 사람의 역할과 책임에 초점을 둔다. 교수자 중심 수업의 전형적인 모습은 강의식 수업이며, 학생 앞에서 열변을 토하는 교수자와 의자에 앉아 졸지 않고 수업에 집중하려고 고군분투하는 학생들로 이루어진다.

반면, 교육 현장에서의 최근 변화는 학습자 중심의 수업을 지향하고 있다. 여기서 '학습자 중심'이 갖는 의미가 바로 저자가 말하는 '무언가를 하는'의 의미와 관련된다. 학생들이 맑은 정신으로 스스로 주의집중하고, 자신의 배경지식을 적극적으로 활용하며, 손, 눈, 귀 등 여러 감각기관을 사용하여 직접 실행해 보고, 동료와의 상호작용 및 협력을 통해 자신과 서로의 성장을 도모하는 것 등이 바로 학습자 중심 수업이 지향하는 모습이자 뇌와 조화를 이루는 학습 방법이다. 물론 무언가를 한다는 게 신체적 움직임만을 의미하는 것은 아니며, 토론식 수업이나 문제 중심 수업 같은 방식만으로 가능한 것도 아니다. 강의식 수업이라도 학생들이 현재 알고 있는 것과 연계할 수 있는 강의 내용, 매력적이고 짜임새 있는 강의자료, 학생의 흥미를 불러일으키고 사고를 촉진하는 질문 등을 활용한다면 학생들이 무언가를 능동적으로 생각하고 인지적으로 참여할 수 있는 수업으로 충분히 만들 수 있다. 핵심은 교수자가 수업에서 무엇을 어떻게 가르치냐가 아니라 학습자가 수업을 통해 진정으로 학습을 경험하였느냐에 있다.

이와 같은 맥락에서 『뇌기반 학습과학: 학습과 뇌과학의 만남』은 수업을 더 효과적으로 만들기 위해 고민하는 교사와 교수들에게 유익한 정보를 제공할 것이다. 그러나 이 책의 주요 독자층은 현재, 그리고 급변하는 미래사회에서 자기주도적으로 학습해 나가야만 하는 학습자이다. 여기서 학습자란 책의 후반부에 언급했듯이 평생학습의 시대를 살아가고 있는 우리 모두가 해당한다고 할 수 있다. 비록 이 책에 실린 많은 내용이 대학생의 학습 장면과 관련하여 쓰여졌지만, 책에서 다루는 내용 및 구체적인 예시는 청소년이나 일반 성인에게도 유익하며 쉽게 읽고 실생활에 적용할 수 있도록 구성되어 있다. 더구나 이 책은 학습의 폭을 넓혀 운동과 관련된 학습 상황에도 도움이 되는 정보를 흥미롭게 제시하고 있기에 공부와 운동을 병행하는 학생 선수들에게도 좋은 참고가 될 것이다. 또한 이 책에서 저자는 자신들의 제안에 대한 구체적이고 과학적인 근거와 출처를 제시하고 있으며, 각 장의 마지막 부분에는 주제에 대해 더 깊이 생각하고 의견을 나눌 수 있는 도구로서 '비판적 사고 및 토론을 위한 질문'을 포함하고 있다. 대학에서 학생들을 가르치고 있는 역자의 입장에서 볼 때, 이러한 자료를 활용한다면 입문 수준에서 '학습'이란 주제로 학습자 중심의 수업을 해 나갈 수 있는 좋은 자료가 될 수 있으리라 생각한다.

최근 뇌과학의 발전과 더불어 뇌기반 교육 또는 뇌기반 학습이라는 용어를 흔하게 접한다. 특히 뇌과학에 근거한 학습 원리나 방법을 소개하는 책들이 꾸준하게 출판되고 있다. 그러나 많은 경우 지나치게 뇌과학 이론에 치우쳐 교육 및 학습에 대한 시사점이 부족하거나, 일부는 교육 및 학습 방법에만 초점을 맞추어 뇌과학과의 연계성을 파악하기 어렵다는 아쉬움이 있었다. 이러한 아쉬움을 가졌던 독자에게 이 책 『뇌기반 학습과학: 학습과 뇌과학의 만남』은 분명 좋은 대안이 될 것이다. 또한 두 명의 저자 테리 도일(Terry Doyle)과 토드 자크라섹(Todd Zakrajsek)은 학습과 수업에 대한 전문가로서 대학에서 교육, 연구를 수행해 왔을 뿐만 아니라, 교육 현장의 교사와 교수들을 대상으로 학생들의 학습을 증진하는 방법에 대한 워크숍 및 컨설팅을 오랫동안 해 온 풍부한 경험이 있다. 저자들의 풍부한 경험과 전문성이 이 책을 읽는 독자들에게 충분하게 전달되고 공감될 수 있을 것이다.

이 책의 번역은 2020년 초반 충남대학교 일반대학원 교육심리학 전공 학생과 졸업생으로 구성된 CNU교육심리연구회의 스터디그룹으로부터 시작되었다. 처음에는 막연히 학습이라는 주제로 최근에 출판된 원서를 가볍게 읽으며 함께 공부해 보고자 시작했는데, 스터디가 진행

됨에 따라 책의 각 장에서 다루는 주제와 내용에 흠뻑 빠져서 긴 토론을 거듭하게 되었고, 마침내 더 많은 사람이 이 책을 읽어 보면 좋겠다는 생각을 CNU교육심리연구회의 구성원 모두가 공유하게 되었다. 그러나 번역 과정은 쉽지만은 않았다. 무엇보다 일상적인 표현으로 쉽게 전달하려고 했던 원저자들의 의도를 번역본에서도 살리는 과정이 어려웠다. 이 모든 과정을 함께해 준 CNU교육심리연구회의 구성원에게 감사를 전하고 싶다. 특별히 박사과정의 두 선생님, 대전원앙초등학교의 문연희 선생님과 대전외국어고등학교의 유향은 선생님에게 감사의 마음을 꼭 전하고 싶다. 두 분의 선생님과 나는 초벌 번역본을 가지고 다시 처음부터 끝까지 문장 하나하나를 원본과 대조하여 읽고 토론하며 수정하는 수고스러운 과정을 함께하였다. 그것도 상당한 기간을 매주 토요일 아침부터 오후 늦게까지 반복하였는데, 두 선생님 모두 힘든 기색 하나 없이 너무나 열정적으로 함께하였기에 번역본을 완성할 수 있었다. 마지막으로 나의 가족, 아내와 두 아이에게도 감사를 전한다. 일을 핑계로 매주 토요일을 가족과 함께하지 못한 것은 저자들이 이 책의 가장 끝부분에서 강조하고 있는 '균형 잡힌 삶'에 위배되는 것이 틀림없다. 그렇지만 이 책을 번역하는 과정은 내게 해야만 하는 일이라기보다는 즐거이 하고 싶은 일이었으며, 이를 가족들이 이해해 주었기에 가능한 일이었다.

2021년 8월

충남대학교 대덕캠퍼스

글로벌인재양성센터 8층 연구실에서

역자 박용한

한국어판 저자 서문

한국에 있는 나의 동료와 학습을 사랑하는 모든 이에게

토드 자크라섹과 제가 함께 집필한 책 『뇌기반 학습과학: 학습과 뇌과학의 만남(The New Science of Learning)』의 한국어판을 통해 인간의 뇌가 어떻게 학습하는지, 그리고 뇌와 조화를 이루어 최적의 학습을 이끌 수 있도록 가르치기 위해서는 어떻게 해야 하는지에 대한 중요한 연구 결과들을 한국에 있는 동료 및 학생들과 나눌 수 있게 되어 기쁘게 생각합니다. 이 책은 인간의 뇌가 새로운 정보를 어떻게 받아들이고 처리하여 기억하며 학습하는지에 대하여 교사와 학생 모두에게 도움이 되는 통찰을 제시하고 있습니다.

이 책에서는 학생들을 위해서 어떻게 해야 우리 뇌가 학습할 준비가 되도록 할 수 있는지를 상세하게 설명하고 있습니다. 예를 들어, 매일 밤 적정한 수면을 취하고, 학습 전 유산소 운동을 하며, 균형 잡힌 식단을 유지하고, 수분을 충분히 섭취하는 것 등이 포함됩니다. 또한 이 책에서는 장기적인 기억 및 회상을 돕는 공부 방법과 학업에서의 성공을 위해 필요한 성장 마인드셋을 기르는 방법을 소개하고 있습니다.

이 책에서는 교사들을 위해서 패턴을 통해 학습하는 뇌를 설명하고 있는데, 이러한 패턴을 수업에서 활용하는 것뿐만 아니라 학생들에게 수업 내용에 내재된 패턴을 인식시키는 것의 중요성을 강조합니다. 더불어 이 책은 수업에서 다감각적 접근의 활용법을 소개하고 있는데, 이를 통해 새로운 정보를 사전지식과 연결할 수 있는 능력을 향상하고 새로운 학습에 대한 여러 개의 기억 경로를 형성할 수 있도록 학생들에게 도움을 줄 수 있을 것입니다.

이 책을 읽은 학생들이 자신의 학습방식을 개선하여 효과적이고 효율적인 학습을 할 수 있길 바랍니다. 또한 저처럼 학생들을 가르치는 일을 하는 동료들에게 이 책이 좀 더 학습자가 중심이 되는 수업을 할 수 있도록 하는 안내서가 되길 바랍니다. 이를 통해 뇌가 학습하고 기억하는 방식과 조화를 이루며 가르칠 수 있을 것입니다.

저자 테리 도일(Terry Doyle)

추천의 글

이 책 『뇌기반 학습과학: 학습과 뇌과학의 만남』의 개정판은 학생뿐만 아니라 교수, 상담가, 교수학습센터의 튜터 그리고 운동 코치들에게도 매력적인 책이자 훌륭한 자료이다. 테리 도일과 토드 자크라섹은 인간의 뇌가 어떻게 학습하는지, 그리고 연구 기반의 전략을 사용하여 학습력을 향상할 수 있는 요인에 대한 최신 연구를 추가하여 자신들의 책을 업데이트하였다. 저자들은 일상적인 용어로 뇌의 과학적 작동 방식을 분석하였으며, 특히 어려운 과제에서 학습과 회상을 향상하기 위해 학생들이 사용할 수 있는 실용적인 조언을 제시하였다.

오늘날 사회에서 대학생들은 매일매일 꼼꼼하게 살펴보고 이해해야 할 수업자료와 정보의 양이 너무도 많다. 그럼에도 불구하고 이 책의 내용은 대학생활에서만이 아니라 미래 직업 현장에서도 효율적이고 효과적인 학습자가 되는 데 도움이 될 것이다. 제1장 '학습에 대한 새로운 관점'에서 도일과 자크라섹은 학생들이 학습을 위해 준비해야 할 중요한 단계들을 제시한다. 그들은 수면, 영양, 수분, 운동이 우리 뇌가 학습할 수 있도록 준비시키는 데 있어 왜 중요한지, 그리고 새로운 정보를 학습할 때 우리의 뇌는 어떻게 신경화학적인 변화를 경험하는지 설명한다. 인간의 뇌가 최상의 기능을 하기 위해서는 에너지가 필요하다. 제1장의 끝부분을 읽을 때까지 독자들은 이 책을 손에서 놓지 못할 것이다. 무언가 새로운 것을 학습하는 것이 아무리 어렵고 힘들지라도(개인적으로 학습은 그래야 한다고 생각한다), 이 책을 통해 독자들은 새로운 지식을 학습하는 데 들이는 시간과 노력이 최적화되고 향상될 수 있음을 알게 될 것이다.

추가하여 이 책의 각 장은 운동하는 사람들을 위한 구체적인 정보를 포함하고 있다. 여기서 이야기하는 운동하는 사람들이란 운동 특기생뿐만 아니라 학교 간 시합 혹은 교내 시합에 참여하는 선수 그리고 그냥 일주일에 며칠 정도 운동하는 사람까지도 포괄한다. 이 중 어떤 유형에 해당하더라도 경기장과 교실에서 수행을 향상할 수 있는 방안이 제시된다. 학생 운동선수들은 한 영역에서의 성공과 다른 영역에서의 성공 중에서 하나만을 선택해서는 안 된다. '절정의 수행(peak performance)'은 운동 경기에서 자주 사용되는 용어인데, 우리 학생들은 이러한 최고의 운동 수행을 위한 전략들이 최고의 '학업적' 성취를 위해서도 사용될 수 있으며 그 반대로 최고의 학업적 성취를 위한 전략들이 최고의 운동 수행을 위해서도 사용될 수 있다는 것을 모르는 경우가 많다. 도일과 자크라섹은 학습에 대한 과학을 이 두 분야에 모두 적용한다.

제2~4장에서는 수면 및 낮잠 습관, 정기적인 운동, 공부를 위한 감각 사용 등에서의 변화가 어떻게 학습 잠재력을 높이고, 학습을 수월하게 하며, 기억을 향상하는지에 대하여 초점을 맞춘다. 이러한 변화의 또 다른 혜택은 인내와 자기통제의 증가이다. 교수, 상담가, 운동 코치들은 이 책에 제시된 원리와 개념을 학생들에게 훈련시킬 수 있다. 이번 개정판에서 도일과 자크라섹은 각 장의 마지막 부분에 비판적 사고 및 토론을 위한 질문을 추가하였다. 이 질문들은 학생들이 책에서 제시하는 조언들을 실행하고 일상적인 습관이나 루틴이 되도록 하는 방법을 찾는 데 있어 자기성찰과 깊이 있는 숙고를 위한 좋은 도구가 될 것이다.

제5장 '학습과 패턴'과 제6장 '기억'은 학생들이 새롭고 어려운 정보를 어떻게 하면 이해할 수 있게 되는지에 대하여 특히 도움이 되는 내용이다. 도일과 자크라섹은 학생들이 복잡한 자료를 배우고 이해하는 데 방해가 되는 것을 극복할 수 있도록 돕는 통찰력 있고 강력한 전략을 제시해 준다. 정교화(elaboration) 기술이 설명되고, 자기조절 학습자(self-regulated learner)가 되는 방법이 제시된다. 무엇보다도 전략과 기술들이 유용하고 실용적이며 구체적인 용어로 설명되기 때문에 학생들은 그것들을 바로 사용할 수 있을 것이다. 동시에 도일과 자크라섹은 자신의 학습에 대해 성장 마인드셋을 갖는 것의 중요성을 강조한다(제7장). 계속하여 제8장 '주의집중'에서 도일과 자크라섹은 학생들이 자신의 학습에 대해 자립심과 책임감 있는 태도를 기르는 것의 중요성을 이야기한다. 세부사항에 대해 주의집중하는 것을 어떻게 향상할 수 있는지 배움으로써 학생들은 학습 과정에 몰두하고, 사전 지식과 새로운 지식을 연결하며, 긍정적인 태도를 유지하는 능력을 강화할 수 있을 것이다.

도일과 자크라섹은 논리적이고 설득력 있게 정보를 설명함으로써 독자들에게 강력한 메시지를 전달한다. 그들은 독자들이 과학적 학습과 일치된 방식으로 학습하는 평생학습자가 될 수 있도록 튼튼한 기초를 제시하고 있다. 그들은 변화가 마술처럼 쉽게 될 수 있다고 약속하지는 않지만, 시간과 노력을 들일 만한 연구 기반의 가치 있고 효과적인 전략을 통해 자신의 학습 역량을 바꿀 수 있는 방법을 독자들에게 전달한다. 서두와 결론에서 도일과 자크라섹이 이야기한 것처럼 "학습은 능동적 과정이며 무언가를 하는 것이 필요하다. …… 무언가를 하는 사람이 학습하는 사람이다."(p. 38). 따라서 이 책에서 제시한 방법과 활동은 시간과 노력이 최대화되는 학습에서 사용할 때 매우 유용할 것이다.

캘리포니아 주립 대학교(California State University, Chico) 부교수
캐슬린 가브리엘(Kathleen F. Gabriel)

들어가며

수업에서 어려움을 겪는 학생들에 대한 많은 이야기가 있고 심지어 대학 강의에서도 어떻게 하면 학습을 향상시킬 수 있는가에 대해 논의되고 있지만, 우리는 학습이 일상생활에서 대체로 별다른 어려움 없이 이루어지고 있다는 것을 잊고 산다. 학습이란 당신이 읽는 교과서, 당신이 듣는 강의, 또는 당신이 암기하기 위해 애써 작성하는 강의노트에 한정되지 않는다. 우리는 학습에 대해 생각하지 않는 순간에도, 그리고 일부러 학습하려고 하지 않더라도 항상 학습하고 있다. 캠퍼스를 가로지르는 지름길을 걸으면서 우리는 특정 건물에 가기 위한 더 빠른 방법을 학습한다. 또한 영화를 보면서는 경찰이 어떻게 연쇄살인범을 체포하는지를 배우며, 스포츠나 게임을 하는 동안에는 상대편 팀에서 누가 가장 실력이 좋은지를 빠르게 학습하게 된다. 이러한 것을 할 때, 학습은 우리가 고군분투해야 하는 것이 아니며 너무 어렵다고 한탄하며 많은 시간을 보내야 하는 것도 아니다. 아마도 우리는 그것을 재미있다고 생각할 것이며, 이러한 유형의 학습은 이에 대해 생각하지 않아도 자연스럽게 발생한다.

학습이 어렵고 많은 노력을 필요로 할 때도 있다. 이러한 종류의 학습은 때로 '실생활'에서 나타나기도 하며 학업적인 공부에서는 더 자주 나타난다. 새로운 수학 방정식을 언제 적용해야 하는지 배워야 할 때, 상사가 원하는 주간보고서 작성 내용을 파악해야 할 때, 직장에서 새로운 프로젝트를 위해 가장 적합한 데이터베이스를 결정할 때, 새로운 팀 스포츠에서 복잡한 플레이를 분석해야 할 때 우리는 학습을 어렵다고 느끼게 된다. 무엇이 학습을 쉽게 하고 어렵게 하는지 이해하는 것은 어렵지만 중요한 일이다. 우리는 학습이 쉬울 때는 어떻게 학습해야 하는지를 배우는 데 특별한 도움이 필요하지 않다. 그것은 혼자서 할 수 있는 일이기 때문이다. 이 책은 학습이 어려울 때 어떻게 학습해야 하는가에 대해서 배우는 데 도움이 되도록 구성되어 있다. '도움이 되도록(help you)'이라고 했음에 주목하라. 어떤 것도 어려운 학습 그 자체를 쉬운 것으로 만들 수는 없지만, 학습을 훨씬 더 수월하게 할 수 있는 연구 기반의 전략이 있다. 그것이 바로 이 책에서 다루고자 하는 내용이다.

수천 년 전 인간 두뇌의 주요한 임무는 모든 동물에게 필수적인 요소를 영위하는 방법을 파악하는 것이었다. 음식을 찾는 방법(영양이 풍부한 음식과 독이 든 음식을 구별하는 방법 등), 포식자에게 잡아먹히지 않는 방법(잠을 자기에 안전한 장소를 찾는 것 등), 종족 번식을 위한 방법(일반적으로 짝짓기 상대를 찾는 방법) 등이 여기에 포함된다. 오늘날 우리의 뇌는 이러한 인간으로서의 기본적인 기능에 더하여 수없이 많은 것을 학습해야 한다. 불행히도 뇌는 생물학적 구조의 진화에서 우리 사회의 변화 속도만큼 빠르게 변화를 받아들이지 못한다. 지난 100년 혹은 4세대 동안 인간의 생활이 얼마나 복잡해졌는지를 상상해 보라. 인간의 정보처리와 관련하여 우리의 현재 삶은 증조부모 세대가 우리 나이 때 살았던 삶과 매우 다르다. 대학 하나만 보더라도 우리의 증조부모 대다수는 전혀 겪어 보지 못한 도전이라고 볼 수 있다. 문제는 우리의 세계가 매우 다르다고 할지라도 우리가 갖고 태어난 뇌는 우리 증조부모의 뇌와 거의 다르지 않다는 것이다. 우리의 뇌가 과거 몇백 년 동안 크게 바뀌지 않았을지라도 우리 뇌가 작동하는 방식에 대한 이해는 단 몇 년 전보다 현재가 몇 광년이나 앞서 있다고 할 수 있겠다. 이 새로운 정보는 우리가 일상에서 마주치는 엄청난 양의 정보를 이해하는 데 도움이 될 것이다.

인간의 두뇌가 어떻게 학습하는지에 대한 새로운 통찰은 과거의 교사, 교수, 학생들이 사용하였고 현재까지도 사용하고 있는 학습 방법들이 매우 비효율적이고 비효과적이며 잘못되었음을 분명히 보여 주고 있다. 더 큰 문제는 시험에서 좋지 못한 성적을 받았거나 어떤 글을 이해하는 데 실패한 개인들이 처음에 했던 좋지 못한 행동을 똑같이 반복한다는 것이다. 더 좋은 학습이란 반드시 더 많은 노력이나 더 많은 시간을 필요로 하지는 않으며, 그보다는 교실에서 요구되는 것을 우리 뇌의 자연스러운 학습 방식에 맞도록 효과적으로 조정할 필요가 있다. 이 책은 당신의 학교 생활을 크게 향상시킬 수 있으며 쉽게 적용할 수 있는 몇 가지 변화 방법을 보여 줄 것이다. 이를 통해 당신은 당신의 뇌와 조화를 이루며 학습하는 방법을 배울 수 있게 될 것이다.

효과적으로 그리고 효율적으로 학습하는 방법을 배우는 것이 특별히 중요한 이유는 무엇일까? 우리 세계가 마주하고 있는 새로운 정보, 혁신, 도전의 공습은 줄어들지 않을 것이다. 오늘날 대학생들은 취업을 위해 글로벌 경쟁이 선택이 아닌 필수가 되어 버린 새로운 세계 질서를 마주하고 있다. 인도와 중국에는 미국보다 두 배나 많은 우수한 학생들이 있다(Herbold, 2008). 이들은 당신이 찾고 있는 것과 똑같은 취업 자리를 찾고 있다. 조지타운 대학교(Georgetown University) '교육 및 일자리센터(Center for Education and the Workplace)'의 2016년 연구에 의하면 대학 졸업자는 고등학교 졸업 이하의 사람들보다 고용될 가능성이 유의하게 높을 뿐만 아니라, 복리후생이 제공되는 연봉 $53,000(약 6,221만 원) 이상의 정규직과 같은 더 좋은 직업을 갖게 될 가능성도 높다. 2010년 이후 1,160만 개의 새로운 일자리가 만들어졌고 이 중 99%가 정규 대학교육을 받은 사람에게 돌아갔다(Carnevale, Jayasundera, & Gulish, 2016). 직업을 갖기 위한 교육뿐만 아니라, 우리는 이러한 직업을 지속하여 유지하기 위해 기술과 지식을 계속해서 업데이트할 필요가 있을 것이다. 결과적으로 현재의 대학생들은 취업 상태를 지속하기 위해서라도 평생학습자가 되어야 한다. 단순히 시험을 위해서가 아니라 세계 무대에서 효과적으로 경쟁하기 위해서 우리는 학습한 지식과 기술을 평생 동안 유지할 수 있는 매우 효율적이고 효과적인 학습자가 되는 것이 필수적이다.

이 책은 인간의 뇌가 어떻게 학습하는가에 대한 최신 연구에 기반하고 있다. 이 책을 통해 당신은 학습을 준비하는 방식을 바꾸고, 학습을 더 쉽고 효과적으로 만들며, 새로 학습한 자료를 나중에 필요할 때 더 잘 회상할 수 있도록 하는 데 도움을 얻을 수 있을 것이다. 수강하고 있는 강의의 새로운 자료를 학습하는 데 현재 당신이 쓰고 있는 시간에 대해서 생각해 보라. 학교에서 많은 학생은 자신의 시간 대부분을 학습하는 데 쓰고 있는 반면에, 아이러니하게도 어떻게 하면 더 잘 학습할 수 있는지 배우는 데는 시간을 거의 쓰고 있지 않다. 이 책의 자료를 읽고 그것에 대해 생각하는 데 투자하는 시간은 학습자로서 당신이 내린 최고의 결정 중 하나가 될 것이다. 이 시점에서 당신은 아마도 '공부 방법이나 성공적인 학교 생활 방법에 대해서는 이미 수많은 책이 있는데…….'라고 생각할지도 모른다. 공부 습관이나 공부 기술에 대해 이미 많은 책이 있긴 하지만, 이 책은 특정한 공부 기술이나 학습 전략 혹은 학습 태도 향상법을 가르치기 위해 만들어진 게 아니다. 이 책은 인간의 뇌가 어떻게 학습하는가에 대한 연구를 이해하기 쉽게 그리고 따라 하기 쉽게 설명하고자 한다. 이 책은 공부 기술을 기르는 데 필요한 기초적인 내용을 포함하고는 있지만, 그보다는 왜 그리고 어떻게 이러한 기술이 가장 잘 사용될 수 있는지에 대한 이해를 도울 것이다.

하나의 예로 신경과학자들은 새로운 자료를 잘 이해하고 나중에 잘 회상하기 위해서는 공강 시간 없이 연속적으로 수업을 수강하지 않는 것이 효과적임을 보여 주었다. 수업을 연속으로 수강하는 것은 아마도 이른 아침 강의를 피하거나, 학교에 있는 시간을 줄이고, 일주일에 하루나 이틀 정도 수업이 없는 날을 만드는 데 도움이 될 수 있다. 문제는 연속적인 강의 수강이 학습을 훨씬 더 어렵게 만든다는 것이다. 연구에 의하면 인간의 뇌는 새로운 자료를 처리하고 그것에 대한 새로운 기억을 만들기 위해서 서로 다른 학습 경험 사이에 휴식 시간을 필요로 한다. 새로운 것을 학습하기 위해서는 뇌가 작동되어야 하며 뇌가 필요한 처리를 수행할 수 있도록 시간을 주어야 한다. 뉴욕 대학교(New York University)의 신경과학자인 릴라 다바치(Lila Davachi)는 "수업 하나를 마친 후 1시간 동안 친구와 잡담을 할 수 있는 휴식 시간을 갖는 것은 학생들을 위해 좋습니다. 이는 사실 학생들의 학습을 위해서도 좋습니다."라고 말했다(Tambini, Ketz, & Davachi, 2010). 새롭고 서로 관련 없는 많은 자료를 처리하는 데 있어서 뇌가 과부하되지 않도록 전략적 휴식 시간(strategic downtime)을 갖는 것은 지나치지만 않다면 효과적인 학습 과정의 일부가 될 수 있다.

이 책의 저자들은 독자를 위해 한 가지 목표가 있다. 당신의 뇌와 조화를 이루며 학습하는 방법을 어떻게 배울 수 있는지 더 잘 이해하게 하는 것! 이 책에서 제안된 방식으로 변화를 하는 것은 어렵지 않다. 그러나 그것은 중요하다. 능숙하고 효율적인 학습자가 되는 것은 평생 동안 당신이 성취해야 할 것에 대한 가장 중요한 결정 요인이 될 것이다. 우리가 이 책을 쓰는 목적은 당신이 학습 과정에 대해 이해할 수 있는 간단한 방법을 제공함으로써 당신의 잠재력을 온전히 발휘할 수 있도록 하는 것이다.

독자에게 드리는 말

우리는 의도적으로 이 책의 각 장을 인간 두뇌의 특정한 측면에 대하여 소개하는 독립적인 장으로서 구성하였다. 따라서 어떤 정보는 각 장의 주제와 내용에 따라 여러 장에 걸쳐 반복될 수 있다. 예를 들어, 새로운 기억의 생성은 수면(제2장), 운동(제3장), 주의(제8장), 연습과 정교화(제6장) 등의 영향을 받는다. 우리는 이러한 반복이 학습에 대한 중요한 정보를 강화할 뿐만 아니라 다양한 방식으로 정보를 생각해 보는 데 도움이 될 것임을 믿는다.

비판적 사고 및 토론을 위한 질문

1. 지난주에 여러분이 학습한 것 중에서 쉬웠던 것 한 가지와 어려웠던 것 한 가지를 짧게 설명해 보라. 이 두 가지는 어떤 면에서 달랐는가? 왜 하나는 쉽고 다른 하나는 어려웠는가? 단순히 "이것보다 저것을 좋아했기 때문에요."라고 답하지 말라. 왜 어떤 것이 다른 것보다 더 쉬웠는지 생각해 보라.

2. 학습에 도움이 된다고 생각하여 당신이 일상적으로 사용하는 전략은 무엇인가? 세 명의 다른 사람에게 각자가 사용하는 전략을 하나씩 물어보라. 당신의 전략은 다른 사람의 전략과 어떻게 유사하고 다른가? 자신과 다른 전략에 대해서는 그것이 당신에게도 효과적일 것인지와 그 이유에 대해서 생각해 보라.

3. 학습 방법에 대해 출판된 논문이나 기사 하나를 읽어라. 이것이 연구논문인지 아니면 대중매체 기사인지를 파악해 보고 왜 이것이 중요한지 기록하라. 그 논문이나 기사로부터 여러분의 학습에서 사용할 수 있는 한 가지 전략이나 개념을 찾아보라. 이 전략 혹은 개념을 몇 번 시도해 본 후, 그것

이 당신의 학습에 얼마나 도움이 되었는지 설명하라.

참고문헌

Carnevale, A. P., Jayasundera, T., & Gulish, A. (2016). *America's divided recovery: College haves and have-nots*. Washington, DC: Georgetown University Center for Education and the Workforce. Retrieved from https://cew.georgetown.edu/wp-content/uploads/Americas-Divided-Recovery-web.pdf

Herbold, R. (2008, December). Does the U.S. realize it's in competition? *Think*. Retrieved from http://www.cae.edu/magazine/springsummer2010/competition.htm

Tambini, A., Ketz, N., & Davachi, L. (2010). Enhanced brain correlations during rest are related to memory for recent experiences. *Neuron, 65*(2), 280–290.

차례

제1장 학습에 대한 새로운 관점

사람은 모두 태어나면서부터 죽는 날까지 계속해서 학습한다. 우리는 신발 끈을 묶거나 원의 넓이를 구하는 방법, 쇼핑몰로 가는 최적의 길, 어떤 친구가 비밀을 지켜 줄 수 있으며, 어떤 교수가 제출기한을 넘긴 과제를 받아 줄 것인지를 학습한다. 이외에도 선호하는 TV 프로그램, 인상적인 도입 문단을 쓰는 방법, 친구를 화나게 한 이유, 수업에서 불시에 쪽지 시험을 볼 가능성이 있는 시기, 그리고 최고의 햄버거 가게가 어디인지에 대해서도 학습한다. 우리는 깨어 있는 매 순간 끊임없이 학습한다. 이처럼 사람들이 실제로 하고 있는 다양한 종류의 학습을 감안할 때, 학습하는 방법에 대해 학교에서 정기적으로 가르치지 않는다는 것은 놀라운 일이다. 심지어 교육계에서 평생을 보내고 박사 학위를 받은 대학교수들조차 인간이 어떻게 학습하는가에 대한 방대한 문헌을 참고하거나 '학습법'에 대한 수업을 수강하지 않는다. 당신이 대학생이거나 대학 진학을 앞둔 고등학생이라면 틀림없이 학습에 능숙하겠지만, 어떤 전략과 상황에서 가장 효율적인 학습이 이루어지는지에 대한 근거가 되는 연구를 아는 것은 누구에게나 도움이 될 수 있다. 이것이 이 책의 주된 목적이다. 이 책은 『뇌기반 학습과학: 학습과 뇌과학의 만남』의 개정판이다. 초판을 통해 우리는 뇌기반 학습을 주제로 읽기 쉬우면서도 연구를 기반으로 한 책을 쓰는 것이 가능함을 보여주었다. 초판은 20년 전 과학자들이 오늘날 가장 복잡한 체계로 알려진 인간 뇌의 작동 방식에 대해 더 나은 이해를 제공할 수 있는 효과적인 도구들을 개발하기 시작했기 때문에 가능했다. 지난 5년간 많은 변화가 있었다. 기본 정보의 대부분은 초판을 쓸 때와 동일하게 유지되었지만, 진보된 기술을 통해 과학자들은 뇌와 그 기능을 파악하게 됨으로써 뇌에 대해 더 잘 이해하게 되었다. 물론 아직 밝혀지지 않은 영역들이 많이 존재하고, 아직까지 신경과학은 뇌의 작동 방식에 대하여 완벽한 이해를 제공하지는 못한다. 그러나 2010년 신경과학 전문가 회의에서 텍사스 대학교(University of Texas) 남서부 의료 센터의 제임스 빕(James Bibb) 박사는 "우리는 어떤 과정이 기여하는지를 얘기할 수 있을 정도로 시냅스와 신경회로 수준에서 인지의 메커니즘 및 분자생물학적 토대에 대하여 충분한 지식을 축적하였습니다."라고 말했다(Bibb, 2010). 빕은 이러한 주장을 확장하여 2010년 『신경과학 학술지(Journal of Neuroscience)』에 논문을 기고했는데, 이 논문에서 빕과 동료들은 어떻게 학습이 이루어지는가에 대해 마침내 충분한 학문적 이해에 도달하였음을 제시하였으며 이는 대부분의 학생들이 생각하는 것과는 완전히 다른 과정임을 보여 주었다(Bibb, Mayford, Tsien, & Alberini, 2010). 이와 같이 학습 능력을 더욱 촉진시키는 데 도움이 되는 최신의 연구들은 계속해서 쏟아지고 있다. 이 개정판에서는 당신의 뇌와 조화를 이루며 학습하는 데 도움이 되는 인지 신경과학의 최신 연구 결과들을 공유할 것이다.

학습에 대한 새로운 정의

무엇인가를 학습했다는 것은 어떤 의미일까?

신경과학자들은 새로운 것을 배울 때 뇌 속에서 물리적인 변화가 일어난다는 것을 밝혔다. 뇌에는 약 860억 개의 뉴런이 있고(Randerson, 2012), 각 뉴런은 다른 뉴런들과 최대 10,000개의 연결고리를 만들 수 있다. 이 말은 곧 우리의 뇌가 약 4경(40,000,000,000,000,000) 개의 연결고리를 갖고 있다는 말과 같다(Ratey, 2001). 뇌는 매 순간 적응하고 있는데, 그 과정에서 사용되지 않는 연결은 사라지고 새 정보를 학습하면 새로운 연결과 네트워크를 만들어 낸다. 새롭게 형성된 네트워크가 자주 활성화되고 연습될 때 장기기억이 형성될 가능성이 있다. 사실 새롭게 학습된 정보와 기술을 사용하거나 실행할 때마다 뇌세포 간 연결고리는 더욱 강력해지며 정보를 기억해 내는 능력 또한 쉽고 빨라진다. 한편 새로운 연결고리를 만들어 내는 것은 첩첩산중에 새로운 길을 만드는 것과 같이 대단히 고된 일이다. 그러나 새롭게 난 길을 사용하면 할수록 그 길은 좀 더 확실해지고 쉽고 빠르게 이용할 수 있게 될 것이다. 뇌신경계 수준에서 세포 간 연결을 만들고, 이를 유지하는 과정을 '장기증강(long-term potentiation)'이라고 부른다(Ratey, 2001, p. 191). 장기증강의 결과로 인하여 한때 당신에게 낯설고 수행하는 데 많은 노력을 필요로 했던 것들이 일상적이고 매우 쉽게 느껴지게 된다. 처음에는 어렵게 느껴졌던 구구단이나 시의 구절을 떠올리는 것이 점차 더 수월해지고 인지적 노력도 점차 덜 필요해진다. 장기증강은 습관과 장기기억이 어떻게 형성되는지에 대한 신경학적 설명이다. 충분히 숙달한 지식과 기술은 기억의 영구적인 부분이 되며 이것은 몇 주, 몇 달 또는 몇 년 동안 사용하지 않더라도 필요할 때마다 쉽게 사용할 수 있게 될 것이다.

여기서 모든 학습자에게 중요한 메시지는 새로운 학습이 다른 정보와 의미 있게 연결되고 더 영구적인 기억의 일부가 되기 위해서는 상당한 양의 연습과 노력이 필요하다는 것이다. 학습은 어려운 일이기 때문에 새로운 것들을 많이 배운 날에는 지치게 된다. 비록 더욱 효과적으로 학습할 수 있는 지름길과 방법이 있다 하더라도, 학습할 때 뇌가 사용하는 에너지를 과소평가해서는 안 된다. 학습 내용을 정말로 즐기고 있을 때도 학습은 도전적이고 심신을 지치게 하기에, 배우고 싶지 않거나 학습 내용에 관심이 없을 때는 학습이 훨씬 더 어렵다는 것을 우리는 안다. 신경과학자들은 학습이란 능동적인 과정이며 학습에는 노력이 필요함을 분명히 했다. 배우고 있는 것에 대해 더 많은 노력을 기울이고, 듣고, 말하고, 읽거나 쓰고, 복습하는 것과 같은 다양한 방식으로 학습에 참여할수록 당신의 뇌에는 강력한 연결고리가 생성되고, 새로운 학습은 더 영구적인 기억이 될 가능성이 커진다. 또한 신경과학자들은 지속성 있는 기억을 형성하기 위해서는 상당한 시기에 걸쳐 연습이 필요하다고 이야기한다. 심리학자들은 이미 이러한 현상을 **분산연습 효과**(distributed practice effect)라는 용어로 100년 이상 연구해 왔다

(Aaron & Tullis, 2010; Ebbinghaus, 1913). 학습한 내용을 기억하고 강화하는 것은 다양한 형태로 이뤄질 수 있지만 그 과정은 유사하기 때문에 분산연습은 학습에서 매우 중요하다. 누군가가 미식축구 경기를 잘하기 위해 강한 근육을 키워야 할 때 근력운동을 벼락치기로 몰아서 하는 일이 얼마나 말도 안 되는지 생각해 보라. 일주일 중 단 하루, 경기 전날 밤 다섯 시간에서 일곱 시간 동안 근력운동을 했다고 상상해 보자. 또는 육상 경기 하루 전, 한꺼번에 몰아서 달리기 연습을 했다면 좋은 결과를 기대할 수 있을까? 만약 당신이 더 강해지거나 빨라지기를 원한다면 당신은 매일 조금씩 나눠서 연습해야 한다. 또한 매 연습 후에는 피곤해지리라는 것을 예측할 수 있다. 이는 당신의 뇌도 마찬가지다. 강력한 지식 영역을 구축하기 위해서는 분산연습이 중요하다. 그다음에는 획득한 지식을 유지할 필요가 있다. 몸을 만든 후 운동을 중단하면 근력과 폐활량이 줄어드는 것처럼, 주기적으로 활용하지 않은 학습도 동일한 결과를 맞게 된다. 새로운 것을 학습하고 나서 연습하지 않으면, 배운 내용은 기억에서 사라져 버릴 수 있다. 운동과 마찬가지로 학습 역시 써먹지 않으면 잊어버리게 된다.

신경과학에 대한 이 모든 새로운 연구들은 학교의 교수-학습 과정에 대한 완전히 새로운 사고방식으로 이어졌다. 이를 '학습이 중심이 되는 수업(Learning-Centered Teaching: LCT)'이라고 한다. 모든 교사가 LCT를 사용하는 것은 아니지만 매년 더 많이 사용되고 있으며, 모든 증거들은 LCT가 고등교육에서 지향해야 할 방향임을 시사한다. LCT 모델에서 교사의 목표는 학생이 학습 과정에서 가능한 한 많은 활동을 하게 하는 것이다. 왜냐하면 뇌가 많이 연습할수록 세포 간 연결이 더 많이 이루어지기 때문인데, 이는 장기기억이 형성될 가능성을 증가시킨다. 교사가 학습해야 할 내용을 알려 주고, 시험 하루나 이틀 전에 그것을 외우는 데 익숙한 학생이라면 LCT 접근법에 불편함을 느낄 것이다. 흔히, 이런 불편함은 강의실에서 그저 강의를 듣는 것보다 교실에서 더 많은 활동과 적극적인 역할을 수행하는 데서 생겨난다. LCT는 강의를 없애는 것이 아니라, 학생들이 학습에서 직접 무언가를 할 수 있도록 하는 교수-학습 전략과 강의를 연결시킨다(Harrington & Zakrajsek, 2017; Major, Harris, & Zakrajsek, 2015). 여러분이 학습에서 무언가를 직접 더 많이 하고 학습해야 할 것을 더 많이 연습할수록 장기증강이 이루어질 것이며, 이미 불태운 학습의 흔적처럼 그 새로운 학습은 더 쉽게 그리고 더 오랜 기간 동안 기억되기 시작할 것이다. 불태운 흔적을 따라가는 것과 마찬가지로 학습 또한 더 쉬워질 것이며 점점 더 적은 에너지가 필요하게 된다. 이것은 여러분이 더 복잡한 학습자료에 대해 생각하고 배울 수 있도록 해 줄 것이다.

학습 준비하기: 영양과 수분 공급, 수면 그리고 운동

인간의 뇌가 어떻게 학습하는가에 대한 가장 중요한 통찰 중 하나는 뇌가 제대로 기능하려면 준비가 되어 있고 배울 수 있는 최상의 상태에 있어야 한다는 것이다. 적절한 수면, 규칙적인 운동, 음식과 수분의 공급이 없는 상태에서 수업에 참여하는 것은 뇌가 비효율적으로 작동하게 되어 학습을 훨씬 더 어렵게 만든다.

영양 공급

인간의 뇌는 포도당의 형태로 있는 신체 에너지를 매일 25~30%가량 사용한다(Armstrong, 2017). 이는 건강한 식습관을 가지고 있지 않거나 규칙적이고 균형 잡힌 식사를 하지 않는다면 뇌가 제대로 기능하는 데 필요한 에너지를 얻지 못해서 훨씬 더 비효율적으로 기능하게 만든다는 것을 의미한다. 포도당에 굶주린 뇌는 학습할 준비가 되지 않은 뇌이며 더 많이 노력해도 더 적은 결과를 얻게 된다. 혈당 수준을 안정적으로 유지하면, 뇌는 더 잘 기능하게 된다. 이를 위해 설탕과 흰 밀가루(예: 파이, 흰 빵, 파스타 등)가 들어 있는 단순 탄수화물을 피하고 과일, 곡물 및 채소에 들어 있는 복합 탄수화물을 섭취해야 한다. 단백질도 중요해서, 커피와 도넛으로 하루를 시작하기보다는 곡물 토스트에 차와 달걀을 곁들이고 종합비타민을 매일 섭취하는 것이 좋다(Hallowell, 2005). 학습할 때 여러 가지 음식을 지속적으로 시도해 봄으로써 자신에게 가장 효과적인 음식을 찾아보는 것도 가치가 있을 것이다. 대부분의 사람들은 균형 잡힌 식단을 유지할 때 새로운 정보의 학습이 더 쉬워진다는 것을 알게 된다. 자동차처럼 뇌에도 연료가 필요하고 연료가 좋을수록 더 효율적으로 작동한다. 대다수의 사람은 음식과 학습의 관련성에 대해 생각하지 않지만, 연구에 의하면 학습하기 전에 제대로 먹는 것은 매우 중요하다.

수분 공급

음식이 필요한 것과 더불어 뇌에는 수분 공급이 이뤄져야 한다. 뉴런

(뇌세포)은 액포(vacuole)라고 하는 작은 풍선 모양의 구조에 물을 저장한다. 물은 최상의 뇌 기능과 건강에 필수적이다. 뇌의 인지 과정이 효율적으로 작동하려면 물은 필수적이다(Masento, Golightly, Field, Buder, & van Reekum, 2014). 이 때문에 탈수는 종종 피로, 현기증, 집중력 저하 및 인지능력의 감소를 초래한다. 심지어 경미한 수준의 탈수 상태도 학교 성적에 부정적인 영향을 미치는 것으로 나타났다(Norman, 2012). 어쩌면 여러분은 매일 아침 탈수 상태에 빠질 가능성이 크다는 사실을 알아차리지 못할 것이다. 생각해 보라. 수면 중에는 6~10시간 동안 물을 섭취하지 못하기 때문에 몸에서는 상당한 양(약 900g)의 수분이 손실된다(Krulwich, 2013). 따라서 일어나 옷을 챙겨 입고, 수업에 들어가는 것만으로는 충분하지 않다. 여러분의 뇌에 영양과 수분을 공급함으로써 학습할 준비를 시켜야 한다. 그렇지 않으면 스스로 학습을 더 어렵게 만드는 것이다.

일상에서 적절한 수준의 수분을 유지하는 것은 몸의 균형을 찾는 행동이다. 지나치게 적은 수분이 생각과 학습을 어렵게 하지만, 너무 많은 수분도 해로울 수 있다(Kim, 2012). 목이 마르면 수분을 보충하고, 가능할 때마다 물을 마시는 것이 가장 좋다. 또한 수분이 풍부한 음식(예: 수박, 포도, 생과일 등)을 먹는 것도 좋다. 특히 오후 6시 이후 카페인 음료의 과다섭취는 수면을 방해할 수 있으므로 주의해야 한다. 연구에 따르면 카페인 음료는 일반적으로 알려진 바와는 달리 실제로 탈수를 유발하지는 않지만, 숙면을 방해할 수 있다(Armstrong et al., 2005).

수면과 운동

뇌 연구는 뇌의 학습 및 기억 능력에서 운동과 수면의 중요성을 뒷받침하는 강력한 증거들을 찾아냈다. 특히 수면과 운동 영역은 매우 중요하기 때문에 각 영역을 분리하여 2개의 장으로 구성하였다. 제2장 '수면, 낮잠, 그리고 휴식'에서는 성공적인 대학생활의 열쇠인 숙면과 효과적인 학습 간의 관계, 그리고 장기기억의 형성에 관한 다양하고 중요한 정보를 다룬다. 제3장 '운동과 학습'에서는 학습과 기억력 향상에 대한 운동의 심오한 효과에 대해 설명한다. 운동과 수면이 학습에 미치는 영향은 종종 과소평가되지만, 다른 모든 것보다 여러분의 학습 능력에 더 많이 기여할 것이다.

학습할 수 있도록 뇌를 준비시킨다는 것은 많은 학생들에게 새로운 개념이지만, 여러분의 학습 능력에 있어 중요한 것이다. 운동의 중요한 장점이 박탈되고 피곤하며 배고프고 목마른 뇌는 배울 준비가 되지 않은 뇌이다.

벼락치기는 학습의 함정

벼락치기를 통해서 단편적인 지식을 묻는 시험이나 퀴즈에서는 좋은 결과를 얻을 수 있겠지만, 학습한 내용이 장기기억으로 이어지지 않는다는 점에서 벼락치기는 학습의 함정이다(Ellis, 2015). 벼락치기는 단원평가나 시험에서 단기적으로 이득을 볼 수 있기 때문에 효과적인 것처럼 보이지만, 사실은 그렇지 않다. 아마도 여러분은 언젠가 시험을 위해 벼락치기를 해 보았을 것이다. 그렇다면 시험이 끝난 후 얼마나 빨리 공부한 내용을 잊어버리는지도 이미 알고 있을 것이다. 여기서 우리가 간과하고 있는 것은 학기 후반부(예: 기말고사)에, 즉 과거에 벼락치기로 공부했던 내용이 필요한 시점에서 모든 학습 과정을 다시 시작해야 한다는 것이다. 이는 몇 달 또는 몇 년 후에 직장에서 해당 정보가 필요한 경우에도 마찬가지이다. 사람들이 종종 대학에서 배웠던 내용을 언급하기는 하지만, 그것을 업무에 적용하기 어려운 까닭이 바로 이것이다. 벼락치기의 또 다른 단점은 한꺼번에 너무 많은 정보가 들어오기 때문에 혼란스러움을 경험한다는 것이다. 마지막으로 벼락치기는 전형적으로 수면 부족으로 이어지며, 그것은 당신이 잘 쉬었다면 하지 않았을 실수로 이어질 수 있다. 피곤한 상태는 아직 잘 정착되지 않은 정보의 회상을 훨씬 더 어렵게 만들고, 방금 학습한 내용 간 혼동 가능성을 증가시킨다.

사실 벼락치기는 학습에 대한 신경과학적 정의를 충족시키지 못한다. 여기서 학습은 학습된 정보가 나중에 사용될 수 있어야 함을 의미하기 때문이다. 장기기억 형성은 시간을 두고 분산연습하는 것에서 비롯된다. 일반적으로 벼락치기는 뇌가 새로운 자료와의 강한 연결을 통해 더 영구적인 기억을 형성하는 데 필요한 일을 할 수 없게 한다. 그러므로 엄밀히 말하자면 벼락치기는 진정한 학습으로 이어지진 않는다. 여러분이 시험 전날 밤에 벼락치기를 하고 나중에 기말고사나 다른 수업, 또는 직장에서 필요할 때 그 자료를 다시 학습할 수도 있다. 하지만 그것은 많은 시간과 노력을 필요로 한다. 좀 더 효과적인 방법은 처음부터 정확하게 학습하여 다음에는 그 내용을 빠르게 검토하는 것만으로도 다시 이용 가능하도록 하는 것이다. 바로 이것이 벼락치기가 학습의 함정이 되는 이유다. 벼락치기는 다음날 시험을 잘 치른다면 그 행동이 강화될 수도 있다. 하지만 이후 그때 학습한 정보에 접근할 수 없다면 벼락치기를 위해 기울인 노력은 아무 소용이 없게 된다.

학습의 전이

새로운 정보를 배우기 위해 기존에 알고 있던 유사한 정보를 이용할 때, 즉 새로 학습한 정보를 여러분이 수업 시간에 풀었던 문제 외 다른 문제에 적용할 때 우리는 학습을 증명할 수 있다. 심리학자들은 이것을 학습 전이(learning transference)라고 부른다(Barnett & Ceci, 2002). 수학 시험 문제가 수업 시간이나 과제에서 주어졌던 것과 다를 때 전이가 일어난다. 전이의 거리가 가까울수록 자신이 하는 학습을 실제로 이해할 필요가 줄어든다. 정보를 암기한 다음 거의 동일한 정보로 '전이'하는 것은 쉬운 일이다. 진정한 학습은 전이 거리를 늘리기 시작할 때 일어난다. 해결해야 할 수학 문제들이 수업 시간에 여러분이 배운 것과 더 많이 다를수록, 교사는 당신이 이전 문제에서 발전시킨 지식을 새로운 문제에 활용할 수 있는지 확인함으로써 수학을 제대로 이해하도록 도울 것이다.

인생이 당신에게 항상 똑같은 문제를 주지만은 않기에, 새로운 문제를 해결하기 위해 정보를 응용하는 방법을 아는 것은 학습의 기초가 된다. 암기한 정보는 낮은 수준의 시험에는 도움이 될 수 있지만, 〈Jeopardy!〉[1] 같은 퀴즈대회에 나가지 않는 이상 인생에서 큰 도움이 되지는 않을 것이다. 학습한 자료와 새로운 자료 사이의 연관성을 찾고, 이러한 정보 간의 차이가 상당히 큰 경우임에도 당신이 전이를 실행하였음을 확인한다면 기뻐해도 좋다. 지식과 기술의 전이는 모두 최후의 순간에서 빛을 발하고, 미래 직장에서 적절하게 수행하도록 도와줄 것이다. 이러한 전이의 중요성에도 불구하고 새로운 학습의 전이를 배우는 것은 쉽지 않고, 일반적으로 약간의 추가적인 연습이 필요하다. 장기증강은 실제 전이를 촉진하는 데 도움을 준다(그런데 만약 당신이 이 마지막 문장을 이해했다면, 당신은 이미 많은 것을 배웠고 뇌와 조화를 이루는 학습에 대해 현재 대부분의 사람들보다 더 많이 알고 있는 것이다).

뇌는 이미 학습된 것과의 연결을 추구한다

인간의 뇌는 끊임없이 연결(connection)을 찾고 있다. 연결은 사전 지식과 새로운 자료를 이어 줌으로써 새로운 자료에 대해 보다 의미 있는 이해를 할 수 있도록 돕는다. 처음 만난 사람이 당신이 아는 사람과 이름도 같고 생김새도 비슷하다면 그 사람의 이름을 기억하기가 얼마나 쉬운지 알아차린 적이 있는가? 오랫동안 음악을 해 왔다면 이를 경험해 보았을 것이다. 음악의 많은 패턴을 인식하고 이미 알고 있는 음악과 연결할 수 있을 때 새로운 음악을 배우기가 훨씬 쉽다는 것을 깨달았을

1) Jeopardy!: 미국의 유명 TV 퀴즈 프로그램.

것이다. 그렇다. 그래서 음악을 시작할 때 처음에는 음계를 배워야 한다. 새로운 자료를 배울 때 뇌가 어떻게 작용하는지에 대한 놀라운 점은 더 많이 배울수록 더 쉽게 배울 수 있다는 것이다.

어떤 과목은 지적 능력이 부족해서라기보다는 사전 지식의 부족 때문에 배우기가 더 어렵다. 사전 지식의 부족은 이미 알고 있던 정보를 뇌가 어떻게 연결할지 알기 어렵게 만든다. 대학에 합격한 사람은 시간과 노력을 들일 의지만 있다면 졸업에 필요한 지적 능력을 갖췄다고 볼 수 있다. 어려운 새 자료를 성공적으로 학습하는 방법은 필요한 경우 부족한 사전 지식을 채우고, 더 영구적인 기억으로 만들기 위해 새롭게 학습한 내용을 연습하고자 하는 의지다. 불행히도 많은 학생들이 어려운 자료를 배울 수 있을 만큼 스스로를 똑똑하지 않다고 생각하는데, 이것은 인간의 뇌가 작동하는 방식에 대한 완벽한 오해다. 자신이 가지고 있는 지식 및 기술의 기반에 무언가를 더함으로써 우리는 매일 더 똑똑해진다. 그 기반으로부터 우리는 더 많은 것을 배울 수 있는 새로운 연결을 만든다. 어떤 것에 대해 더 많이 배울수록 그것에 대해 배우기는 더 쉬워진다.

어려운 과목을 다루는 비결은 뇌가 새로운 지식을 연결할 수 있도록 부족한 배경지식을 채우는 것이다. 만약 부족한 배경지식을 채울 수 있다면 학습의 성공은 전적으로 그 과목을 숙달하기 위해 투자할 수 있는 연습의 양에 달려 있다. 특정한 분야에 더 큰 능력을 가진 사람들이 분명히 있긴 하지만, 대학에 합격했다는 것은 학습에 필요한 능력이 있음을 이미 보여 준 것이다. 대학에서의 성공은 똑똑한 것에 달려 있지 않다. 그것은 효과적인 학습자가 되는 방법을 배우는 것에 달려 있다. 뭔가 어려운 것을 배우는 동안 "나는 할 수 없어."라고 말하지 말고, 대신 "나는 아직은 할 수 없어."라고 말하라.

운동하는 사람들과 학습

저자로서 우리는 이 책의 아이디어가 교실 밖 학습에 적용될 수 있음을 인식하고, 책의 각 장 주요 내용이 운동 관련 수행에 적용된 사례를 포함했다. 이 책에서 운동하는 사람이란 일주일에 3일씩 체육관에서 운동을 하거나, 혹은 교내 운동시합, 춤, 수영, 조깅을 하는 사람, 또는 대학 스포츠 선수 등 규칙적인 신체 활동을 하는 모든 사람을 말한다. 여러분이 이러한 운동을 하면서 더 숙련되고 효율적이며 전략적으로 운동하는 방법을 배우고 싶다면 이 책에서 배울 내용을 적용하면 도움이 될 것이다.

주요 메시지

신경과학 연구자들의 주요 메시지는 비교적 간단하다. "무언가를 하는 사람이 학습하는 사람이다."(Doyle, 2008, p. 63). 연습하기, 읽기, 쓰기, 생각하기, 말하기, 협력하고 반추하기를 통해서만 당신의 뇌는 더 영구적인 연결을 만들 수 있다. 교사가 이런 일들을 대신 해 줄 수 없고, 때때로 이 작업은 여러분을 피곤하게 만들 것이다. 그럴 땐 잠시 쉬면서 당신의 뇌에서 신경화학적 변화가 일어나고 있다는 사실을 생각해 보라. 이것은 엄청나게 놀라운 일이다.

요약

학습이 어떻게 이루어지는지에 대한 새로운 이해는 대부분의 학생들이 생각하는 것과 상반된다. 그러므로 학습 능력을 극대화하기 위해서는 학습에 대한 연구 결과를 알아야 한다. 이 장의 핵심 내용을 정리하면 다음과 같다.

① 신경과학 연구는 우리가 새로운 것을 학습할 때 뇌에서 물리적 변화가 일어남을 보여 준다. 우리는 약 860억 개의 뇌세포를 가지고 있고, 새로운 것을 배울 때 뇌세포 중 일부는 다른 뇌세포들과 연결을 맺고 새로운 네트워크를 형성하게 되는데 이것이 실제로 일어난 새로운 학습을 나타낸다.

② 새롭게 배운 정보 또는 기술을 사용하거나 연습할 때마다 뇌세포 간의 연결은 더 강해지고 정보를 회상하는 능력 또한 더 빨라진다. 이것을 장기증강이라고 한다.

③ 모든 학습자에게 중요한 메시지는 새로운 학습이 기억의 영구적인 부분이 되기 위해서 상당한 양의 연습과 다른 정보와의 의미 있는 연결이 필요하다는 것이다.

④ 신경과학 연구는 장기기억을 형성하기 위해서 오랜 기간에 걸쳐 연

습할 필요가 있다는 것을 밝혀냈다. 심리학자들은 이것을 분산연습 효과라고 부른다.

⑤ 벼락치기는 학습이 아니다. 학습이란 학습된 정보가 '비교적 영속적'이고, 뇌가 더 영구적인 기억을 형성한다는 것을 포함한다. 학습은 하루이틀의 벼락치기로는 충분하지 않다.

⑥ 학습은 새롭게 습득한 정보를 새로운 방식으로 사용할 수 있어야 하는데, 이 과정을 심리학자들은 '전이'라고 부른다.

⑦ 인간의 뇌는 끊임없이 사전 지식과의 연결을 찾는다. 이러한 연결은 이전에 학습한 자료를 새로운 자료와 관련지음으로써 보다 의미 있는 이해를 형성한다.

⑧ 신경과학 연구의 메시지는 간단하다. 앞서 말한 바와 같이 무엇인가를 하는 사람이 배우는 사람이다(Doyle, 2008). 연습하기, 읽기, 쓰기, 생각하기, 말하기, 협력하고 반추하기를 해야만 뇌는 더 영구적인 연결고리를 만든다. 교사는 여러분을 위해 이것을 대신 해 줄 수는 없다.

비판적 사고 및 토론을 위한 질문

1. 자신의 말로 **장기증강**에 대해 정의하고 자신의 학습을 바탕으로 세 가지 예를 제시하라. 장기증강은 수업에서 가장 기초적인 내용을 학습하는 것과 어떻게 관련되는가?

2. 여러분이 지금 매우 잘하는 것을 생각해 보라. 그것들을 어떻게 잘하게 되었거나 잘 알게 되었는가? 더 많이 배울수록 더 쉽게 배울 수 있고 어쩌면 훨씬 더 즐거워진다는 것을 발견했는가? 여러분이 잘하는 것을 학습했던 과정과 수업에서 새로운 정보를 배울 때 학습하는 과정은 얼마나 유사한가?

3. 저자들은 벼락치기를 '학습의 함정'이라고 부른다. 이번 학기에 듣는 수업에서 이 함정이 어떻게 작용하는지 설명하라. 평소에 시험을 위해 벼락치기를 하는 두 명의 학생을 찾아라. 그들에게 벼락치기한 자료들이 기억에 남는지, 그리고 이러한 공부 방식이 기말고사에 어떤 영향을 끼치는지 물어보라. 이 함정에 빠지지 않기 위해 무엇을 할 수 있는가?

4. 왜 저자들은 학습하는 것이 얼마나 어려운지 계속 이야기하는가? 모든 학습이 어려운가? 그렇지 않다면, 무엇이 어떤 학습을 다른 학습보다 더 어렵게 만드는가?

5. 학습에서 가장 어려운 것은 무엇인가? 이 장에 근거하여, 학습을 조금 더 쉽게 혹은 덜 힘들게 하기 위해 당신은 무엇을 할 수 있는가?

참고문헌

Aaron, S., & Tullis, J. (2010, November). What makes distributed practice effective? *Cognitive Psychology, 61*(3), 228–247.

Armstrong, L. (2017, August 14). The roles of glucose in the brain [Web log post]. Retrieved from https://www.livestrong.com/article/358622-the-roles-of-glucose-in-the-brain/

Armstrong, L. E., Pumerantz, A. C., Roti, M. W, Judelson, D. A., Watson, G., Dias, J. C., … Kellogg, M. (2005, June). Fluid, electrolyte, and renal indices of hydration during 11 days of controlled caffeine consumption. *International journal of Sport Nutrition and Exercise Metabolism, 15*(3), 252–265.

Barnett, S. M., & Ceci, S. J. (2002). When and where do we apply what we learn? A taxonomy for far transfer. *Psychological Bulletin, 128*, 612–637.

Bibb, J. (2010). *Cognitive enhancement strategies.* Presentation given at the 2010 meeting of the Society of San Diego, CA.

Bibb, J., Mayford, A., Tsien, J., & Alberini, C. (2010, November 10). Cognition enhancement strategies. *The Journal of Neuroscience, 30*(45), 14987–14992.

Doyle, T. (2008). *Helping students learn in learner-centered environment.* Sterling, VA: Stylus.

Ebbinghaus, H. (1913). *A contribution to experimental psychology.* New York, NY: Teachers College, Columbia University.

Ellis, D. (2015). *Becoming a master Student*, Stamford, CT: Cengage Learning.

Hallowell, E. (2005, January). Overloaded circuits: Why smart people underperform. *Harvard Business Review.* Retrieved from https://hbr.

org/2005/01/overloaded-circuits-why-smart-people-underperform

Harrington, C., & Zakrajsek, T. (2017). *Dynamic lecturing: Research-based strategies to enhance lecture effectiveness.* Sterling, VA: Stylus

Kim, B. (2012, June 11). Why drinking too much water can be harmful to your health [Web log post]. Retrieved from http://drbenkim.com/drink-too-much-water-dangerous.html

Krulwich, R. (2013, June 21). Every night you lose more than a pound while you're asleep (for the oddest reason) [Web log post]. Retrieved from https://www.npr.org/sections/krulwich/2013/06/19/193556929/every-night-you-lose-more-than-a-pound-while-youre-asleep-for-the-oddest-reason

Major, C., Harris, M., & Zakrajsek, T. (2015). *Teaching for learning: 101 intentionally designed teaching activities to put students on the path to success.* Sterling, VA: Stylus.

Masento, N. A., Golightly, M., Field, D. T., Butler, L. & van Reekum, C. M. (2014). Effects of hydration status on cognitive performance and mood. *British Journal of Nutrition, 111*(10), 1841–1852.

Norman, P. (2012, July 23). Dehydration: Its impact on learning. *Ashburn Patch.* Retrieved from https://patch.com/virginia/ashburn/bp--dehydration-its-impact-on-learning

Randerson, J. (2012, February 28). How many neurons make a human brain? Billions fewer than we thought[Web log post]. *The Guardian.* Retrieved from https://www.theguardian.com/science/blog/2012/feb/28/how-many-neurons-human-brain

Ratey, J. (2001). *A user's guide to the brain.* New York, NY: Pantheon. 김소희 역 (2010). **뇌, 1.4킬로그램의 사용법**. 경기: 21세기북스.

제2장 수면, 낮잠 그리고 휴식

당신은 광범위하게 입증되고 연구된 장수(長壽)의 비결에 관심이 있는가? 이 비결은 당신의 기억력 향상에도 도움이 되며, 당신을 매력적으로 만들고, 당신이 날씬함을 유지하거나 체중 감량을 하는 데도 도움이 되며, 당뇨병에 걸릴 확률을 줄이고, 암과 치매의 가능성을 감소시킨다. 또한 병에 걸릴 위험을 줄일 뿐만 아니라, 당신을 더 기분 좋고, 더 행복하며, 덜 불안하게 느끼도록 만들기까지 한다. 게다가 이 비결이 통증도 없고 비용도 들지 않는다고 하면 어떤가? 이토록 놀라운 효과를 가진 비결이 실제로 존재한다. 바로 수면이다! 앞에서 언급한 모든 주장을 뒷받침하는 수천 개의 연구 결과가 있다(Walker, 2017).

2017년 『뉴욕타임스』 기사 '숙면은 신흥 상류계급의 상징(Sleep Is the New Status Symbol)'에서 세계적인 수면과학자 매튜 워커(Matthew Walker)는 다음과 같이 말했다. "세계보건기구(World Health Organization)와 미국국립수면재단(National Sleep Foundation)에 따르면, 수면은 뇌와 신체를 회복하기 위해 할 수 있는 가장 효과적인 방법이다."(Walker, 2017, April 8). 그렇다면 당신은 어젯밤에 몇 시간을 잤는가? 그 전날 밤은 몇 시간을 잤는가? 수면 시간에 대한 질문에 대학생 대부분은 잠을 충분히 자지 못한다고 말한다. 지난 한 주 동안 당신의 삶은 어떠했는가? 지금 이 책을 읽으면서 당신은 피곤함을 느끼는가 아니면 활력을 느끼는가? 우리는 피곤할 때 새로운 것을 배우는 것이 더 어렵다는 것을 알고 있다. 하지만 수면과 피로의 역할은 공부에 집중을 하거나, 공부 중에 깨어 있는 게 어려워지는 것 이상을 포함한다.

수면은 삶의 모든 면에 영향을 미친다. 수면은 배우는 능력, 기억하는 능력, 그리고 학습에 대해 논리적으로 판단하고 선택하는 능력을 향상시킨다. 수면은 심리적 건강을 증진하고 정서와 관련된 뇌 회로를 재조정하는 데 도움을 준다. 이는 당신이 매일 직면하는 문제들을 침착하게 헤쳐 나갈 수 있게 해 준다. 수면은 면역 체계를 회복시켜 질병을 이겨낼 수 있게 해 준다. 또한 식욕과도 관련이 있으며, 건강의 출발점이 되는 장내 미생물을 유지하고, 심혈관계의 건강을 유지하는 데 도움을 준다(Walker, 2017).

수면 부족은 수업의 내용과 기술을 배우는 데 쏟는 시간과 돈, 노력을 훼손시킨다는 것이 연구를 통해 밝혀졌다. 일반적으로 충분한 휴식을 취하고 최상의 기능을 발휘하기 위해 성인은 하루 7.5~9시간, 10대 청소년들은 9~10시간의 수면 시간이 필요하다.

미국질병통제예방센터(U.S. Centers for Disease Control and Prevention)의 2016년 보고서에 의하면 미국인 3명 중 1명은 규칙적이고 충분하게 수면을 취하지 않는다. 미국 성인의 약 35%가 밤에 7시간 미만으로 잠을 자고 있어, 다양한 건강 문제의 위험이 증가하고 있다. 하루 7시간 미만의 수면을 취하는 것은 비만, 제2형 당뇨병, 고혈압, 심장병, 뇌졸중, 정신병, 사망률 증가와 관련이 있다(CDC, 2016). 허쉬너와 체빈(Hershner & Chevin, 2014)의 연구에서 대학생의 50%가 주간졸림증을 보고하였고, 70%는 수면이 부족한 것으로 나타났다. 게다가 남자 대학생의 18%와 여자 대학생의 30%는 지난 3개월 동안 불면증을 경험한 적이 있다고 보고하였다. 수면 부족은 집중력, 기억력, 학습 능력에 영향을 미치기 때문에 학생들의 낮은 성적과도 관련이 있다(Campus Mind Works, 2016).

수면의 중요성에 대한 인식이 높아졌음에도 불구하고 미국인들은 과거보다 잠을 덜 자고 있다. 2015년 미국국립수면재단 여론조사에 따르면 미국인의 약 3분의 2(63%)가 주중에 수면 욕구가 충족되지 않는다고 응답했다. 여론조사에 응답한 대부분의 사람들은 최상의 컨디션을 위해 약 7.5시간의 수면이 필요하지만, 평일 평균 6시간 55분의 수면을 취하는 것으로 보고되었다. 이처럼 수면 부족 상황이 매우 심각해짐에 따라 미국질병통제예방센터는 2014년에 수면 부족을 공중 보건 유행병으로 선포하기도 했다.

연구자들이 말하는 수면

수면은 일상생활의 약 3분의 1을 차지할 만큼 중요한 부분이다. 양질의 수면과 적절한 시간에 충분한 수면을 취하는 것은 음식과 물만큼이나 생존에 필수적이다. 잠을 자지 않으면 학습과 새로운 기억을 생성하는 뇌의 경로를 만들거나 유지할 수 없으며, 집중하고 신속하게 반응하는 일이 더 어려워진다(National Institute of Neurological Disorders and Stroke, 2017). 베스 이스라엘 디코니스 의료센터의 수면 및 신경영상 연구소 전 원장인 신경과학자 매튜 워커(Matthew Walker)는 "수면 중의 뇌 활동을 등한시하면 효과적으로 학습할 수 없다."고 말했다(Beth Israel Deaconess Medical Center, 2005). 따라서 만약 당신이 매일 밤 7.5~9시간의 수면을 취하지 않는다면, 이것은 당신의 학습을 방해할 가능성이 있다.

수면과 기억

럿거스 대학교 분자행동신경과학센터(Center for Molecular and Behavioral Neuroscience at Rutgers University)의 교기 부즈사키(Gyorgy Buzsáki)교수와 공동연구자들은 SWR파(Sharp Wave Ripples)라 불리는 일시적인 활동을 통해 뇌는 기억을 통합하고, 해마(빠르지만 저용량의 단기기억 저장소)에서 신피질(느리지만 고용량의 장기기억 저장소)로 새로운 정보를 전달한다고 결론지었다(Buzsáki, Girardeau, Benchenane, Wiener, & Zugaro, 2009). 신피질에 저장되어 정기적으로 사용되거나 인출되는 정보는 더 안정화되어 장기기억이 될 가능성이 높아진다([그림 2-1] 참고). 또한 부즈사키와 동료들은 해마에서 신피질로 정보가 전달되는 이러한 과정은 주로 수면 중에 일어난다는 것을 발견했다(Rutgers University, 2009).

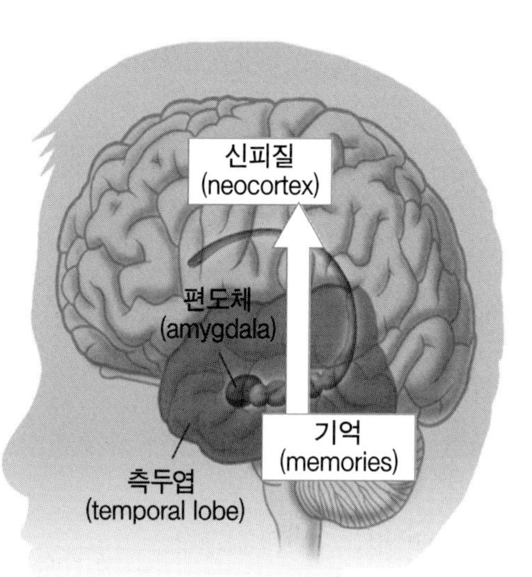

[그림 2-1] 기억흔적은 수면 중에 해마에서 신피질로 이동됨으로써 더욱 안정화된다.

출처: From www.positscience.com. ©1999 by Scientific Learning Corporation. Reprinted with permission.

수면 패턴

수면 패턴에는 세 가지가 있는데 렘수면(Rapid Eye Movement: REM), 얕은 비렘수면(light Non-REM), 깊은 비렘수면(deep NREM)이 있다. 깊은 비렘수면은 서파수면(slow-wave sleep)이라 불리기도 한다. 만약 알람이나 다른 사람에 의해 당신이 막 일어났을 때 비몽사몽한 상태라면, 당신은 깊은 비렘수면 상태였을 것이다. 느리고 깊은 수준의 수면은 일반적으로 주로 이른 밤에 일어난다. 렘수면은 새벽에 더 자주 발생한다. 최근 연구에서는 서파수면 중에 뇌가 운동 기능과 사실이나 새로운 어휘와 같은 선언적 유형의 정보에 대한 기억을 만드는 일을 한다는 것을 밝혀냈다(Walker, 2017). 렘수면 중의 뇌는 절차기억, 즉 연구논문

쓰기, 개구리 해부하기, 농구공 드리블하기와 같은 기술에 대한 기억을 만든다. 또한 서파수면 중에는 몸이 세포, 조직, 근육을 회복하고 상처, 부상 또는 질병을 치료한다(Walker, 2017). 렘수면 중의 뇌는 새로 배운 정보를 가지고 기억의 구석구석을 탐색하여 사전 지식과의 연결점을 찾는다. 이 과정에서 뇌는 때때로 당신이 깨어 있는 동안에 전혀 생각하지 못했던 것들을 연결한다. 수면 중 뇌의 이러한 활동은 어떤 문제에 대해 전혀 고려하지 않았던 새로운 통찰력과 창의적 문제해결력을 기르게 되고, 이는 새로 학습한 자료에 대한 더 나은 이해로 이어지게 된다(Walker, 2017).

수면은 기억을 통합하고 몸과 뇌를 치유하는 기회를 제공하는 것 이외에도, 다음날 새로운 학습을 위해 뇌가 공간을 정리하도록 한다. 기억 연구자 매튜 워커와 공동연구자들은 수면 중에 수면방추파(sleep spindles)라고 불리는 12~14Hz의 뇌파가 발생하여 뇌의 핵심 영역 간 네트워크를 만들고 새로운 학습을 위한 통로를 확보한다는 것을 증명하였다(Walker & Robertson, 2016). 초당 15~20번의 발화율[1]을 가진 이 전기적 신호는 제한된 저장 공간을 가진 해마(hippocampus)로부터 무제한의 하드 드라이브라고 할 수 있는 전전두엽피질(prefrontal cortex)로 기억을 옮기는 데 도움을 준다. 이를 통해 해마는 새로 알게 된 자료나 새로운 학습을 받아들일 수 있도록 비워진다. 쉽게 말해서 낮에 당신이 학습하는 동안 당신은 정보를 직접적으로 해마에 보내게 되는데, 그다음 날 새로운 학습을 하기 위해서는 매일 밤 해마를 깨끗이 정리할

2) 발화율: 신경 세포의 활동 전이가 발생하는 빈도.

필요가 있다는 것이다.

워커는 수면이야말로 뇌가 학습할 수 있도록 준비시키는 데 있어서 핵심이 된다고 말한다("Naps Clear the Mind", 2010). UC버클리 대학교(University of California, Berkeley)의 연구원이자 수면방추파에 관한 연구의 주저자인 브라이스 맨더(Bryce Mander)는 "수면방추파가 많이 발생하는 수면은 한밤중에 일어난다. 따라서 당신이 6시간 이하로 자게 된다면 당신은 스스로를 혹사하는 것이며 학습에도 어려움을 겪을 것이다."라고 했다(American Association for the Advancement of Science, 2011). 이 연구의 공동저자인 매튜 워커는 다음과 같이 말했다. "이 발견은 배운 것을 공고하게 만들기 위해 학습 후 잠이 필요할 뿐만 아니라 학습 전에도 휴식이 필요함을 나타낸다. 그래서 우리는 휴식을 통해 재충전하고 다음 날 새로운 정보를 받아들일 수 있다."(American Association for the Advancement of Science, 2011).

수면이 학습과 기억에서 중요한 이유

"잠자는 동안 당신의 뇌는 당신의 기억을 뇌 안에 있는 더 효율적인 저장 영역으로 옮긴다. 잠에서 깬 후에는 기억 과제들을 더 빠르고 정확하게 수행하며, 스트레스와 불안을 덜 느끼게 된다."(Walker & Robertson, 2016). 깨어 있는 동안 으레 있기 마련인 방해들로부터 수면은 새로운 기억들을 보호한다(Payne et al., 2012). 빌헬름(Wilhelm)과 동료들에 따르면 수면 중에 기억들은 상대적 중요성에 따라 공고화(consolidation)되는데, 여기서 상대적 중요성 판단은 기억하고자 하는 당신의 기대에 기초한다(Wilhelm et al., 2011). 즉, 기억하기를 원하는 것이 기억 형성에 있어 중요하다. 이 장의 뒷부분에서 기억하기를 원하는 것의 중요성에 대해 더 자세히 논의할 것이다.

여기에서 세 가지 주요 메시지는 다음과 같다. 첫째, 새로운 학습은 금세 사라질 수 있고 공고화되기 전까지는 변경되거나 방해받기 쉽다. 렘수면과 서파수면은 기억을 공고화하는 데 도움이 된다. 둘째, 페인(Payne)과 동료들은 학습한 직후에 수면을 취하는 것이 일화기억(episodic memory, 사건)과 의미기억(semantic memory, 세상에 관한 지식) 모두에 도움이 된다고 보고하였다(Payne et al., 2012). 즉, 잠들기 직전에 기억해야 할 정보를 반복해 보는 것이 좋다. 셋째, 당신이 뇌에게 어떤 것을 꼭 기억해야 한다고 명령할 때 그 내용을 기억하는 것이 더 쉬워질 것이다(Payne et al., 2012). 당신이 주의를 기울이는 정보와 당신이 연습하고 생각하고 읽거나 쓰고 공부하는 대상은 공고화가 촉진된다. 당신이 사용하는 정보와 기술은 이런 것들이 중요하며 기억 속에 유지될 필요가 있다는 신호를 뇌에게 보낸다. 반대로 학습한 내용에 주의를 기울이지 않고 정보를 사용하는 활동을 하지 않으면, 이는 중요하지 않고 제거할 수 있는 정보라는 신호를 뇌에게 보낸다. 뇌와 학습에 관해 이야기할 때, 기억하기를 원하는 것은 중요한 단계이다.

기억 처리의 세 가지 단계

기억 처리의 세 단계는 부호화(encoding), 저장(storage), 인출

(retrieval)이다. 세 단계 모두 수면의 양에 따라 다른 방식으로 영향을 받는다. 여러분이 피곤할 때는 새로운 학습을 부호화하기 어려우며 정보에 주의를 기울일 수도 없게 된다. 수면이 부족한 상태에서는 잠을 자지 않고 오래 깨어 있을수록 새로운 정보를 배우기가 더 어려워진다. 마찬가지로 수면이 부족하면 기억을 저장하는 과정도 방해받는다.

기억 처리의 세 번째 단계는 인출(회상) 과정이다. 인출 과정에서 우리는 저장된 기억에 접근하고 기억들을 재편집한다. 학습한 내용은 필요할 때 회상할 수 있어야만 가치 있기 때문에 이 단계는 가장 중요한 단계이다. 마스와 로빈스(Maas & Robbins, 2011)는 수면 부족이 회상을 방해한다고 말한다. 분자생물학에서 현상학에 이르기까지 수렴된 과학적 증거는 '오프라인' 상태(즉, 수면 중, [글상자 2-1] 참조)에서의 기억 재처리는 인간의 기억이 형성되고, 구체화되며, 회상되는 데 있어 매우 중요한 구성 요소라는 점이다(Stickgold, 2015).

글상자 2-1

수면 단계

비렘수면(Non-REM sleep)

N1단계(입면): 이 단계는 약 5분 동안 지속된다. 안구는 눈꺼풀 아래에서 천천히 움직이고 근육 활동이 느려지며 쉽게 깨어난다.

N2단계(얕은 수면): 진정한 수면의 첫 단계로 10~25분 동안 지속된다. 안구 운동이 멈추고 심박 수가 느려지며 체온이 내려간다.

N3단계(깊은 수면): 깊은 수면 단계에서 뇌파는 매우 느리며 깨어나기 어렵다. 이 단계에서 깨어나면 바로 적응하지 못하고 정신이

혼미함을 느끼며 몇 분 동안 방향 감각을 잃는다. 혈류는 뇌에서 근육으로 향하여 신체 에너지를 회복한다.

렘수면(REM sleep)

렘수면(꿈의 수면): 잠들고 약 70~90분 후에 꿈을 꾸는 단계인 렘수면에 들어간다. 안구가 빠르게 움직이고 호흡이 얕아지며 심박수와 혈압이 증가한다. 또한 이 단계에서는 팔과 다리 근육이 움직이지 못한다.

출처: Smith, Robinson, & Segal (2013).

수면 패턴: 종달새형, 올빼미형과 그 외의 사람들

인간은 여러 차원에서 서로 다른데 수면도 마찬가지다. 개인마다 필요한 수면의 양이 다르다. 알코올, 약물 또는 수면 문제가 없을 때 적절한 수면량을 측정하는 가장 중요한 척도는 아주 단순하게도 당신이 어떻게 느끼느냐이다. 보통 8시간씩 자더라도 여러분이 피곤함을 느낀다면 더 많이 자야 한다. 반면 평균 6시간의 수면만으로 충분한 사람은 거의 없긴 하지만 만약 6시간만으로도 충분하다고 느낀다면 이것이 적절한 수면 시간이다. 최상의 컨디션으로 기능하는 시간 역시 개인마다 다르다. 새벽이 어떤 사람에게는 집중해서 학습할 수 있는 좋은 시간인 반면, 늦은 밤에 가장 잘 학습하는 사람들도 있다. 최근 연구에 따르면 사람들은 수면 패턴에 분명한 차이가 있다. 매튜 워커(Matthew Walker, 2017)에 따르면 성인 40%가 종달새형(아침형) 인간이다. 이 사람들에게는 오전부터 오후 3~4시까지가 학습하기에 가장 좋은 시간이다. 그들은 일찍 잠자리에 들고 일찍 일어난다. 성인의 약 30%는 올빼미형(저녁형) 인간이며, 오후부터 늦은 저녁시간이 학습하기에 가장 좋다. 그들은 늦게까지 깨어 있고 늦게 일어난다. 나머지 사람들은 그 사이에 있지만 올빼미형 인간에 약간 가깝다고 할 수 있다.

이러한 수면 패턴 또는 크로노타입(chronotype)에서의 차이는 우리 유전자의 영향이며, 수면 패턴이 생활이나 업무 일정의 바뀜에 따라 변할 수는 있지만 그 과정이 생각보다 쉽지 않다("Genes Linked", 2011). 에딘버러 대학(University of Edinburgh) 인구건강과학센터(Centre for Population Health Sciences)의 수면 패턴 연구 저자인 짐 윌슨(Jim Wilson)은 수면 시간의 길고 짧음이 연령, 위도, 계절, 하루(24시간 주기) 리듬에 의해서도 영향을 받긴 하지만, 대체로 가족력과도 관계가 있음을 발견했다("Genes Linked", 2011).

만약 당신이 정오에 정신이 가장 맑고 점심을 먹기 전 몇 시간 동안의 활동이 최고조에 달하며 비교적 일찍 잠자리에 든다면 당신은 확실히 아침형 인간 또는 종달새형이다. 당신이 종달새형이라는 것을 아는 것은 학습의 관점에서 중요한 정보다. 종달새형은 아침이나 낮 시간에는 수업을 듣고 더 어려운 숙제를 하거나 공부하고, 더 피곤을 느낄 법한 저녁에는 쉬운 일이나 사교활동을 계획하는 것이 훨씬 낫다.

당신이 오후 6시경에 정신이 가장 맑고 저녁 늦게까지 활동이 최고조에 달하며 새벽 2~3시까지 깨어 있는 경우가 많다면 당신은 올빼미형이다. 아침 수업을 듣는 올빼미형 인간은 잠에서 깨어나 집중하기에 더 어려워하는 경향을 보이는데, 그 이유는 이들의 리듬에 따르면 아침 수업을 듣는 시간은 잠자는 시간으로 간주되기 때문이다. 여러분이 올빼미형이라면 오후 수업을 수강하고, 어려운 숙제나 공부 계획은 저녁에 세우는 것이 좋다. 이처럼 올빼미형으로 생활하는 것은 뇌의 설계상 자연스러운 모습이다. 불행하게도 우리 사회는 이것을 인식하지 못하고, 종종 일을 시작하는 아침에 조는 올빼미형들을 게으른 사람으로 생각한다. 회사가 올빼미형들이 자신의 수면 주기에 맞는 일정에 따라 일하도록 허용한다면 훨씬 나은 결과를 얻을 수 있을 것이다.

노스텍사스 대학교(University of North Texas)의 켄드리 클레이(Kendry Clay)는 800명 이상의 학생이 참여한 2008년 연구에서 올빼미형 대학생이 종달새형보다 학교 성적(GPA)이 낮다는 것을 발견했다. 이러한 부조화의 원인 중 하나는 올빼미형이 수면을 박탈당할 가능성이 높기 때문이다(American Academy of Sleep Medicine, 2008). 2013년 UCLA 대학(University of California, Los Angeles)의 길렌-오닐(Gilen-O'Neel)과 동료들이 535명의 학생을 대상으로 진행한 연구에 따르면, 수면 시간이 부족한 학생들은 수업 내용을 이해하는 데 문제가 있을 가능성이 더 높을 뿐 아니라, 시험 및 퀴즈나 과제에서 더 낮은 수행을 할 가능성이 있다. 따라서 이 학생들은 종종 낮은 성적을 받는다(Gilen-O'Neel, Fuligni, & Huynh, 2013). 충분한 수면을 위해 수면 패턴을 변경하는 방법은 [글상자 2-2]를 참조하라.

성인의 약 30%가 종달새 또는 올빼미형 범주 중 어느 쪽에도 속하지 않는다는 점도 중요하다. 당신이 아주 일찍 일어나거나 아주 늦게 일어나는 특별한 경향이 없다면 하루 중 학습하기 가장 좋은 시간을 확인하기만 하면 된다.

대부분의 사람들은 신체 리듬에 따라 학습 시간을 최적화하기 위해 하루를 구조화하는 방법에 대해 신중하게 생각하지 않는다. 이를 위해 일주일 동안 일지를 작성해 보는 것도 하나의 방법이다. 일요일 저녁 6시에 시작하여 매일 24시간 단위로 구분된 표를 찾아보거나 만들어 본다. 매일 일어나서 전날 밤 수면을 취한 시간대를 색칠하여 표시한다. 그런 다음 하루 동안 주기적으로 정신이 맑게 깨어 있는 정도에 따라 자신을 평가하라. 물론 활동에 따라 차이는 있겠지만 스스로 평가한 점수에서 시간이 지남에 따라 패턴을 발견할 수 있다. 책의 한 장을 읽고 아주 잘 이해했다면 '집중(alert)'을 의미하는 A로 표시하라. 공부를 하다가 때때로 집중력을 잃었다면, '집중력 상실(losing concentration)'을 의미하는 LC로 표시하라. 과제를 시작하고 나서 너무 산만해져 어떤 문제도 풀지 못하거나, 과제가 생각했던 것보다 어려워 보인다면 '산만함(distracted)' 또는 '어려움(difficult)'을 의미하는 D로 표시하라. 이것은 일종의 예시로 핵심은 집중하고, 생각하고, 가장 잘 기억할 때의 패턴이 어떻게 나타나는지 확인하는 것이다. 거의 잠을 자지 않은 다음 날에는 대부분의 시간 동안 당신의 뇌가 '뇌사' 상태임을 알 수 있다.

글상자 2-2

올빼미형 수면 패턴 개선을 위한 조언

연구자들은 수면을 조절하여 더 건강하고 생산적인 삶을 영위할 수 있음을 반복해서 증명하였다. 다음은 더 나은 수면 건강을 유지하기 위한 몇 가지 일반적인 팁이다.

- 시험을 위한 밤샘 공부나 벼락치기를 피하라. 뇌가 더 맑고 집중하기

쉬운 아침에 가장 어려운 공부를 마치는 것이 훨씬 더 건강한 방법이다. 가능하면 오후와 이른 저녁에는 다른 사람들과 함께 하는 학습활동을 계획하라.

- 자기 전에 좋은 음식과 음료를 선택하라. 맥주와 피자는 숙면에 좋지 않다. 알코올은 숙면을 방해하고, 잠들기 직전 먹는 고칼로리 음식은 수면의 질을 저하시키며 체중 증가로 이어진다. 카페인과 알코올은 체내에서 분해되는 데 6시간 정도 걸린다. 자기 전 몇 시간 동안은 적절하게 먹고 마시도록 신중하게 계획하는 것이 도움이 된다.
- 건강한 수면 주기를 설정하라. 매일 같은 시각에 일어나고 잠자리에 들도록 노력하라. 그것은 여러분의 몸을 단련시키고 숙면에 도움이 될 것이다.
- 수면 의식은 뇌에 잘 시간이라는 신호를 보내는 데 도움이 된다. 따뜻한 우유와 함께 옛날이야기를 들으며 잠자리에 들기에는 너무 나이가 들었을 수 있지만, 편안하고 일관된 잠자리 습관은 숙면에 도움이 된다. 블루 라이트(blue light)는 수면 문제와도 관련이 있기에, 수면 의식의 하나로서 휴대전화 및 노트북을 꺼라. 책을 읽거나 조용한 음악을 들으면 잠을 자는 데 도움이 된다.
- 침실은 최대한 조용하고 어둡게 하고, 필요한 경우 귀마개와 수면 마스크를 구입하라.
- 낮 동안 바깥 활동을 늘리라. 햇빛은 취침시간에 멜라토닌을 분비하게 하고 하루의 신체리듬 설정에 도움이 된다.

출처: Burrell (2013).

낮잠과 깨어 있는 휴식

여러분은 인간에게 매일 오후 낮잠이 필요하다는 것을 알고 있는가? 그것은 사실이다. 스탠퍼드 대학교(Stanford University) 수면 클리닉의 창립자이자 수면 연구의 아버지인 윌리엄 데먼트(William C. Dement)는 인간의 뇌가 오후 3~4시경 일시적인 졸음을 경험하며, 이때 우리가 졸음을 피할 수 있는 방법은 없다는 것을 발견했다. 실제 데먼트는 인간이 잘 기능하려면 숙면과 짧은 낮잠이 필요하다고 말한다. 오후에 낮잠을 자고 싶은 사람의 욕망은 정도에 따라 다르지만, 졸릴 때 우리의 뇌가 잘 작동하지 않는다는 점은 분명한 사실이다(Dement & Vaughan, 1999). 심리학자 제임스 마스(James Maas)는 낮잠이 "세부 사항에 주의를 기울이고 중요한 결정을 내릴 수 있게 하는 능력을 크게 강화한다."고 언급한다. 또한 "깨어난 지 약 8시간 뒤에 자는 낮잠이 밤에 20~30분을 더 자는 것보다 훨씬 더 많은 것을 해 준다는 것이 증명되었다."고 덧붙였다(Maas & Robbins, 2011, p. 33).

낮잠에 대한 최근 연구에 따르면 90분간 자는 것이 가장 좋은 낮잠이다(Loeb, 2015). 이는 수면의 5단계를 모두 거치면서 전체 수면주기를 완성하고 휴식을 취하면서 쉽게 깨어날 수 있기 때문이다. 또한 깊게 잠들기 전에 깨어나는 20분 정도의 낮잠도 도움이 된다. 따라서 낮잠의 비결은 약 20분 또는 90분 정도 자는 것이다. 반면 알람을 설정하여 자는 45~75분의 낮잠은 당신의 뇌가 깊은 수면 상태에 있을 때 깨어나게 하여 한동안 정신이 혼미하고 효율적으로 기능할 수 없게 할 수도 있다. 기분이 나빠져 낮잠을 싫어한다고 말하는 사람들은 어쩌면 약 60분 동안 낮잠을 자고 알람 소리에 일어났을지도 모른다.

유럽의 명문 축구팀들은 모두 수면 코치를 두고 있는데, 이들은 선수들이 매일 90분씩 낮잠을 자도록 한다. 낮잠은 오후 연습에서 선수들의 경기력을 향상시켰다. 또한 수면 코치들은 선수들이 경기 전날 밤에 최상의 휴식을 취하여 성과를 향상시키는 데 도움이 되는 수면 습관을 갖도록 돕는다(Hall, 2017).

특히 오후 수업이 있는 경우 기억력을 강화하는 또 다른 좋은 방법은 20분의 짧은 낮잠을 자는 것이다. 이 짧은 낮잠을 자는 동안 새로운 학습은 더욱 견고해진다. 따라서 학습한 것을 미래에 사용하게 될 때 원래 형태가 손상되지 않고 이용할 수 있다.

독일 뤼베크 대학교(University of Lubeck)의 연구원들은 동물에 관한 15쌍의 카드를 학습한 후 낮잠을 잔 학생들은 카드의 85%를 기억했지만, 낮잠을 자지 않은 학생들은 60%만 기억해 냈다고 보고하였다(Diekelmann, Biichel, Born, & Rasch, 2011). 또 다른 낮잠 연구에서 미항공우주국(NASA)은 26분간 낮잠을 잔 조종사들이 휴식 없이 비행한 조종사들보다 업무 능력이 34% 향상되었다는 것을 발견했다. 그리고 미항공우주국은 낮잠이 우주 비행사들에게 낮잠 이후 6시간 동안 인지(사고) 수행 능력을 향상시킨다는 것을 발견했다(NASA, 2005).

우리가 직면한 딜레마 중 하나는 방금 학습한 정보가 해마라는 뇌의 한 영역에 일시적으로 저장된다는 것이다. 이 영역에 저장된 새로운 기억은 오래가지 못하고 쉽게 변경되거나 잊혀질 수 있다. 이 정보는 뇌의 더 영구적인 저장 영역으로 옮겨져야 하며, 그렇지 않으면 다른 새로운 학습으로 대체되기 쉽다. 마이클 듀어(Michael Dewar)와 동료들이『심리과학(Psychological Science)』학술지에 발표한 연구에 따르면 낮잠이 불가능할 경우엔 새로운 것을 학습한 후 잠시 깨어 있는 휴식(wakeful rest)을 취함으로써 기억력이 향상될 수 있다(Dewar, Alber, Butler, Cowan, & Della Sala, 2012). 이러한 연구 결과는 우리가 새로운 정보를 접하는 그 순간에는 기억이 망가지기 쉬우며 나중에 그 정보를 회상하기 위해서는 더 많은 연습이 필요하다는 것을 시사한다. 연구자들은 새로운 정보의 입력이 최근 습득한 정보를 밀어내기 때문에 기억이 공고화되는 과정에 생각보다 더 많은 시간이 소요된다고 보고 있다. 듀어의 연구는 새로운 정보를 학습한 후 처음 몇 분 동안 하는 활동이 우리가 이 정보를 얼마나 잘 기억하는지에 실제로 영향을 미친다는 것을 보여 준다. 새로운 학습 후 공상 또는 학습과 관련 없는 주제에 대한 생각하기 등 깨어 있는 휴식은 나중에 그 정보를 기억하는 데 도움이 될 것이다. 이러한 휴식의 핵심은 눈을 감은 채로 주의를 분산시키지 않거나 새로운 정보를 받지 않는 것이다(Dewar et al., 2012).

듀어와 동료들의 연구 결과는 학습의 관점에서 수업을 연이어 듣는 것이 좋은 생각이 아닐 수 있다고 제안한다. 연속적인 수업은 집과 학교를 오가는 시간을 줄이면서 좀 더 여유로운 스케줄을 가능하게 하지만 뇌가 이전 수업에서 배운 내용을 공고화할 시간을 주지 않는다.

잠자는 동안 중요한 것을 기억하는 뇌

수면이 학습의 중요한 요소이긴 하지만 학습해야 할 자료의 중요성도 학습에 영향을 미친다. 이네스 빌헬름(Ines Wilhelm)과 동료들이 『신경과학(Journal of Neuroscience)』 학술지에 발표한 연구에 따르면, 사람들은 그 정보가 미래에 유용하다는 것을 알면 숙면을 취한 후에 더 잘 기억한다. 이 결과는 뇌가 수면 중에 기억을 평가하며, 가장 중요하고 비교적 빨리 필요한 것들을 우선적으로 기억한다는 점을 시사한다(Wilhelm et al., 2011). 이 연구는 또한 새로운 자료를 배운 후 그 자료에 대해 시험을 볼 것이라는 것을 알고 바로 잠을 잤던 학생들이 그렇지 않은 학생들에 비해 기억력이 상당히 향상되었음을 발견했다. 저자들은 뇌의 전전두엽이 깨어 있는 동안 시험과 관련된 기억들에 꼬리표를 붙이고, 수면 중에는 해마가 이런 기억을 공고화한다고 제안한다.

학습과 기억을 손상시키는 수면 부족

당신이 15~25세라면 다양하고 지속적인 감각 입력으로 두뇌를 자극하는 것을 좋아하는 세대일 것이다. 음악을 듣고, 문자를 보내고, 전화를 걸고, TV를 보거나, 비디오 게임을 하는 등 뇌를 지치게 하고 학습을 방해할 수 있는 활동에 참여하고 있으며, 뇌가 피곤하다는 것을 인식하지 못할 수도 있다(Berman, Jonides, & Kaplan, 2008). 문제는 인간의 뇌가 지속적인 감각 자극을 위해 만들어지지 않았다는 것이다.

뇌를 피로하게 하는 원인은 끊임없이 뇌에 부담을 주는 것 외에도 수면 부족이 있다. 수면 연구자들의 가장 중요한 발견 중 하나는 수면 부족이 학습과 기억에 미치는 중대한 영향이다. 최근 신시내티 대학교

(University of Cincinnati) 연구에 따르면 대학생의 24%만이 충분한 수면을 취한다고 보고했으며, 브라운 대학교(Brown University)의 연구에서는 대학생의 11%만이 충분한 수면을 취하고 있다고 한다(Peek, 2012). 캘리포니아-샌프란시스코 대학교(University of California-San Francisco)의 연구원들은 하루 6시간의 수면만으로 잘 기능하는 유전자를 가진 사람들이 있음을 발견했다. 그러나 이 유전자는 매우 드물며 인구의 0.3% 미만으로 나타난다. 나머지 99.7%의 사람들은 수면 시간을 6시간으로 줄이는 것이 쉽지 않다(He et al., 2009).

수면 부채(sleep debt)는 사람이 자야하는 수면량과 실제로 자는 수면량의 차이이다. 우리가 밤에 자는 시간을 조금씩 줄여 갈 때마다 수면 부채는 증가한다. 윌리엄 디먼트는 사람들이 자신도 모르게 수면 부채를 축적하고 있으며, 수면 부채 상태는 학습에 치명적이라고 말한다(Dement & Vaughan, 1999). 단 하루 줄어든 수면 부족의 단기적인 영향은 과민성, 판단력 장애, 부정적인 정보에 더 많은 주의 기울이기, 면역체계 약화, 불안, 성욕 저하, 시력 저하, 운전 방해, 학습 및 기억 관련 문제 등을 포함한다. 수면 부족은 졸음운전으로 인한 교통사고로 매일 시간당 한 명이 사망하는 원인이 된다. 이것은 모든 알코올 및 약물 관련 사고에 의한 사망자를 합친 것보다 더 많다(Wallker, 2017). 수면 부족은 장기적으로 비만, 인슐린 저항성, 심장질환을 포함한 심각한 건강상 문제에 영향을 미친다.

불행하게도 우리는 수면 부족의 해로운 영향에 대해서 잘 알지 못한다. 펜실베이니아 대학교(University of Pennsylvania)의 연구원들은 지원자에게 2주 동안 6시간 미만으로 수면을 취하도록 제한했다. 연구에 참여한 지원자들은 단지 졸음이 약간 증가한 것으로 보고했고 정상적인 수준으로 기능하고 있다고 생각했다. 그러나 인지검사 결과, 점수가 더 낮아지고 반응 시간은 2주 동안 계속 감소하는 것으로 나타났다. 2주간의 실험이 끝날 무렵, 하루 6시간 수면을 취한 참가자들은 이틀 동안 잠을 자지 않은 참가자들만큼 제 기능을 하지 못하였다(van Dongen, Maislin, Mullington, & Dinges, 2010).

2012년 UCLA 정신과 의사 앤드류 풀리니(Andrew J. Fuligni) 교수와 동료들은 시험을 위해 벼락치기를 하거나 과제를 하는 등 추가적인 학습시간을 위해 수면을 희생하는 것은 역효과를 가져온다고 보고했다. 학생이 하루 평균 얼마나 공부하느냐에 상관없이, 평소보다 더 많이 공부하기 위해 잠을 줄인다면 다음날 더 많은 학업 문제를 겪게 될 것이다("Cramming", 2012).

수면 질 저하의 네 가지 일반적인 원인

가끔 우리는 숙제, 시험공부, 게임, TV 시청, 문자 메시지, 영화 보기, 사회적 교류 때문에 너무 늦게 잔다. 이러한 것은 수면 부족의 명백한 원인이다. 그렇긴 하지만 우리가 충분한 수면을 취하지 못하는 데는 수많은 이유가 있다. 다시 말해 수면 부족은 수면의 양이 아니라 수면의 질에 의한 것일 수도 있다. 다음 절에서는 수면의 질을 떨어뜨리는 가장 일반적인 원인 네 가지를 언급한다.

야간 조명

굴리(Gooley)와 동료들(2011)은 『임상 내분비학 및 대사 학술지(Journal of Clinical Endocrinology and Metabolism)』에 만성적으로 전기 조명에 노출되는 것(어두워진 후 1시간 동안의 일반 가정용 조명)과 늦은 저녁에 아이패드, 컴퓨터, 전화 및 텔레비전에서 나오는 블루 라이트(blue light)가 멜라토닌 생산을 감소시킨다고 발표했다. 멜라토닌은 매일 밤 우리를 졸리게 하는 호르몬이다. 미국 질병통제센터(CDC, 2016)에 따르면, 미국인 3명 중 1명이 수면 문제를 겪고 있다고 한다. 빛이 수면에 미치는 영향에 대한 새로운 결과는 수면 문제의 일부를 설명할 수 있다. 잠들기 직전에 일반적으로 하는 컴퓨터 게임, 전자책 읽기와 텔레비전 시청 등은 여러분을 블루 라이트에 노출시켜 멜라토닌 생성을 줄이고 잠드는 것을 방해한다. 좋은 소식은 모든 블루 라이트의 99.5%를 차단하는 렌즈가 개발되었다는 것이다. 그래서 다음에 새 안경을 살 때는 블루 라이트를 차단하는 렌즈를 요청하라. 안경을 쓰지 않는 경우 가장 인기 있는 옵션 중 하나는 'f.lux'라는 앱으로 낮에는 당신의 컴퓨터 화면을 읽기 쉽게 하는 강렬한 파란색 빛으로, 밤에는 따뜻한 빨간색 빛으로 바꿔 가며 시간대에 따라 화면 색상을 조정하는 것이다. 이 앱은 완전 무료이며 윈도(Windows), 맥(Mac), 리눅스(Linux) 및 일부 iOS 장치에서 사용할 수 있다. 동일하게 파란색에서 빨간색으로 빛을 바꿔 주는 안드로이드(Android)의 'Twilight'라는 앱도 있다. 또한 어두워지면 파란색 계열의 조명을 사용하는 형광등 사용을 줄이는 것도 도움이 될 수 있다.

알코올 섭취

알코올이 긴장을 풀고 잠드는 데 도움이 된다고 생각할지도 모른다. 알코올이 진정시키고 잠들게 하는 것은 사실이지만, 그 잠은 당신을 상쾌하게 하는 자연스러운 수면이 아니다. 오히려 자기 전의 알코올 섭취는 잠에서 자주 깨도록 하고 렘수면 단계에 이르지 못하게 함으로써 피곤하게 만들며 새로운 것을 배울 수 없게 한다.

알코올이 수면과 기억의 형성 및 유지에 미치는 해로운 영향에 관한 증거는 매우 강력하기 때문에 여러분이 잠을 푹 자야 할 때 1온스(약 28ml) 이상은 금주하기를 권한다. 보통 사람의 몸은 시간당 약 4ml의 비율로 알코올을 대사할 수 있다(Ramchandani, 2001). 오후 10시에 혈중알코올농도가 0.08(미국의 많은 주에서 운전 가능한 법적 제한치)[2]이 될 정도로 마신다면 알코올이 체내에서 빠지는 데 새벽 4시는 되어야 한다는 말이다(Doyle, 2017).

알코올은 또한 렘수면을 방해한다. 우리가 오후나 저녁에 소량에서 적당량을 마시더라도 우리 몸은 즉시 알코올 대사를 시작하는데, 그럼으로써 렘수면을 만드는 뇌의 능력을 차단하는 화학 물질인 알데히드(aldehyde)와 케톤(ketone)을 생성한다. 앞서 언급했듯이 렘수면의 기능은 기억의 통합 및 연합을 돕는 것이다. 렘수면을 방해함으로써 알코올은 여러분이 90% 이상 숙달했던 새로운 학습도 상당 부분 잃게 하여(40~50%의 기억 손실) 당신이 학습에 기울였던 많은 노력을 수포로 돌아가게 한다(Walker, 2017). 학습 숙달 후 3일 뒤에 알코올을 섭취한 경

2) 2021년 기준 대한민국의 운전 가능한 혈중알코올농도는 0.03 미만임.

우에도 마찬가지의 결과를 가져왔다(Walker, 2017).

카페인 섭취

미국국립수면재단(National Sleep Foundation)은 카페인을 세계에서 가장 인기 있는 약물로 분류했다. 커피는 석유 다음으로 세계에서 두 번째로 많이 거래되는 상품이다. 카페인은 커피콩, 찻잎, 콜라 너트 및 카카오 열매 등을 포함하여 60여 개의 식물에서 자연적으로 발견된다. 전 세계 사람들은 빈번하게 커피, 차, 코코아, 초콜릿, 청량음료 및 마약에서 매일 카페인을 섭취한다.

카페인은 각성제이다. 사람들은 아침에 더 빨리 일어나고 낮 동안 정신을 바짝 차리기 위해 카페인을 사용한다. 식단에서 영양적으로 카페인은 필요하지 않다. 그러나 적당한 카페인 섭취는 건강상의 위험과 관련이 없다. 카페인이 수면을 유도하는 신경화학물질인 아데노신(adenosine)을 차단하고 아드레날린(adreraline) 생성을 증가시켜 일시적으로 더욱 정신이 맑아지는 느낌을 갖게 할 수는 있지만, 잠을 대신할 수 없다는 점을 유의하는 것이 중요하다.

카페인은 위와 소장을 통해 혈류로 들어가 섭취한 지 15분 만에 각성효과를 줄 수 있다. 일단 몸에 들어가면 카페인은 몇 시간 동안 지속된다. 카페인의 절반이 분해되는 데는 약 6시간이 걸린다(National Sleep Foundation, 2016a).

카페인의 큰 단점은 밤에 잠을 못 자게 하여 수면 시간을 줄일 수 있다는 것이다. 또한 밤에 깨는 횟수를 증가시켜 숙면을 방해하고 당신을 잠 못 이루게 한다. 수면 시간과 질의 저하로 인해 다음 날 더 피곤해진다. 그러면 당신은 피곤함을 이기고 더 활기차게 생활하기 위해 모닝커피를 마시며 이 순환은 계속된다. 이 악순환을 푸는 열쇠는 잠자기 6~8시간 전에는 카페인과 카페인이 포함된 음료를 피하는 것이다("Caffeine", n.d.). 커피 마시는 사람들을 위해 참고로 덧붙이자면, 디카페인 커피도 일반 커피 카페인의 15~30%를 함유하고 있어 수면에 지장을 줄 수 있다. 연구자들은 또한 인기 있는 에너지 음료에서 발견되는 매우 높은 함량의 카페인과 발작 증상 간의 연관성을 조사하고 있다(Iyadurai & Chung, 2007). 많은 에너지 음료를 섭취하는 것은, 특히 커피와 함께 섭취할 때 반드시 주의가 필요하다.

식단

건강에 좋지 않은 식단, 특히 포화 지방이 높은 음식은 수면 시간과 질에 부정적인 영향을 줄 수 있다(St-Onge, Roberts, Shechter, & Choudhury, 2016). 2013년 펜실베이니아 대학교(University of Pennsylvania) 수면 · 생체리듬 신경생물학센터(Center for Sleep and Circadian Neurobiology)의 마이클 그랜드너(Michael Grandner)와 동료들의 연구에서는 건강한 식습관을 갖고 있고 다양한 음식을 먹는 사람들이 가장 건강한 수면 패턴을 가지고 있음을 발견했다(Lynn, 2013). 수면 부족과 비만을 연관 짓는 수많은 연구들이 있기 때문에 건강한 식단이 좋은 수면 습관의 주요 예측 변수라는 사실은 놀라운 일이 아니다.

수면 부채의 회복

하루나 이틀 밤의 수면 부족은 하룻밤 푹 잠으로써 회복할 수 있다. 단 하룻밤의 복구 수면(recovery sleep)은 전체 수면 부족의 부작용을 되돌릴 수 있다. 복구 수면은 보통의 수면보다 더 효율적이다. 대부분 사람들은 평상시보다 더 빨리 잠들고 깊은 잠과 렘수면의 양이 증가한다. 복구 수면 중 좋은 방법은 알람을 설정하지 않고 혼자서 일어날 때까지 자는 것이다.

장기간의 수면 부족을 회복하는 것은 힘들 수 있다. 우선 여러분은 해야 할 일과 시간을 관리하면서 자신의 수면 시간을 스스로 결정하는 주체임을 깨달아야 한다. 학교는 많은 기회를 제공하지만 각 기회를 잡기 위해서는 시간이라는 대가를 치러야 한다. 해야 할 일이 너무 많아 일반적으로 권장되는 것보다 적게 자기 때문에 장기적인 수면 부채 상태에 처한 사람들을 위해 미국수면의학학회(American Academy of Sleep Medicine)는 수면 부족의 영향을 줄이기 위한 세 가지 단기 해결책을 권고한다. 그러나 이러한 제안을 따른다고 해도 각성 및 수행이 완전한 수준까지 회복되지는 못할 수 있다는 점에 유의하라(Widmar, 2003).

1. 카페인. 이 각성제는 일시적인 수면의 손실 이후 75~150mg의 용량으로 각성 및 수행을 증진시킬 수 있다. 밤을 꼬박 새운 후에는 더 많은 용량의 카페인이 필요하다. 카페인을 자주 사용하는 사람은 내성이 생겨 점점 효과가 떨어진다. 앞서 언급했듯이 카페인은 수면이

부족함에도 무언가를 해야 할 때는 도움이 되지만, 편안한 잠을 취하는 데 방해가 된다. 수면 과학자들은 잠자기 6시간 전에는 카페인 섭취를 중단할 것을 권고한다.

2. **낮잠.** 수면 손실 기간 동안 20분 이하의 짧은 낮잠 또는 90분의 낮잠은 주의력을 높일 수 있다. 그러나 20분과 90분 사이의 낮잠 시간은 잠에서 깨어나기 어렵게 하고, 잠에서 깬 후에도 심한 정신적 혼미 상태 또는 비몽사몽 상태를 지속시킨다.
3. **병원 진료.** 당신이 충분한 수면을 취하지 못하는 이유에 대해 의사와 상의하고 수면 부채 문제를 해결할 수 있는 방법에 대해 조언을 구하라.

다음은 수면 부채에서 벗어나거나 수면 부채를 피할 수 있는 몇 가지 추가 조언이다(Smith, Robinson, & Segal, 2013).

- 수면 시간을 계획하고 매일 밤 최소 7.5시간의 수면을 목표로 한다. 더 이상 수면 부채에 빠지지 않도록 매일 밤 수면을 위해 필요한 시간을 확보하라. 잠들고 일어난 시각, 총 수면 시간, 하루 종일 기분이 어떤지 기록하는 수면 일지를 작성하는 것이 도움이 될 수 있다. 수면을 계속 추적하면서 자연스러운 패턴을 발견하게 될 것이고 수면에 필요한 사항을 알게 될 것이다. 일관성이 중요하다.
- 단기 수면 부채를 가능한 빨리 해결하라. 수면을 회복하면 최적의 학습 수준으로 빠르게 돌아갈 수 있다.
- 먹고 마시는 것을 주의하라. 배고프거나 배부른 상태로 잠자리에 들지

마라. 이로 인한 불편함이 당신을 계속 깨어 있게 할 것이다. 또한, 고지방 식단은 수면을 방해하기 때문에 피하는 것이 좋다(St-Onge et al., 2016).

- 니코틴, 카페인 및 알코올도 역시 주의하라. 니코틴과 카페인은 각성 효과가 사라지는 데 몇 시간이 걸리기 때문에 양질의 수면을 방해할 수 있다. 알코올은 졸리게 할 수는 있지만 한밤중의 수면을 방해한다.
- 수면 의식을 만들라. 매일 밤 똑같은 일을 함으로써 몸이 긴장을 풀 때임을 인식하도록 하라. 수면 의식에는 따뜻한 목욕이나 샤워, 책 읽기 또는 조명을 어둡게 하고 부드러운 음악 듣기 등이 포함될 수 있다.
- 잠자기에 이상적이고 안락한 방을 만들라. 이는 보통 시원하고 어둡고 조용한 것을 의미하며, 실내 온도 60~67℉(18~20℃)가 수면을 촉진하는 데 이상적이다.
- 낮잠을 제한하라. 긴 낮잠은 야간 수면에 방해가 되는데, 특히 불면증을 겪고 있거나 수면의 질이 좋지 않은 경우에는 더욱 그렇다. 낮잠은 매우 긍정적일 수 있지만 20분 또는 90분으로 제한해야 한다. 아침에 일어나 약 8시간 후에 낮잠을 자는 것이 가장 좋다.
- 일상생활에 신체 활동을 포함시키라. 규칙적인 신체 활동은 더 나은 수면을 촉진하여 더 빨리 잠들게 하고 더 깊은 수면을 즐길 수 있도록 도와준다. 그러나 취침 직전 운동은 지나친 자극이 되어 잠드는 데 방해가 될 수 있다.
- 전화, 컴퓨터, 텔레비전 및 가정 내 조명에서 나오는 밝은 빛과 블루 라이트를 피하라. 늦은 저녁, 이 빛들은 잠들기 위해 필요한 멜라토닌 분비를 지연시킬 수 있다.

누구나 가끔은 잠 못 이루는 밤을 보내기도 하지만, 만약 여러분이 자주 잠을 못 자거나 수면 부족이 걱정된다면 의사에게 문의하라.

스트레스 관리를 통한 수면의 개선

여러분이 침대에 누웠더라도 다음 날 해야 할 일들에 온통 마음을 쏟는다면(스트레스를 받을 때 흔한 현상이다), 숙면을 취하기는 어려울 것이다. 평화로운 삶을 회복하기 위해 스트레스를 관리하는 건강한 방법을 생각해 보라. 주변을 정리하고, 우선순위를 설정하고 역할을 분담하는 것과 같은 기본적인 일부터 시작하라. 필요할 때는 휴식을 취하도록 하자. 운동은 스트레스를 줄이고 긴장을 푸는 데 도움이 될 것이다.

2011년 『타임』지는 8분이 조금 넘는 마르코니 유니온(Marconi Union)의 음악 〈무중력(Weightless)〉(Talbot, Crossley, & Meadows, 2016)을 수면에 도움이 되는 음악으로 선정하였다. 이 곡은 듣는 사람의 신체 리듬과 노래를 일치시킴으로써 심박 수를 35% 느려지게 하고 불안감을 65% 줄여 준다. 과학자들이 운전 중에는 듣지 않는 것이 좋다고 할 정도로 이 곡은 효과가 좋다.

장기적인 뇌 건강과 수면

2013년 『사이언스(Science)』학술지에 출판된 「수면은 성인의 뇌에서 대사물질 제거를 촉진한다.」(Xie et al., 2013)라는 논문에서는 뇌가 글림프계(glymphatic system)라 불리는 노폐물 제거 구조를 가지고 있다는 사실을 발견했다고 보고했다. 글림프계는 뇌척수액(CerebroSpinal Fluid: CSF)을 사용하여 신경독소, 즉 하루 종일 일어나는 뇌의 전기 및 화학적 활동 부산물을 씻어내는데, 신체 다른 부분의 노폐물을 제거하는 림프계(lymphatic system)와는 분리된 경로를 활용한다. 2013년 후반에 연구팀은 수면 중 뇌에서 개방되는 '숨겨진 공간(hidden caves)'을 확인하였는데, 여기에서 뇌척수액이 혈액순환을 통해 신경독소를 안전하게 제거하여 씻어 낸다. 이 발견이 왜 그렇게 중요할까? 정답은 알츠하이머를 포함한 다양한 신경계 질환을 일으키는 것으로 의심되는 것이 바로 이 신경독소라는 것이다. 충분한 수면을 취하지 않으면 시간이 지남에 따라 이러한 독소들이 뇌에 쌓인다. 이 연구가 시사하는 바는 정말 중요하다. 이미 우리는 충분한 수면이 필요하다는 것을 알고 있다. 이뿐만 아니라 오랜 시간에 걸친 수면 부족은 알츠하이머와 같은 신경 장애로 이어질 수도 있다. 그러니 부모님께도 충분히 주무실 것을 권하라.

운동선수와 수면

여러분의 운동 수준이 어떠하든지 운동을 하고 있다면, 운동에서의 수행을 최적화하기 위해 당신의 몸과 마음을 돌보는 것이 얼마나 중요한지 잘 알 것이다. 사우스 캐롤라이나주(South Carolina) 찰스턴

(Charleston)의 정형외과 의사이자 스포츠 의학 전문가인 데이비드 가이어(David Geier)는 "충분한 수면은 경기력에 매우 중요하다."고 말했다(Griffin, 2014). 연구에 따르면 양질의 수면은 운동선수의 속도, 정확도 및 반응 시간을 향상시킨다. 수면 중 뇌는 낮에 했던 훈련과 동일한 운동 기능을 '연습'한다. 뇌에서 일어나는 이러한 연습은 무의식 수준에서 일어나며 그렇기 때문에 여러분이 강화하려고 노력했던 기술은 나중에 의식적으로 생각할 필요가 없을 만큼 자동적으로 수행된다. "연습이 완벽을 만든다(Practice makes perfect)."는 표현을 들어 본 적이 있을 것이다. 수면은 여러분이 더 완벽한 수준까지 수행할 수 있도록 하는 연습을 촉진시킨다. 다시 말해 특별한 기술을 연습하기 위해 고군분투하다 잠든 후 깨어났을 때 여러분은 그 기술을 더 잘할 수 있게 되었음을 알게 될 것이다. 이것이 수면의 힘이다.

수면 부족이 운동 수행에 미치는 영향

수면 시간이 8시간 미만이라면 다음과 같은 일들이 뇌와 신체에 일어날 것이다. 만약 수면 시간이 6시간 미만일 때는 이런 일들이 일어날 가능성이 분명 더 높을 것이다.

① 체력 소진까지 걸리는 시간이 10~30% 정도 줄어든다.
② 유산소 대사 효율성이 크게 저하된다. 즉, 소비할 수 있는 에너지가 줄어든다는 의미이다.
③ 팔다리를 늘릴 수 있는 범위와 점프 높이가 짧아진다.

④ 최대근력과 지속근력이 감소한다.

⑤ 심혈관, 신진대사 및 호흡 능력이 저하된다.

⑥ 젖산이 더 빨리 축적된다.

⑦ 신체의 혈중 산소 농도가 감소하고 혈액 내 이산화탄소가 증가한다.

⑧ 체온을 떨어뜨리는 땀 분비 조절기능이 저하된다.

⑨ 부상의 위험이 높아진다. 특히 6시간 미만의 수면은 부상 위험을 75% 증가시킨다(Walker, 2017).

수면은 운동 성과를 높여 주는가

최근 셰리 마(Cheri Mah)와 동료들이 『수면 학술(Journal of Sleep)』에 발표한 연구에서는 수영 선수, 테니스 선수 및 스탠퍼드 미식축구 선수를 대상으로 하여 조명을 끄고 충분히 자는 것만으로도 안전하고 합법적인 성장 호르몬(human growth hormone: HGH)이 체내에서 분비됨을 보여 줌으로써 스포츠 학계에 충격을 주었다(Mah, Mah, Kezirian, & Dement, 2011). 2005년부터 2008년까지 3개의 시즌 동안 마(Mah)와 그녀의 팀은 스탠퍼드 농구 팀원을 대상으로 연구했다. 선수들은 2주부터 4주까지는 정상적인 일정을 유지했다. 그런 다음 5주에서 7주까지 선수들은 스스로 무엇을 마시는지 주의 깊게 관찰했고, 낮에 낮잠을 자고, 매일 밤 10시간을 자려고 노력했다. 이렇게 함으로써 선수들의 휴식 시간이 증가하였는데 선수들은 더 빨라졌으며, 연습과 경기에서 더 기분이 좋아졌다고도 말했다. 운동 결과도 좋아졌는데, 3점슛 성공률은 9.2%, 자유투 성공률은 9% 증가했다(Mah et al., 2011).

반 카우터와 브루사드(Van Cauter & Broussard, 2016)의 연구에 따르면, 하루 7시간 이하의 수면 부족 상태가 지속된 지 단 일주일 만에 젊고 건강한 남성의 신체기능이 급격하게 저하되고, 뇌와 신체의 에너지원인 포도당 수치가 정상 미만으로 떨어졌다. 신체의 포도당 관리 능력 감소는 노인들에게서 발견되는 것과 유사했다.

반 카우터와 브루사드의 연구에서 또 다른 발견은 충분한 수면을 취하지 않으면 스트레스 호르몬인 코르티솔의 수치가 증가한다는 것이다. 코르티솔은 스트레스에 대한 신체 반응에서 중요하고 도움이 되는 부분이다. 그러나 코르티솔 수치가 너무 높거나 낮으면 인지능력 손상, 근육 조직 및 골밀도 감소, 혈압 상승 등 신체와 정신에 부정적인 영향이 나타난다. 또한 수면 부족은 신체 활동 중에 에너지 사용을 위해 저장되는 글리코겐 및 탄수화물의 생산을 낮추는 것으로 나타났다. 요컨대, 수면이 부족하면 극심한 피로, 낮은 에너지, 집중력 저하 가능성이 높아진다. 또 경기 후 회복 속도가 느려질 수 있다(Van Cauter & Broussard, 2016).

수면은 운동 능력에 중요한 역할을 하며 시합 결과에 영향을 미친다. 선수의 수면 질과 양은 종종 승리의 열쇠가 된다. 렘수면은 특히 뇌와 신체에 에너지를 제공한다. 수면 시간이 짧아지면 신체는 기억을 회복하고 기억을 공고화하며 건강을 위해 필요한 호르몬을 분비할 시간이 부족하게 된다(National Sleep Foundation, 2016c). 나아가 긴 시간 동안의 수면 중에는 자연스럽게 신진대사가 일어난다. 다시 말해 깊은 수면 중에 우리 몸은 성장 호르몬을 분비하여 근육과 뼈의 치유와 성장을 활성화한다.

수면 부족 후에도 하루 정도는 견딜 수 있지만, 적절한 수면은 운동선수에게 두 가지 면에서 도움이 된다. 첫째, 반응시간이나 눈과 손의 협응과 같이 최고 수준의 인지 기능이 필요한 수행 영역을 향상시킨다. 둘째, 염증을 줄이고 근육을 회복시키는 신체기능을 향상시켜 힘든 경기나 운동 후의 회복을 돕는다. 수면은 운동선수들이 포도당과 글리코겐의 형태로 세포 에너지를 재충전할 수 있게 한다(Keating, 2012). 미항공우주국 과학자였던 수면 전문가 마크 로즈킨드(Mark Rosekind)는 대부분의 청년들이 취하는 5~7시간이 아닌, 하루 9~10시간의 수면을 취할 것을 올림픽 선수들에게 권고하고 있다. 로즈킨드는 "식단과 운동에 관한 것처럼 사람들은 수면에 대해 현명해질 필요가 있다."고 말했다(Keating, 2012). 미국운동트레이너협회(National Athletic Trainers' Association)의 회장 짐 손튼(Jim Thornton)은 훈련 중인 선수들은 하루에 1시간 정도 더 잠을 자야 한다고 말한다.

수면 시간을 늘리려면 일찍 자거나 오후에 낮잠을 자라(Griffin, 2014). 『스포츠 의학(Sports Medicine)』에 실린 2015년 연구에 따르면, 수면의 질과 양의 감소는 자율 신경계의 불균형을 유발하여 과훈련 증후군(과도한 훈련 때문에 극심한 피로감을 느끼고 경기 수행능력이 감소하는 현상)과 유사한 증상이 나타나게 할 수 있다(Fullagar et al., 2015). 또한 수면 손실 후 염증전구물질(proinflammatory cytokines)의 증가는 면역계 기능 장애를 촉진하고 쉽게 병에 걸리게 한다. 더 중요한 것은 수면 손실이 인지 기능에 미치는 영향을 조사한 많은 연구에서 인지 수행이 느려지고 정확성이 떨어진다고 보고한다는 점이다. 결론은 수면이 모든 수준에서 운동 능력에 큰 영향을 미친다는 것이다. 지쳐 있을 때 읽기, 시험공부, 신체 활동을 잘 수행하기는 어렵다. 경기를 잘하기 위해서는 숙면이 필요하다. 그것은 자신뿐만 아니라 팀의 이익을 위해서도 중요하다.

요약

수면은 인간의 몸과 뇌에 매우 중요하기 때문에 지속적인 수면 부족은 심각한 질병뿐 아니라 심지어 사망에 이르게 할 수도 있다. 그래서 사람들은 한 번에 며칠씩 깨어 있으려 하지 않는다. 많은 학생들이 모르는 것은 매일 밤 푹 자는 것이 학습과 기억 형성, 그리고 효율적인 수행에 필수적이라는 점이다. 잠자는 동안 인간은 기억을 만들고 인간의 뇌는 원치 않는 정보를 제거하여 다음 날 배울 준비가 되도록 한다. 수면이 부족하면 주의를 기울이고 새로운 정보를 배우는 능력이 손상되며, 수업 내용 같이 기억해야 할 정보를 기억하는 데 어려움을 겪는다. 게다가 수면 상실은 운동과 같은 신체 활동에 심각한 영향을 준다. 이 장의 핵심 내용을 정리하면 다음과 같다.

① 수면 중에 기억이 만들어진다.
② 거의 모든 사람은 매일 밤 7.5~9시간의 수면이 필요하고, 10대들은 종종 9~10시간이 필요하다.
③ 수면 중의 뇌는 해마에서 불필요한 정보를 제거하여 다음 날 새로운 정보를 배울 준비를 한다.

④ 사람마다 자기만의 수면 패턴을 갖고 있다. 어떤 사람은 일찍 자고 일찍 일어나며, 또 어떤 사람은 올빼미형 인간이며, 나머지는 그 사이에 있다. 자신의 수면 패턴을 확인하는 것은 중요하다.

⑤ 뇌는 당신에게 가장 중요한 것을 가장 잘 기억한다. 잠자리 들기 직전에 가장 중요한 정보를 떠올리면 그 정보에 대한 기억이 더 잘 형성된다.

⑥ 매일 20분의 낮잠은 학습과 기억력을 향상시키는 데 좋지만, 60분의 낮잠은 무기력을 느끼게 하고 어쩌면 기분이 나빠질 수도 있다.

⑦ 매 시간 음악을 듣거나 끊임없이 문자를 보내는 것과 같은 지속적인 감각 자극은 뇌를 지치게 하고 학습을 어렵게 할 수 있다.

⑧ 수면 부족은 학습과 기억에 해롭다.

⑨ 심각한 수면 장애가 있다면 즉시 도움을 받아라. 수면은 대학에서의 성공을 위해 매우 중요하다.

⑩ 충분한 수면은 모든 수준에서 운동 능력을 향상시킨다.

비판적 사고 및 토론을 위한 질문

1. 여러분의 평균 수면 시간은 얼마인가? 이것은 당신의 삶에 어느 정도 영향을 미친다고 생각하는가? 만약 수면이 부족하다면 적어도 7시간 이상 자기 위해 삶에 어떤 변화를 줄 수 있을까?

2. 여러분은 종달새형과 올빼미형 중 어디에 더 가깝다고 생각하는가? 수면

이 부족하지 않을 때 하루를 시간대별로 어떻게 느끼는지 기술하라. 즉, 지치지 않은 상태에서 하루 중 기분이 가장 좋은 때는 언제인가? 하루를 짜임새 있게 보내기 위해 이 정보를 어떻게 활용할 수 있을까?

3. 당신은 규칙적으로 낮잠을 자는가? 그 이유는 무엇인가? 낮잠 자기에 좋은 시간과 적절하지 않은 시간은 언제인가? 낮잠의 가치는 무엇인가?

4. 수면 부채란 무엇이며 어떻게 발생하는가? 사람들은 수면 부채의 누적을 어느 정도까지 인식할 수 있을까? 수면 부채의 결과는 무엇인가? 수면 부채가 있을 때 기분이 어떠한가?

5. 양과 질의 측면에서 수면을 극대화하기 위해 여러분은 어떤 전략을 사용하는가?

6. 수면이 운동 능력에 미치는 주요 영향을 적어도 세 가지 이상 설명하라.

7. 이 장의 정보를 바탕으로 학습이나 운동 능력을 향상시키기 위해 할 수 있는 행동에 대해 기술하라.

참고문헌

American Academy of Sleep Medicine. (2008, May 15). Morningness a predictor of better grades in college [News release]. Retrieved from http:// www.aasmnet.org/articles .aspx?id=887

American Association for the Advancement of Science (AAAS). (2011, March 8). *As we sleep, speedy brain waves boost our ability to learn.* Retrieved from https://www.eurekalert.org/pub_releases/2011-03/uoc--aws030211.php

Berman, M., Jonides, J., & Kaplan, S. (2008, December). The cognitive benefits of interacting with nature. *Psychological Science, 19*, 1207-1212.

Beth Israel Deaconess Medical Center. (2005, June 29). Study shows how sleep improves memory [News release]. *Science Daily*. Retrieved from http://www.sciencedaily.com/releases/2005/06/050629070337.htm

Brain's learning ability seems to recharge during light slumber [News release]. (2011, March 8). *Health Day News*. Retrieved from https://consumer.healthday.com/cognitive-health-information-26/brain-health-news-80/ brain-s-learning-ability-seems-to-recharge-during-light-slumber-650627.html

Burrell, J. (2013). College kids, sleep and the GPA connection [Web log post]. Retrieved from http://youngadults.about.com/od/healthandsafety/a/Sleep.htm

Buzsáki, G., Girardeau, G., Benchenane, K., Wiener, S., & Zugaro, M. (2009). Selective suppression of hippocampal ripples impairs spatial memory. *Nature Neuroscience, 12,* 1222-1223.

Caffeine. (n.d.). *SleepDisordersGuide.com*. Retrieved from http://www.sleepdisordersguide.com/topics/caffeine.html

Campus Mind Works, University of Minnesota. (2016). *Sleep*. Retrieved from http://campusmindworks.org/students/self_care/sleep.asp

Centers for Disease Control and Prevention (CDC). (2016, February). One in three adults don't get enough sleep [News release]. Retrieved from http://www.cdc.gov/media/releases/2016/p0215-enough-sleep.html

Cramming for a test? Don't do it, say UCLA researchers. (2012, August 22). *UC Health*. Retrieved from http://health.universityofcalifornia.edu/2012/08/22/cramming-for-a-test-dont-do-it-say-ucla-researchers

Dement, W. (2013). *The sleep well*. Retrieved from http://www.stanford.edu/~dement

Dement, W. C., & Vaughan, H. C. (1999). *The promise of sleep*. New York, NY: Delacourt Press.

Dewar, M., Alber, J., Butler, C., Cowan, N., & Della Sala, S. (2012, September). Brief wakeful resting boosts new memories over the long term. *Psychological Science, 23*(9), 955–960.

Diekelmann, S., Büchel, C., Born, J., & Rasch, B. (2011, January 23). Labile or stable: Opposing consequences for memory when reactivated during wakefulness and sleep. *Nature Neuroscience, 14*, 381–386.

Doyle, J. (2017, December). *Training for intervention procedures*. Presentation on alcohol use and prevention at Ferris State University, Big Rapids, MI.

Fullagar, H. H., Skorski, S., Duffield, R., Hammes, D., Coutts, A. J., & Meyer, T. (2015, February). Sleep and athletic performance: The effects of sleep loss on exercise performance, and physiological and cognitive responses to exercise. *Sports Medicine, 5*(2), 161–186.

Genes linked to need for sleep. (2011). *The Family GP*. Retrieved from http://www.thefamilygp.com/Genes-linked-to-needing-more-sleep.htm

Gillen-O'Neel, C., Huynh, V., & Fuligni, A. (2013, January/February). To study or to sleep? The academic costs of extra studying at the expense of sleep. *Child Development, 84*(1), 133–142.

Gooley, J. J., Chamberlain, K., Smith, K., Khalsa, S., Rajaratnam, S., Reen, E., ... & Lockley, S. (2011, March). Exposure to room light before bedtime suppresses melatonin onset and shortens melaton in duration in humans.

Journal of Clinical Endocrinology and Metabolism, *96*(3), E463-E472.

Griffin, M. (2014). Can sleep improve your athletic performance? [Web log post]. *WebMD*. Retrieved from http://www.webmd.com/fitness-exercise/features/ sleep-athletic-performance

Grossman, L., Thompson, M., Kluger, J., Park, A., Walsh, B., Suddath, C., … & Carbone, N. (2011, November 28). Most relaxing song. *Time Magazine*.

Hall, P. (2017). Meet the man who has helped Cristiano Ronaldo, Thierry Henry and Sergio Aguero sleep. *Sky Sports*. Retrieved from http://www.skysports.com/football/news/11096/11056726/meet-the-man-who-has– helped-cristiano-ronaldo-thierry-henry-and-sergio-aguero-sleep

He, Y., Jones, C. R., Fujiki, N., Xu, Y., Guo, B., Holder, J., ... & Fu, Y. (2009, August). The transcriptional repressor DEC2 regulates sleep length in mammals. *Science, 325*(5942), 866–870.

Hershner, S., & Chevin, R. D. (2014, June 23). Causes and consequences of sleepiness among college students. *Nature and Science of Sleep, 6*, 73–84.

Iyadurai, S. J., & Chung, S. S. (2007, May 10). New-onset seizures in adults: Possible association with consumption of popular energy drinks. *Epilepsy Behavior, 10*(3), 504–508.

Keating, P. (2012). Sleeping giants. *ESPN*. Retrieved from http://www.espn.com/espn/commentary/story/_/id/7765998/for-athletes-sleep-new-magic-pill

Loeb, J. (2015). New student orientation. Presentation at Western Michigan School of Medicine on Sleep and Learning.

Lynn, J. (2013, February 8). New Penn study links eating, sleeping habits. *Newsworks*. Retrieved from http://www.newsworks.org/index.php/local//healthscience/50754

Maas, J., & Robbins, R. (2011). *Sleep for success! Everything you must know about sleep but are too tired to ask.* Bloomington, IN: Authorhouse.

Mah, C., Mah, K. E., Kezirian, E. J., & Dement, W. C. (2011). The effects of sleep extension on the athletic performance of collegiate basketball players. *Sleep, 34*(7), 943–950 .

Naps clear the mind, help you learn. (2010, February21). *Live Science.* Retrieved from http://www.livescience.com/9819-naps-clear-mind-learn.html

National Aeronautics and Space Administration (NASA). (2005, June 3). NASA nap study. *Nasa Naps.* Retrieved from http://science.nasa.gov/ science-news/science-at-nasa/2005/03jun_naps

National Sleep Foundation. (2016a). Caffeine and sleep [Web log post]. Retrieved from https://sleepfoundation.org/sleep-topics/caffeine-and-sleep

National Sleep Foundation. (2016b). Teens and sleep [Wep log post]. Retrieved from https://sleepfoundation.org/sleep-topics/teens-and-sleep

National Sleep Foundation. (2016c). Sleep Athletic Performance, and Recovery. Retrieved November 3, 2018 from https://www.sleepfoundation.org/sleep-news/sleep-athletic-performance-and-recovery

Natural patterns of sleep. (2007, December 18). *Healthy sleep.* Retrieved from http://healthysleep.med.harvard.edu/healthy/science/what/sleep-patterns-rem-nrem

Office of Communications and Public Liaison, National Institute of Neurological Disorders and Stroke, National Institutes of Health. (2017, March). *Brain basic: Understanding sleep.* Retrieved from https://www.ninds.nih .gov/Disorders/Patient-Caregiver-Education/Understanding-Sleep

Payne, J. D., Tucker, M. A., Ellenbogen, J. M., Wamsley, E. J., Walker, M. P., Schacter, D. L., & Stickgold, R. (2012). Memory for semantically related and unrelated declarative information: The benefit of sleep, the cost of wake. *PLoS ONE, 7*(3), e33079.

Peek, H. (2012). *Abnormal sleep patterns lead to greater issues*. Retrieved from http://www.thehullabaloo.com/views/article_2825a6ac-1ee4-11e2-ad21-001a4bcf6878.html

Ramchandani, V. A. (2001, December). Effect of food and food composition on alcohol elimination rates in healthy men and women. *Journal of Clinical Pharmacology, 41*(12), 1345-1350.

Rodriguez, J. (2017). CDC declares sleep disorders a public health epidemic. Retrieved from https://www.sleepdr.com/the-sleep-blog/cdc-declares-sleep- disorders-a-public-health-epidemic/

Rutgers University. (2009, September 15). Rutgers research: Direct evidence of the role of sleep in memory formation is uncovered [News release]. Retrieved from http://news.rutgers.edu/medrel/news-releases/2009/09/rutgers-research-dir-20090915

Smith, M., Robinson, L., & Segal, R. (2013, January). How much sleep do you need? Sleep cycles and stages, lack of sleep, and how to get the hours you need. *HelpGuide*. Retrieved from http://www.helpguide.org/life/sleeping.htm

St-Onge, M. P., Roberts, A., Shechter, A., & Choudhury, A. R. (2016). Fiber and saturated fat are associated with sleep arousals and slow wave sleep. *Journal of Clinical Sleep Medicine, 12*(1), 19-24.

Stickgold, R. (2015, October). The power of sleep. *Scientific American, 313*(4), 52-57.

Talbot, R., Crossley, J., & Meadows, D. (2016). *Weightless* [Recorded by Marconi Union]. On AM [MP3 file]. London, England: Just Music

Van Cauter, E., & Broussard, J. (2016, October 23). Disturbances of sleep and circadian rhythms: Novel risk factors for obesity. *Current Opinion in*

Endocrinology Diabetes, and Obesity, 23(5), 353–359.

van Dongen, H., Maislin, G., Mullington, J., & Dinges, D. (2010). *The cumulative cost of additional wakefulness: Dose-response effects on neurobehavioral functions and sleep physiology from chronic sleep restriction1 and total sleep deprivation.* Retrieved from htψ://www.med.upenn.edu/uep/user_ documents/dfd16.pdf

Walker, M. (2017). *Why we sleep: The power of sleep and dreams.* New York, NY: Scribner.

Walker, M. (2017, April 8). Sleep is the new status symbol. *New York Times.* Retrieved from https://www.nytimes.com/2017/04/08/fashion/sleep-tips-and-tools.html

Walker, M. P., & Robertson, E. M. (2016). Memory processing: Ripples in the resting brain. *Current Biology, 26*(6), 239–241.

Widmar, R. (2003, June 1). Sleep to survive: How to manage sleep deprivation. *Fire Engineering.* Retrieved from http://www.fireengineering.com/articles/print/volume–156/issue–6/features/sleep-to-survive-how-to–manage-sleep-deprivation.html

Wilhelm, I., Diekelmann, S., Molzow, I., Ayoub, A., Molle, M., & Born, J. (2011). Sleep selectively enhances memory expected to be of future relevance. *Neuroscience, 31*(5), 1563.

Xie, L., Kang, H., Xu, Q., Chen, M., ... & Nedergaad, M. (2013, October 18). Sleep drives metabolite clearance from adult brain. *Science, 342*(6156), 373–377.

Zee, P., & Turek, F. (2006, September). Sleep and health: Everywhere and in both directions. *Journal Archives of Internal Medicine, 166,* 1686–1688.

제3장 운동과 학습

전반적인 건강의 측면에서 운동의 가치는 많은 사람들이 알고 있다. 그러나 운동이 인간의 학습에 미치는 놀라운 영향이 반복적으로 증명되었다는 것은 아직 덜 알려져 있다. 맥마스터스 대학교(McMasters University)의 유전성 대사 신경과학자인 마크 타르노폴스키(Mark Tarnopolsky)는 "만약 운동이 인간의 건강을 위해 해 줄 수 있는 일을 어떤 약이 해 줄 수 있다면, 그 약은 현존하는 약 중에서 가장 가치 있는 약이 될 것이다."(Oaklander, 2016)라고 주장하기까지 했다.

운동은 당신의 삶에 큰 영향을 미친다. 뇌 운동 게임과 신체 운동을 비교한 연구자들은 "앉아서 하는 정신 운동이 아닌 유산소 운동이 노화에 따른 인지 기능의 저하를 막고 작업기억을 향상시키는 데 가장 효과적인 활동이다."라고 결론지었다(Bergland, 2017). 이 연구자들은 운동과 게임을 결합한 '피트니스 게임(exer-gaming)'이 큰 인기를 끌 것이라고 예측하고 있다.

하버드 정신과 의사이자 작가인 존 레이티(John Ratey)는 운동이 인간 학습에 얼마나 큰 영향을 미치는지에 대한 책을 집필했다. 『운동화 신은 뇌(원제: The Spark: The Revolutionary New Science of Exercise and the Brain, 2013)』라는 책은 인간이 운동할 때 뇌에서 메신저 역할을 하는 특별한 신경화학물질과 단백질이 더 많이 분비된다고 밝히고 있다. 이 화학 물질과 단백질은 인간이 새로운 정보와 기술을 받아들이고, 처리하며, 기억하는 능력을 향상시킨다. 이 책에서 저자가 얘기하고자 하는 주요 메시지는 학습 향상을 위해서는 운동이 매우 중요하다는 것이다. 이 장에서는 운동의 이면에 있는 몇 가지 과학적 진실에 대해 소개하고, 이를 학업 성취를 위해 활용할 수 있는 방법을 제안할 것이다.

학습하는 동안 움직이도록 되어 있는 인간의 뇌

신경계를 가지고 있고 움직일 수 있었던 최초의 동물들은 먹이가 잡힐 때까지 기다려야만 했던 해면동물에 비해 엄청난 이점을 가졌었다(Liu et al., 2014). 진화 역사의 많은 부분은 여러 가지 논란으로 가려져 있지만, 인류학자와 고인류학자들이 함께 동의하는 것이 있다면 인간은 끊임없이 움직여 왔다는 것이다. 인류학자 리처드 랭햄(Richard Wrangham)은 몇십만 년 전 남성은 하루에 약 6~12마일(10~20km)을 움직였으며 여성은 그 양의 절반을 움직였다고 하였다. 인간의 뇌는 부단한 움직임과 함께 발달해 온 것이다(Medina, 2008). 그러나 불행히도 현대 시대의 안락함은 아주 적은 이동만으로도 사람들이 공동체 내에서 상호작용하는 일을 가능하게 만들고 있다. 이것이 학습에는 도움이 되지 않는 것으로 판명되고 있다.

책상에 앉아 있는 것의 단점

학생들의 학습 능력에 있어서 운동의 중요성은 많은 증거들에 의해 지지되고 있다(Bolz, Heigele, & Bischofberger, 2015; Ratey, 2013; Reilly, Buskist, & Gross, 2012). 문제를 해결하는 방법에 대해 생각할 때, 논문의 개념을 점차 구체화할 때, 또는 좋은 아이디어를 만들려고 할 때 운동은 훨씬 더 나은 결과를 가져다줄 가능성이 높다(Ratey, 2013). 몇 가지 중요한 면에서 학교가 200년 동안 잘못해 온 것이 바로 이것이다. 책상에 앉아 있는 것이 노트 필기하기에는 실용적일지라도, 새로운 자료를 학습하는 데 있어 걷기만큼 효과적이지는 않다. 최근 연구에 따르면 하루에 9~11시간 동안이나 장시간 앉아 있으면 신체 건강에 좋지 않음이 분명하다. 일부 연구자들은 이러한 신체 활동 부족이 오늘날 젊은이들에게 가장 큰 위험이며 이 위험성은 이전 세대의 흡연만큼이나 크다고 주장한다(Sifferlin, 2012).

운동할 때 뇌에서 발생하는 일

먼저, 어떤 운동이라도 운동을 하지 않는 것보다는 학습 증진에 도움이 된다. 그러나 신경과학 연구자들이 발견한 진정한 운동의 장점은 규칙적인 신체 활동이나 운동, 특히 유산소 운동에서 비롯된다. 유산소 운동은 신체의 산소 요구량을 증가시켜 호흡 속도와 심박 수를 일시적으로 증가시키는 활동이다. 규칙적인 유산소 운동을 하면 심장이 강해지고 더 효율적으로 작동한다. 운동 분야의 많은 사람들이 유산소 운동을 효과적으로 하려면 심박 수가 최대 심박 수의 60~70%여야 한다고 제안한다. 적절한 심박 수의 수준은 모든 사람에게 다르다. 여러분의 심박 수를 계산하는 공식은 〈표 3-1〉에 나와 있다. 표에 따르면 20세인 경우 초기 50%의 목표 심박 수는 분당 80회라는 것을 알 수 있다. 다른 새로운 운동 프로그램과 마찬가지로 운동을 시작하기 전에는 항상 의사와 먼저 상의해야 한다. 자신의 목표 심박 수를 아는 것은 유산소 운동 기간 동안 자신의 페이스를 조절하는 데 도움을 줄 수 있다. 심

〈표 3-1〉 운동 중 목표 심박 수

연령	최저-최고 심박 수(분당, bpm)
15	123~164
20	120~160
25	117~156
30	114~152
35	111~148
40	108~144
45	105~140
50	102~136
55	99~132
60	96~128
65	90~120
70	90~120
75	87~116

출처: 심박 수 차트(2009). www.heart.com/heart-rate-chart.html.

박 수 차트는 연령에 따른 최대 심박 수를 기준으로 목표 심박 수를 제공한다.

유산소 운동은 반복되는 주기적인 동작으로 몸의 큰 근육을 사용하여 심박 수를 높이는 모든 활동, 예를 들면 조깅, 자전거 타기, 조정, 수영 등이 해당될 수 있다. 미국심장협회(American Heart Association: AHA)는 거의 매일 최소 30분간의 유산소 활동을 권장한다. 미국 심장협회에 따르면 목표 심박 수는 처음 몇 주 동안 최대 심박 수의 50%가 되어야 한다. 이후 6개월 동안 점진적으로 최대 75%, 그다음에는 최대 85%까지 심박 수를 올리도록 목표를 설정할 수 있다. 몸매를 유지하기 위해 하는 운동만큼 열심히 할 필요는 없다. 그저 학습과 건강을 위해 일상에서 유산소 운동을 하면 된다(Mayo Clinic, 2013).

우리가 학습하기 위해서 움직여야 하는 이유

20만 년 전에서 1995년으로 넘어가 보자. 1995년 캘리포니아 어바인 대학교(University of California-Irvine)의 뇌 노화 및 치매 연구소(Institute for Brain Aging and Dementia) 소장인 칼 코트만(Carl Cotman)은 운동이 학습 과정의 주요 분자인 뇌유래신경영양인자(Brain-Derived Neurotrophic Factor: BDNF)를 유발한다는 사실을 발견했다(Cotman, Berchtold, & Christie, 2007). BDNF는 신경 세포가 활성화될 때 신경세포 내부에서 생성되는 단백질이다. BDNF는 뇌세포의 영양분 역할을 하며 새로운 뉴런의 성장을 촉진할 뿐만 아니라 뇌세포의 기능과 성장을 유지한다. BDNF가 학습을 더 쉽게 만드는 것이다. 이 발견으로 코트만은 운동과 학습 사이의 직접적인 생물학적 연결성을 밝혀냈다. 코트만의 발견 이후, BDNF에 대한 많은 연구들은 운동이 학습을 증진시킨다는 것을 확인하였다.

레이티는 "운동은 정보를 얻고, 처리하고, 연결시키며, 기억하고, 상황과 맥락에 맞게 적용하는 데 필요한 도구를 시냅스에 제공하는 BDNF를 만들어 학습의 세포 시스템을 강화한다."고 말한다(Ratey, 2013, p. 45). BDNF는 학습 과정의 모든 측면을 세포 수준에서 향상시킨다. 이런 점에서 레이티는 BDNF를 '뇌를 위한 비료'라고 부른다. UCLA 신경과학자인 페르난도 고메즈-피니야(Fernando Gomez-Pinilla)의 연구에 따르면 BDNF가 낮은 뇌는 새로운 정보를 차단한다(Vaynman, Ying, & Gomez-Pinilla, 2004).

뇌유래신경영양인자

BDNF 단백질이 뇌에 더 많이 존재할수록 뇌는 학습한 것의 물리적 표상으로서 뇌세포 간 연결, 즉 신경망을 더 잘 만들어 낼 수 있다. 다시 말해 BDNF는 실제로 학습을 더 쉽게 만든다. 이 문장은 너무나 중요하므로 다시 한번 언급하고자 한다. 운동으로 생성된 BDNF는 학습을 더 쉽게 만든다. BDNF는 또한 스트레스가 뇌에 미치는 영향을 제한하고, 특정 질병으로부터 뇌를 보호한다(Modie, 2003). BDNF의 부족은 실제로 학습을 더 어렵게 한다.

학습에 필요한 필수 신경화학물질을 증가시키는 운동

운동은 학습에 관련된 세 가지 중요한 신경화학물질인 세로토닌, 도파민 및 노르에피네프린의 생성을 증가시킨다. 이 세 가지 신경화학물질은 뇌가 학습에 집중하여 주의를 기울이도록 하고 동기를 부여한다. 또한, 학습에 대해 긍정적인 태도를 갖게 한다. 게다가 이 신경화학물질들은 인내심과 자제력을 향상시키는 데 도움이 된다. 이 모든 조건이 성공적인 학습을 위해 중요하지만(Ratey, 2013), 여러분도 알고 있듯이 매일 깨어 있고 집중하며 동기를 부여하고 긍정적인 태도를 유지하는 것이 학교 생활에서 쉬운 일만은 아니다. 만약 당신이 정신을 차리고, 집중하고, 주의를 기울이고, 긍정적이며, 의욕적으로 수업의 학습 활동에 참여하는 경우 학습의 왕도를 찾은 것이다. 운동은 이 세 가지 신경화학물질의 수준을 높임으로써 학습을 생산적으로 만드는 데 필요한 도구를 제공한다.

새로운 시냅스 발달을 촉진하는 운동

시냅스는 뉴런이 전기 또는 화학 신호를 다른 세포로 전달하는 구조로, 세포들이 연결망을 구성하도록 한다. 이러한 방식으로 세포는 서로 정보를 교환한다. 운동은 신경 세포들 간의 결합을 준비하고 촉진시키는데, 이러한 결합은 새로운 정보의 학습을 위한 세포 수준에서의 토대가 된다. 운동은 새로운 시냅스의 생성을 자극하는데, 시냅스의 수와 효율성은 우수한 지능의 기초가 된다는 점에서 매우 중요하다(Erickson et al., 2011). 간단히 말하자면, 운동은 더 똑똑해지는 데 도움이 된다.

일리노이(Illinois)주 네이퍼빌(Naperville)의 공립학교에서 수행된 1999년 연구 결과는 이러한 발견을 뒷받침한다. 이 연구에서는 중학교 교육과정에 유산소 운동을 추가했다. 연구 결과에 따르면 다른 나라의 학교들보다 낮은 성취도를 보였던 '수학 및 과학 성취도 추이변화 국제비교연구(TIMSS)'에서도 학생들의 시험 점수가 크게 향상된 것으로 나타났다. 네이퍼빌의 8학년 학생들은 싱가포르를 제치고 과학에서 세계 1위의 성적을 냈다. 수학에서는 6위를 차지했는데 이 성적은 싱가포르, 한국, 대만, 홍콩, 일본 다음이었다(Ratey, 2013). 물론 이들은 좋은 시스템을 갖춘 학교에 다니는 중산층 청소년들이었다. 그러나 운동 수업이 교육과정에 포함되기 전의 네이퍼빌의 학교들은 학생당 예산이나 평균 ACT[1] 점수에서 이웃 학교들에 미치지 못했다. 따라서 네이퍼빌 학교의 학생들이 이와 같은 성취를 보일 것이라고 쉽게 예상하기 어려웠다. 심지어 미국 학생의 7%만이 TIMSS 시험에서 최상위 단계의 점수를 받는다.

더불어 이 연구에서는 유산소 운동을 도입한 후 행동 문제와 정학이 66% 감소했다는 기대하지 않은 결과가 나타났다. 이러한 행동의 개선은 학습자의 자기조절, 기분, 동기 부여 및 집중력을 향상시키는 것으로 밝혀진 세로토닌, 도파민 및 노르에피네프린 등 신경화학물질의 증가량과 상관 관계가 있었다.

운동으로 인한 새로운 뇌세포의 형성

운동은 또한 새로운 뇌세포의 생성을 증가시킨다. 이 세포들은 먼저

1) American College Testing: SAT와 더불어 시행되는 미국 대학입학자격시험 중 하나.

줄기세포로 발달하고, 뇌의 중요한 기억 영역인 해마에서 형성된다. 새로운 뇌세포의 증가와 학습에서의 향상 간 관계에 대해서는 계속 연구가 이루어지고 있지만, 뇌세포의 증가가 학습과 기억을 향상시키는 데 도움이 된다는 증거가 있다. 2007년 연구에서 콜롬비아 대학교 의학센터(Columbia University Medical Center)의 신경과 의사인 스콧 스몰(Scott Small)과 서크 생물학 연구소(Salk Institute)의 신경생물학자 프레드 게이지(Fred Gage)는 운동으로 생성된 새로운 뉴런은 학습과 기억을 통제하는 뇌 영역인 해마의 치아이랑(dentate gyrus)에서만 나타난다는 것을 발견했다. 이 연구는 운동이 해마의 치아이랑을 더 건강하고 '젊은' 상태로 회복시킨다고 밝혔다. 나이가 들어 감에 따라 새로운 뇌세포의 증가(neurogenesis)가 둔화된다는 증거가 있긴 하지만, 운동은 모든 연령대에서 뇌 기능을 건강하고 생산적으로 유지하는 데 효과적인 것으로 나타났다(Ratey, 2013).

얼마나 어떤 운동을 언제 해야 할까

앞서 설명한 운동이 학습에 주는 이점을 실제로 경험하기 위해서 얼마만큼의 운동이 필요한지에 대해서는 정확하게 밝혀진 바 없다. 그러나 한 가지 분명한 것은 유산소 활동을 하면서 인지적으로 어렵거나 복잡한 것을 배우려는 시도는 부적절하다는 것이다. 유산소 활동을 할 때 혈액은 우리 뇌의 CEO인 전전두엽 피질(prefrontal cortex)에서 빠져나감으로써 학습을 방해한다(Ratey, 2013). 그러나 운동이 끝나면 혈류가 즉시 전전두엽 피질로 되돌아가고 비로소 학습하기에 이상적인 상태가 된다.

레이티는 그의 저서『운동화 신은 뇌』에서 12주 동안 주 2~3회 30분씩 유산소 운동을 한 결과 뇌의 수행 기능이 향상되었다는 일본의 한 연구 결과를 제시하였다. 일주일에 며칠을 운동해야 한다는 합의된 내용은 없다. 하지만 레이티는『운동화 신은 뇌』에서 주 4~5회, 30분 정도의 운동을 적정한 기준으로 제시하고 있으며 동시에 일주일 중 하루는 쉴 것을 제안한다.

유산소 활동을 하면서 새로운 신체 기술을 배우는 것은 두뇌와 학습에 좋다. 특히 유산소 운동을 하는 동안 춤이나 무술과 같은 복잡한 기술 동작을 배우는 것은 더 많은 시냅스를 생성하고, 뉴런을 건강하게 하며, 뉴런 간의 연결을 활성화한다. "유산소 운동이 신경전달물질을 증가시키고 성장인자(즉, BDNF)를 연결하는 혈관을 만들며 새로운 세포를 생성하는 동안, 복잡한 신체 활동들은 뉴런의 연결망을 강화하고 확장함으로써 그 모든 구성 요소들을 활성화한다."(Ratey, 2013, p. 55). 복잡한 동작은 시냅스 연결을 복잡하게 하는데, 이것은 학습에 매우 좋다. 운동을 통해 생성된 시냅스 연결이라고 할지라도, 뇌는 이 시냅스 연결을 다른 영역에서 채택하여 사고하는 데 사용할 수 있다. 기존에 형성되어 있던 시냅스 간 연결을 다른 목적을 위해 적용하는 이 과정은 피아노 연습이 수학 학습에 도움이 된다는 근거가 된다. 뇌는 신체적 기술의 이러한 정신적 동력을 사용하여 다른 학습 상황에 적용한다.

운동과 기억

연구에 따르면 지식 기반의 정보 및 사고와 관련하여 새로운 자료를 접한 지 몇 시간 후에 운동을 하는 것이 효과적이다. 반 동겐, 커슨, 와그너, 모리스 및 페르난데즈(van Dongen, Kersten, Wagner, Morris, & Fernandez, 2016)는 학습한 것에 대한 기억을 높이기 위한 흥미로운 전략을 제시했다. 새로운 내용을 학습하고 4시간 뒤 체육관에서 운동하는 것은 새롭게 학습한 내용에 대한 기억을 증진한다는 것이다. 학습 후 신체 운동은 기억과 기억흔적(memory traces)을 향상시키지만, 이 새로운 연구는 학습 직후가 아닌 몇 시간 후에 운동을 할 때 최상의 결과가 나타남을 시사한다.

2016년 연구에서 반 동겐과 동료들은 학습하고 난 후 1회기의 신체 운동이 기억 공고화 및 장기기억에 미치는 효과를 검증했다. 첫 번째 그룹은 학습 활동 직후에 운동했고, 두 번째 그룹은 학습 후 4시간 뒤에 운동을 했다. 반면 통제 그룹은 아무 운동도 하지 않았다. 이 연구에서 운동 그룹의 참가자들은 고강도의 유산소 인터벌 자전거 훈련을 35분간 수행했으며 모든 참가자는 2일 후 자신이 얼마나 기억하는지 확인하기 위한 테스트를 받았다. 기억 검사 중에는 자기공명영상(MRI)을 통해 뇌의 영상이 촬영되었다. 결과는 학습 후 4시간 뒤에 운동했던 그룹이 즉시 운동을 했거나 전혀 운동을 하지 않았던 그룹보다 이틀 후에도 훨씬 더 많은 정보를 기억하는 것으로 나타났다. 게다가 MRI 뇌 영상은 지연된 운동 그룹이 질문에 올바르게 답했을 때 학습과 기억에 중요한 영역인 해마에서 더 명확한 패턴을 보여 주었다(van Dongen et al., 2016).

짐볼과 소형 고정식 자전거

체육관에 가지 않더라도 일상생활에서 운동을 하는 방법에는 여러 가지가 있다. 미국은 많은 학교에서 학생들이 의자 대신 짐볼에 앉는다. 짐볼은 마음대로 위아래로 몸을 흔드는 것을 포함하여 학습자가 더 자유롭게 움직일 수 있게 한다. 이 작은 움직임은 학습의 중추적 역할을 담당하는 전전두엽 피질을 더 활성화시키는 것으로 나타났다(Kilbourne, 2009). 약간의 움직임은 학습에 주의를 기울이는 데 도움이 되며, 이는 어떤 학습에서든 중요한 첫 단계에 해당한다.

대학 캠퍼스에서는 고정식 자전거 사용이 늘고 있다. 휴스턴의 한 대학 캠퍼스는 컴퓨터실의 모든 컴퓨터 아래에 소형 고정식 자전거를 배치했다. 이 대학교의 학생들은 컴퓨터에 앉아 페달을 밟아 자전거를 타면서 동시에 논문 작성과 과제를 할 수 있다. 아이다호 대학교(University of Idaho)에는 소형 고정식 자전거가 책상과 연결된 디자인으로 공용 공간에 배치되었으며, 이 자전거 책상에 앉아 바퀴를 굴리는 동안 휴대용 기기를 충전할 수 있다. 아이다호 대학 강당 아래에는 3명이 각각 서로 마주보는 고정식 자전거에 앉아 운동하면서 그룹 프로젝트를 진행할 수 있는 공간이 있다([그림 3-1] 참조). 이런 종류의 적당한 동작은 학습과 기억력을 향상시키는 것으로 나타났다(Godman, 2014).

학습에 더 많은 움직임을 추가하는 방법에는 여러 가지가 있다. 일부 가구 회사는 시간당 0.5~1마일의 속도로 걸으면서 컴퓨터 작업, 읽기 및 쓰기 작업을 수행할 수 있는 러닝머신 책상을 만들고 있다. 미국 여러 학군에서는 앉는 것이 학습이나 건강에 좋지 않다는 연구 결과를 바

당으로 학생들을 위한 스탠딩 데스크를 설치하고 있으며, 이를 통해 학생들은 학습 중에 더 자유롭게 움직일 수 있게 되었다.

[그림 3-1] 공부하는 동안 운동을 장려하는 아이다호 대학교의 그룹 활동 책상

출처: Photo by Todd Zakrajsek.

수업을 걸어서 가기

생활에 운동을 추가하는 가장 간단한 방법 중 하나는 걸어서 수업에 가거나, 또는 쉬는 시간이나 수업 후에 산책하는 것이다. 캠퍼스를 가로질러 교실에서 교실로 이동하는 과정에서 우리가 매일 얼마나 많이 걷게 되는지 만보계로 확인한다면 여러분은 놀랄 것이다. 엘리베이터 사용을 자제하고, 보행의 안전만 확보된다면 캠퍼스에서 더 멀리 또는 주차장의 먼 쪽에 주차하는 것이 좋다. 이러한 행동들은 두뇌에 좋을 뿐만 아니라 차 문을 닫는 소음까지 줄인다는 장점이 있다.

운동과 스포츠

스포츠를 해 본 사람은 누구나 운동이 경기력 향상에 중요한 역할을 한다는 것을 알고 있다. 좋은 몸 상태를 유지하는 것은 경기를 성공적으로 이끄는 기초가 된다. 그러나 대부분의 선수들은 유산소 운동이 정신적으로 경기할 태세를 갖추는 데 얼마나 중요한지 모른다. 이 장에서 논의했듯이 운동은 여러 가지 방법으로 뇌의 능력을 향상시킨다. 운동은 오랜 시간 동안 집중하고, 빠른 결정을 내리고, 문제를 해결하는 능력을 향상시킨다. 뿐만 아니라 동기를 부여하고 스트레스를 줄여 준다. 이러한 정신적 영역에서의 우위성은 종종 승리로 이어진다. 이 장의 중요한 메시지는 교실과 경기장에서 필요한 정신적 준비 수준을 여러분이 통제할 수 있다는 것이다.

요약

새로운 연구 결과는 운동이 어떻게 학습과 기억을 향상시키는지 명확하게 보여 준다. 운동, 특히 유산소 운동 중 뇌가 특정 신경화학물질과 단백질을 분비하게 되면 뇌는 학습을 더 잘 준비하고 실행할 수 있다. 인간은 학습할 때 움직여야 하며, 모든 움직임이 학습에 좋다는 것은 이미 알려져 있다. 이 장의 핵심 내용을 정리하면 다음과 같다.

① 운동은 학습을 향상하기 위해 할 수 있는 최선의 방법이다.
② 유산소 운동, 특히 새로운 기술을 배우는 복잡한 유산소 운동은 하루 30분 정도, 주 4~5회 하는 것이 좋다. 이 정도가 학습 향상을 위한 최적 기준이라고 할 수 있다.
③ 모든 움직임은 학습에 좋다. 수업에 갈 때 걸어가거나, 또는 의자 대신 짐볼에 앉거나, 그리고 공부하는 동안 고정식 자전거 페달을 밟는 등의 움직임은 학습에 도움이 된다.
④ 운동 중에 분비되는 단백질인 BDNF는 뇌를 배우기 쉬운 상태로 만든다. BDNF는 '뇌를 위한 영양제'라고 할 수 있다.
⑤ 운동 중에 더 많이 분비되는 세로토닌, 도파민 및 노르에피네프린과 같은 신경화학물질은 주의력과 집중력을 향상시키는 동시에 동기와 기분 및 자기관리 능력을 향상시킨다.
⑥ 운동은 또한 기억을 증진한다.
⑦ 새로운 학습을 하고 4시간 뒤에 운동을 하면 새로 학습한 자료에 대한 회상 능력이 향상된다.

비판적 사고 및 토론을 위한 질문

1. 운동을 할 시간과 기회가 어느 정도 있는가? 운동할 때 선호하는 신체 활동 또는 스포츠 유형은 무엇인가? 일상에서 운동량을 늘릴 수 있는 기회를 마련하기 위해 생활에서 어떤 변화를 실행할 수 있는가?

2. 학습과 기억을 촉진하는 운동의 유형과 관련된 연구에 대해 설명해 보라.

3. 학교 안에 고정식 자전거, 짐볼 등 신체 운동을 늘리도록 설계된 장비가 있는지 조사해 보라. 만약 존재하지 않는 경우, 학교가 이러한 항목을 보완할 수 있게 하기 위해서는 어디에 연락해야 할지 설명해 보라.

4. 학교는 학생과 교직원이 계단을 사용하거나 걷도록 장려하는가? 운동에 대한 장려는 표지판, 건물 배치, 심지어 주차장 위치의 형태로도 나타날 수 있다. 학교에 유용한 표지판을 만들기 위해서는 어디에 연락하고 무엇을 제안할 수 있을까?

5. 이 연구에 대해 알지 못하는 사람에게 운동이 학습과 기억에 미치는 영향에 대해 간략하게 설명해 보라. 학습을 위한 운동의 가치를 설명하는 150~200개의 단어로 된 설득력 있는 문단을 작성해 보라.

참고문헌

Bergland, C. (2017, April 25). Cognitive benefits of exercise outshine brain-training games: New research shows that "brain-training" programs fail to boost working memory [Web log post]. *Psychology Today.* Retrieved from https://www.psychologytoday.com/us/blog/the-athletes-way/201704/cognitive-benefits-exercise-outshine-brain-training-games

Bolz, L., Heigele, S., & Bischofberger, J. (2015, November). Running improves pattern separation during novel object recognition. *Brain Plasticity, 1*(1), 129–141.

Cotman, C., Berchtold, W, & Christie, L. A. (2007). Corrigendum: Exercise builds brain health: Key roles of growth factor cascades and inflammation. *Trends in Neurosciences, 30*(10), 489.

Erickson, K., Voss, M., Prakash, R. S., Basak, C., Szabo, A., Chaddock, L., ... & Kramer, A. F. (2011, February 15). Exercise training increases size of hippocampus and improves memory. *PNAS, 108*(7), 3017–3022.

Godman, H. (2014). Regular exercise changes the brain to improve memory, thinking skills [Web log post]. *Harvard Health Publishing.* Retrieved from http://www.health.harvard.edu/blog/regular-exercise-changes-brainimprove-memory-thinking-skills-201404097110

Kilbourne, J. (2009). *Sharpening the mind through movement: Using exercise balls as chairs in a university class.* Retrieved from https://www.wittfitt.com/wp-content/uploads/2016/12/Sharpening-the-Mind-Through-Movement.pdf

Liu, A., Matthews, J. Menon, L., Mcilroy, D., & Brasier, M. (2014, October 22). Haootia quadriformis n. gen., n. sp., interpreted as muscular Cnidarian impression from the Late Ediacaran period (approx. 560 Ma).

Proceedings of the Royal Society B, 2014. Retrieved from https://www.ncbi.nlm.nih.gov/pmc/articles/PMC4173675/

Mayo Clinic. (2013). *Aerobic exercise: Top 10 reasons to get physical.* Retrieved from http://www.mayoclinic.com/health/aerobic-exercise/EP00002

Medina, J. (2008). *Brain rules: 12 principles for surviving and thriving at work, home and school.* Seattle, WA: Pear Press. 서영조 역 (2017). **브레인 룰스.** 서울: 프런티어.

Modie, J. (2003, September 29). "Good" chemical, neurons in brain elevated among exercise addicts [News release]. Retrieved from http://www.sciencedaily.com/releases/2003/09/030929053719.htm

Oaklander, M. (2016, September 12). The new science of exercise. *Time.* Retrieved from http://time.com/4475628/the-new-science-of-exercise/

Ratey, J. (2013). *Spark: The revolutionary new science of exercise and the brain.* New York, NY: Little Brown. 이상헌 역 (2009). **운동화 신은 뇌.** 서울: 북섬.

Reilly, E., Buskist, C., & Gross, M. (2012). Movement in the classroom: Boosting brain power, fighting obesity. *Kappa Delta Pi Record, 48*(2), 62–66.

Sifferlin, A. (2012). Why prolonged *sitting is bad for your health.* Retrieved from https://healthland.time.com/2012/03/28/standing-up-on-the-job-one-way-to-improve-your-health/

van Dongen, E. V., Kersten, I. H. P., Wagner, I. C., Morris, R. G. M., & Fernandez, G. (2016). Physical exercise performed four hours after learning improves memory retention and increases hippocampal pattern similarity during retrieval. *Current Biology, 26*(13), 1722–1727.

Vaynman, S., Ying, Z., & Gomez-Pinilla, F. (2004). Exercise induces BDNF and synapses to specific hippocampal subfields. *Journal of Neuroscientific Research, 76*(3), 356–362.

제4장 다중 감각을 활용한 학습과 기억

인간의 감각에 대한 새로운 발견

오랫동안 인간의 감각을 연구한 과학자들은 각각의 감각이 독립적으로 작용한다고 믿었다. 인간의 뇌에 대한 수많은 믿음들이 그래 왔듯, 새로운 연구는 이러한 믿음이 잘못되었다는 것을 밝혀냈다. 최근 연구 결과들은 인간의 감각이 서로 협력하여 작동하며, 두 가지 이상의 감각이 함께 사용될 때 학습과 기억이 모두 향상된다는 것을 보여 준다. 라단 쉐임(Ladan Shams)과 아론 사이츠(Aaron R. Seitz)는 「다감각적 학습의 편익(Benefits of Multisensory Learning)」이라는 논문에서 다음과 같이 서술하고 있다(Shams & Seitz, 2008).

> 아마도 인간의 뇌는 다감각 환경에서 발달하고, 배우며, 최적의 상태로 작동하도록 진화했을 것이다. 단일한 감각을 자극하는 형태의 훈련 과정(예: 상호작용이 없는 일방적 강의)은 다감각적 학습 매커니즘에 부합하지 않으므로

최적의 학습이라고 할 수는 없다. 반면 다감각적 훈련 과정은 인간 본성에 더욱 적합하며 학습에 더 효과적이다(p. 411).

간단히 말해서 학습에 대한 다감각적 접근은 단일감각적 접근보다 훨씬 효과적이다.

최초의 교육 안내서(Montessori, 1912)부터 시작하여 교육자들은 학습을 더 알차게 만들고 동기를 부여할 수 있도록 하기 위하여 다양한 다감각적 기법을 활용하였다. '다감각적 학습'은 정보를 받아들이거나 표현하기 위해 둘 이상의 감각 전략을 결합한 모든 학습 활동을 말한다(Quality Improvement Agency, 2017). 앞으로 수강하는 수업에서 이러한 전략들을 경험하게 된다면 여러분은 교수자가 왜 모둠 토론, 역할극 또는 개념도 등의 방법을 사용하는지에 대하여 더 잘 이해할 수 있을 것이다.

다감각적 기법은 학습양식(learning styles)과는 다르다. 다감각적 방법은 상이한 감각 정보들을 결합한다. 어떤 개인에게 특정한 학습양식이 있다는 것에는 그 사람의 학습을 가장 잘 촉진하는 특정한 감각 형태가 있다는 믿음이 깔려 있다. 우리는 아마 어떤 사람이 학습을 위해 삽화, 사진 또는 움직이는 이미지와 같은 시각 정보를 선호한다는 의미에서 그 사람을 시각적 학습자라고 부를지도 모른다. 하지만 학습양식에 대한 비판적 연구들은 학습자마다 특정한 학습양식이 실제로 존재한다는 증거가 불충분하다는 것을 끊임없이 증명해 왔다. 연구자들은 특정한 학습양식에 맞춰 가르치려는 시도가 효과적인 접근 방식이 아니라는 것을 보여 주었다(Coffield, Moseley, Hall, & Ecclestone,

2004; Pashler, McDaniel, Rohrer, & Bjork, 2008). 하버드 대학교, 옥스퍼드 대학교, 케임브리지 대학교, 콜럼비아 대학교 등 유럽과 미국 대학교의 심리학 및 신경과학 분야의 주요 연구자 30명은 개개인의 학습양식에 맞추어 가르친다는 것은 뇌에 관한 잘못된 속설이라고 하면서 그러한 노력과 자원을 다른 곳에 쓰는 것이 차라리 낫다고 언급했다("No Evidence", 2017). 시각적 학습자라고 주장하는 사람의 경우 읽기자료보다는 시각적 정보를 선호할 수 있지만, 읽기자료를 좋은 삽화와 함께 제시하는 것은 기본적으로 모든 학습자에게 도움이 된다.

감각들이 함께 작동한다는 과학적 증거가 있기 전부터 연구자들은 학습 상황에서 다감각의 효용성을 실험했다. 1969년에 수행된 연구에서 청각과 시각의 두 감각을 모두 사용한 학생이, 정보를 듣거나 읽은 학생들보다 2주 후에 20%에서 40%까지 더 많은 정보를 기억한다는 것이 입증되었다(Dale, 1969).

우리의 각 감각은 정보에 대해 추가적 인출 단서(기억에서 정보를 회상하는 방법)를 제공하고, 개념이나 아이디어를 보다 정확하게 표현하는 것을 돕는다. 다감각적 학습은 무언가를 경험하는 데 한 가지 이상의 방법을 제공하기 때문에 이상적인 학습 방법이다. 존 메디나(John Medina)는 자신의 저서 『브레인 룰스(원제: Brain Rules)』(2008)에서 다음과 같이 말한다. "다감각적 환경에 있는 사람들은 항상 단일감각적 환경에 있는 사람들보다 더 잘한다. 그들은 20년 후에도 분명하고 오래 지속되는 명확한 회상을 더 많이 할 수 있다.(p. 208)." [글상자 4-1]은 다감각적 학습의 예를 보여 준다.

글상자 4-1

다중 감각을 사용한 학습

봄 학기 동안, 나(테리 도일)는 유급된 학생들을 위한 과정을 가르쳤다. 나는 그 수업을 '더 똑똑하게 공부했어야 했는데 – 입문(I Should Have Studied Smarter 100)'으로 부른다. 내 학생들이 이해하기를 바랐던 한 가지는 영양섭취가 학습에 미치는 영향이다. 이 주제에 대한 기억을 강화하기 위해, 나는 다감각적 접근법을 사용하여 많은 대학생들이 좋아하는 콜라와 패스트푸드 햄버거의 설탕과 지방의 양에 대해 토론한다.

나의 학습도구는 설탕이 가득 담긴 그릇, 몇 개의 티스푼, 버터, 투명한 8온스(227g) 잔 2개이다. 나는 한 번에 설탕 1티스푼씩을 컵에 넣으며, 학생들에게 내가 20온스(567g) 콜라에 함유된 설탕의 양만큼 그 컵을 채웠다는 생각이 들 때 "그만"이라고 말하라고 한다. 틀림없이 17번째 티스푼에 도달하기 전에 그들은 나를 여러 번 멈추게 한다. 학생들이 20온스 콜라를 마실 때 얼마나 많은 설탕을 섭취하는지 볼 수 있도록 그 유리잔을 들어 올린다. 8온스 유리컵에 거의 3분의 1이 채워져 있다. 나는 이 시각화 단계에서 멈추지 않는다(감각 과정 1: 시각).

그다음 나는 학생들이 가까이서 설탕의 양을 살피고 무게를 느낄 수 있도록 그 유리잔을 교실에 돌린다(감각 과정 2: 촉각). 유리잔이 나에게 돌아왔을 때, 나는 티스푼에 설탕을 채우고 입에 털어 넣은 뒤 삼킨다(감각 과정 3: 미각). 학생들은 이런 나의 모습을 보고 실제로 움찔거린다. 나는 다른 티스푼을 집어서 그 티스푼에 가득히 넣은 설탕을 먹어 볼 지원자를 요청한다. 나는 학생들이 설탕의 맛을 보길 권한다. 보통은 몇 명의 학생들이 설탕을 먹어 보겠다고 지원한다. 나는 우리가 단지 설탕 한 스푼에도 움찔했지만, 점심시간에는 아무 생각 없이 17스푼이 넘는 설탕을 마신다는 것을 지적한다.

다음으로 쇼트닝 캔을 꺼내서 다른 8온스(227g) 잔에 패스트푸드 햄버거 1개에 함유된 지방의 양인 53g의 쇼트닝을 채우기 시작한다. 내가 53g를 모두 채웠다고 생각할 때 말해 달라고 학생들에게 다시 요청한다(53g은 약 0.11699파운드이다). 53g에 도달하면, 학생들이 무게를 느낄 수 있도록 유리잔을 반 전체에 돌리는 과정을 반복한다. 잔이 나에게 돌아오면 다른 숟가락을 하나 더 꺼내 쇼트닝을 가득 채우고 먹는다. 학생들은 극도로 혐오스러운 표정을 지으며 아무도 나처럼 숟가락에 가득 담긴 쇼트닝을 먹으려 하지 않는다.

매 학기 영양섭취에 관한 이러한 다감각적 수업은 대부분의 학생들에게 가장 기억에 남는 수업 장면이다.

다감각적 학습에 대한 연구 결과

2008년 연구에서, 셰임즈와 사이츠는 다감각적 학습이 인간의 뇌로 하여금 특정 사건의 정보를 유지하게 할 확률을 높인다는 것을 발견했다. 그들의 연구에 따르면 사람들은 일반적으로 읽거나 들은 내용을 10~20% 정도밖에 기억하지 못하는 반면, 보는 것과 듣는 것을 모두 했을 경우 50% 정도를 기억한다(Shams & Seitz, 2008).

2003년에 발표된 연구는 촉각 하나만 사용하거나, 시각만을 사용하거나, 또는 촉각과 시각을 결합하여 사용했을 때 학습자의 회상 정확도를 살펴보았다(Newell, Bulthoff, & Ernst, 2003). 이 연구는 다감각 접근 방식의 이점을 잘 보여 준다.

시각과 촉각 사용	85% 정답
촉각만 사용	65% 정답
시각만 사용	72% 정답

다음 연구는 1960년대에 실시된 것으로, 단일감각적 방법을 사용하여 전달된 정보의 기억과 다감각적 방법을 사용하여 전달된 정보의 기억을 비교하였다(Dale, 1969). 자료 제시와 기억 검사 사이의 기간은 2주였다. 참가자는 조용히 읽거나, 교수자가 전하는 정보를 듣거나, 또는 정보와 관계된 이미지를 보면서 듣는 것을 함께했다.

읽기	10% 정확하게 기억
듣기	20% 정확하게 기억
보면서 듣기	50% 정확하게 기억

일련의 연구에서 메이어와 엔더슨(Mayer & Anderson, 1992)은 둘 이상의 감각 경로를 사용하여 새로운 정보를 얻은 학생들이 단일감각을 사용한 학생들보다 주어진 문제에 대해 창의적인 해결책을 50% 더 많이 제시했다고 밝혔다.

이처럼 학습과 기억에 관한 연구들은 두 가지 이상의 감각을 결합하면 정보를 배우고 나중에 기억하는 데 도움이 된다는 사실을 보여 준다. 이것은 수업에서나 시험공부를 할 때 매우 유용하다.

냄새의 힘

냄새는 학습과 기억 형성에 있어 강력한 힘을 지녔다. 오래된 고등학교 체육관, 과학 실험실 또는 강당의 냄새는 당신을 때때로 과거로 돌아가게 할 것이다. 냄새를 처리하는 뇌의 일부인 조롱박피질[1)]은 기억과 감정을 담당하는 부분 바로 옆에 있다(Herz & Engen, 1996). 결과적으로 우리의 기억은 본질적이면서도 강력하게 냄새와 연결되어 있는 것이다. 냄새와 기억 사이의 연관성을 입증하기 위해 줄리아 림과 그녀의 동료들(Rihm, Diekelmann, Born, & Bjorn, 2014)이 수행한 연구는 다음과 같다. 연구에 참여한 일부 참가자는 학습 과제를 완료하는 동안 냄새에 노출되었으며 다른 참가자들은 그 냄새를 경험하지 않았다. 이튿날 아침 참가자들은 학습 과제에 대한 시험을 보았다. 수면 중에 동일한 냄새를 맡은 참가자들은 자는 동안 냄새를 맡지 않았거나 다른 냄새를 맡았던 참가자들보다 유의하게 더 많이 기억했다. 나아가 연구자들은 잠자는 동안 참가자의 뇌파 활동에 미치는 효과도 확인할 수 있었다.

이것이 학습에 시사하는 바는 무엇인가? 기억력을 높이기 위해 냄새를 단서로 사용하면 특정 냄새와 당신이 학습한 것은 직접적으로 연합

1) 조롱박피질(piriform cortex): 뇌의 일부로서 후각 기능과 관계된 영역.

될 수 있다. 르윈, 모린, 그리고 크리슈나(Lwin, Morrin, & Krishna, 2010)는 냄새로 인해서 향상된 언어 정보의 회상과 냄새에 기초한 인출단서가 시간이 지난 후에도 그림을 떠올리게 하는 데 도움이 된다는 것을 발견했다.

『사이언스(Science)』 학술지의 한 논문에서는 하버드 대학교에서 실시한 연구를 요약하여 제시하였다(Rasch, Buchel, Gais, & Born, 2007). 해당 연구의 참여자들은 학습을 한 이후 잠들었을 때 장미 향기에 노출되었는데, 그들은 장미 향기에 다시 노출되지 않아도 공부한 자료를 더 잘 회상할 수 있었다. 이 경우 장미 향기는 장기기억 형성을 돕는 뇌 부분인 해마[2]로의 정보 전이를 증강하였다.

우리는 여전히 냄새, 학습, 기억 간의 관계를 이해하기 위해 노력하고 있다. 아직 우리가 밝혀내야 할 것도 많지만 확실한 것은 냄새가 학습과 기억에 강력한 영향을 미친다는 것이다.

시각의 힘: 그림과 이미지

우리의 모든 감각 중에서 시각은 우리가 배우는 방식에 가장 큰 영향을 미친다. 그 이유는 바로 진화이다. 수십만 년 전 인류가 진화하는 중에는 그들을 죽일 수도 있는 동물을 보고, 먹기 위해 죽여야 할 동물들도 보며, 안식처가 될 만한 장소를 보고, 그들의 유전자를 전달하는 짝을 볼 수 있다는 것이 생존에 있어 다른 무엇보다 중요한 것이었다. 게

2) 해마(hippocampus): 뇌의 일부로서 학습, 기억 및 새로운 것의 인식과 관계된 영역.

산신경과학자인 폴 킹(Paul King, 2014)은 뇌의 3분의 2(뇌의 60% 이상)가 시각에 '관여'하고, 그 60% 중 약 20% 정도가 '오직 시각' 기능에만 전념하고 있다고 말한다. 나머지 40%는 시각+촉각, 시각+운동, 시각+주의, 시각+의미 또는 시각+공간 탐색과 같은 조합으로 구성된다. 일반적으로 뇌에는 한 가지 기능에 대해 완전히 전문화된 영역에서부터 여러 기능에 관련된 영역까지 다양한 영역이 존재한다. 자신이 시각적 학습자라는 주장은 시각에 문제가 없는 사람뿐만 아니라 시각이 손상된 사람조차도 할 수 있다.

사이츠와 그의 동료들이 수행한 2006년의 연구는 오직 시각적인 형태로 학습한 학생들과 청각 및 시각적 형태를 모두 사용해 학습한 학생들을 비교했다. 결과는 청각적 방법과 시각적 방법을 함께 사용하여 훈련을 받은 학생들이 유의미하게 더 많은 정보를 학습할 뿐 아니라 훨씬 적은 시간 안에 정보를 학습하는 것으로 나타났다(Seitz, Kim, & Shams, 2006). 다감각적 접근 방식의 사용이 더 나은 학습과 기억뿐만 아니라 자료를 학습하는 시간의 단축에도 도움이 될 수 있다. 내용을 익히기 위한 시간을 단축하는 것은 모든 학생들이 관심을 갖는 사항이다.

다른 연구에서는 나자르(Najjar, 1998)가 학생들이 구두 정보에 비해 시각 정보를 훨씬 더 잘 기억하며, 구두 정보와 시각적 접근이 함께 동시에 일어날 때 단지 구두 정보만 있는 것보다 더 잘 기억한다는 사실을 발견했다. 이미지를 추가하는 것은 정보를 기억하는 것에 놀랄 만큼 도움이 된다. 인간이 그림을 기억하는 능력은 믿을 수 없이 뛰어나다. 정보를 듣고 난 뒤 3일 후에는 약 10%를 기억할 것이다. 그림을 추가하면 똑같은 정보를 기억하는 능력이 약 65%까지 증가한다(Medina,

2008). 앞서 언급했듯이 진화론적 관점에서 볼 때 초기의 인간 진화에는 시력이 필수적이었다. 시력은 생존에 있어서 중대한 역할을 차지했다(Medina, 2008). 수십만 년 전의 인간이 만약 그를 노리는 큰 호랑이를 보지 못했다면, 아마도 그의 유전자가 후대까지 이어지지 못했을 것이다. 『뇌를 변화시키면 공부가 즐겁다(원제: The Art of Changing the Brain: Enriching the Practice of Teaching by Exploring the Biology of Learning)』의 저자이며 생물학자인 제임스 줄(James Zull, 2002)은 "이미지는 인간의 뇌가 기억하기 가장 쉬운 것"이라고 말한다(p. 145). 학습하려는 내용을 그래프, 표 또는 그림으로 변환하는 것은 학습과 회상을 향상시키는 훌륭한 방법이라는 것이다.

개념도

개념도(concept map)는 지식을 구성하고 나타내는 시각적 표현이다. 개념도는 1972년에 코넬 대학교(Cornell University)의 조셉 노박(Joseph Novak)에 의해 개발되었다. 노박은 당시 그가 수행하던 연구를 위해, 어린이들이 가지고 있는 과학의 개념적 이해를 표현할 수 있는 더 나은 방법이 필요했다. 이때 등장한 것이 그가 '개념도'라고 표현한 시각적 구조였다. 개념도는 정보를 위계적 방식으로 연결 짓거나 구조화한 다음, 이야기를 시각적 형식으로 변환하는 과정을 통해 다감각적 학습 과정을 만든다는 점에서 유용하다.

개념도는 일반적으로 개념을 나타내는 키워드가 포함된 원이나 상자

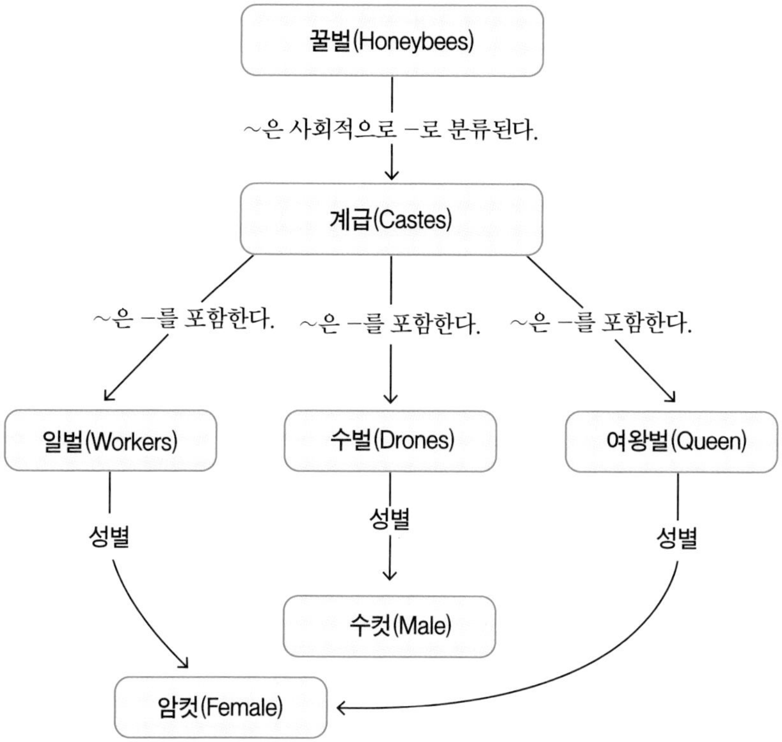

[그림 4-1] 개념도

출처: Reprinted with permission from Justin Cooper.

를 포함하며, 두 개념을 연결하는 선으로 표시된 연결부가 있다([그림 4-1] 참조). 연결어 또는 연결구라고 하는 줄 위의 단어들은 줄로 연결된 두 개념 간의 관계를 명시한다. 개념은 때때로 '+' 또는 '%' 등과 같은 기호를 사용하기도 하지만, 단어로 가장 많이 표현되며 때로는 1개 이상의 단어가 사용되기도 한다(Novakia & Canas, 2008).

개념도에서 개념들은 가장 포괄적이고 일반적인 개념이 그림 상단에 표시되고, 더 구체적이고 덜 일반적인 개념은 계층적으로 아래쪽에 배열된 위계적인 구조로 표현된다(Novak & Canas, 2008). 개념도에는 교차연결, 즉 개념도의 다른 구획이나 영역에 있는 개념들 간의 연합 또는 연결이 포함된다([그림 4-2] 참조).

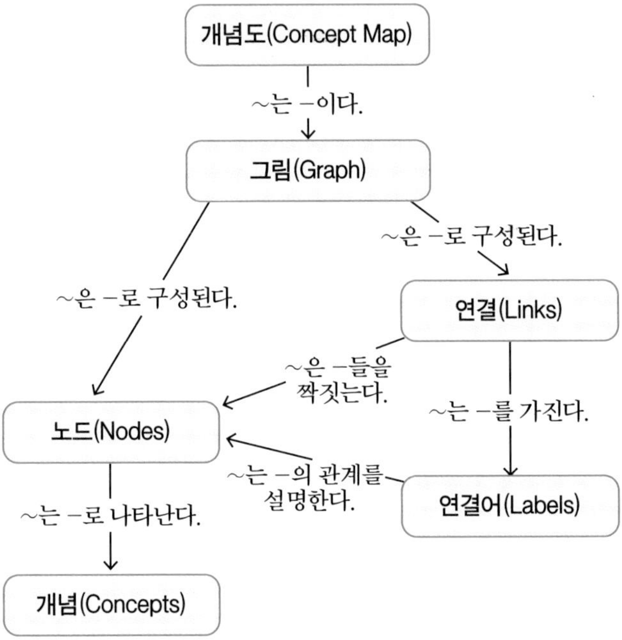

[그림 4-2] 교차연결

출처: Reprinted with permission from Justin Cooper.

개념도는 정보의 구조를 시각적 형태로 나타낼 수 있도록 구성된다. 시각은 우리의 감각 중 가장 강력한 것이므로, 개념도는 학습과 회상을 향상시키는 가장 좋은 방법이다.

개념도 같은 정보의 시각적 표현은 정보를 선택하고, 구성하며, 결합하고, 처리하는 데 유용하다(McCrudden & Rapp, 2017). 인지지도

(cognitive map) 및 기타 시각적 표현을 사용하면 대부분의 학생들은 강의 내용을 학습하고 나중에 기억하는 데 매우 큰 도움을 받게 된다. 이것은 학습자료가 어려울 때 특히 중요하다. 개념도는 학습과 회상을 향상시키는 데 그 활용도가 높다. 다음은 개념도 사용의 몇 가지 예이다.

- 문제해결에 사용할 정보 조직화하기
- 이야기 전개를 시각적으로 표현하기
- 사람, 장소 또는 사물의 특성 분류하기
- 대략적인 개요를 발전시켜 나가기
- 시각적 표현을 통해서 교과서의 단원 내용을 배열하기(읽기를 시작하기 전에 전체 단원들이 어떻게 연결되어 있는지 보게 하여 더 나은 이해가 가능해질 수 있음)
- 논문을 위한 설득력 있는 논거 개발하기
- 사물 간의 유사점과 차이점을 제시하기
- 인과 과정을 제시하기
- 노트 필기를 시각적으로 하기

다감각을 활용한 정교화

큰 숲 옆 아름다운 호수 근처에 여러분의 집이 있다고 상상해 보자. 그리고 매일 집에서 호수까지 갈 수 있는 길을 만들었다고 상상해 보자. 시간이 지나면 그 길은 오래되고 걷기 쉬운 길이 될 것이다. 이제

거대한 나무가 그 낡은 길을 가로질러 쓰러져서 호수로 가는 길을 막았다고 상상해 보자. 당신은 무엇을 하겠는가? 길을 다시 내기 위해 당신은 비싼 돈을 들여 불도저 기사를 불러 나무를 밀어내거나 전기톱으로 나무를 자르는 고된 일을 할 수도 있다.

이런 문제는 집에서 호수까지 가는 길을 여러 개 만들었다면 확실히 예방할 수 있었다. 만약 여러 개의 길 중 하나가 막혔다 하더라도 간단하게 다른 길을 선택할 수 있기 때문이다. 길을 여러 개 만드는 시나리오는 학교에서 효과적으로 학습하고 기억을 형성하는 방법과 유사하다. 중요한 학업 정보에 대해 다중 경로를 만들려면 다양한 감각을 사용하여 수업 내용을 공부하고 기억해야 한다. 이런 식으로 공부하면 각 감각에 의한 기억 경로가 생성된다. 정보에 대한 많은 경로가 있으므로 시험 불안, 피로 또는 단순한 건망증에 의해 1개의 경로가 차단되는 경우 다른 경로를 사용할 수 있다.

정보에 접근할 수 있는 여러 경로를 만드는 과정을 정교화(elaboration)라고 한다. 전 하버드 대학교의 학교심리학 대가이자 『기억의 일곱 가지 죄악(원제: The Seven Sins of Memory: How the Mind Forgets and Remembers)』의 저자인 다니엘 섁터(Daniel Schacter)는 "우리가 그것을 좋아하든 아니든 우리의 기억은 정교함에 의해 좌우된다."라고 말한다(p. 35). 우리가 배운 정보를 사용할 수 있는 방법이 많을수록 더 많은 감각을 사용하여 처리할 수 있고 나중에 그 정보를 회상할 수 있는 가능성이 높아진다(Schacter, 2001). 다감각적 접근 방식을 사용하는 것은 필요할 때 최적의 정보를 회상할 수 있는 가장 좋은 방법 중 하나이다.

수업에서 모둠 토론이 더 활성화되는 이유 중 하나는 다감각을 활용한 정교화에 대한 이해가 높아졌기 때문이다. 많은 학생들이 모둠 활동과 토론 수업을 싫어하지만 이러한 전략은 학습 능력을 크게 향상시킨다. 연구자들은 참여형 학습 전략이 전반적인 학습을 향상시킨다는 것을 누차 증명해 왔다(Freeman et al., 2014; Major, Harris, & Zakrajsek, 2016). 다음번에 모둠 활동을 해 볼 기회가 생겼을 때, 다감각적 정교화 요소가 적게 포함된 강의식 수업과 비교하여 학습 형태가 얼마나 다른지 주목해 보라.

주석 달기: 교과서 읽기에 대한 다감각적 접근법

교사들에게 무엇이 그들을 힘들게 하는지 물어보면 "학생들이 읽기 과제를 하지 않는다."고 대답할 가능성이 높다. 학생들에게 학교 공부에서 가장 싫어하는 영역이 무엇인지 물으면 많은 학생들이 '읽기'라고 대답한다. 대부분 사람들에게 교과서는 읽기 어렵다. 일반적인 수업에서 교과서는 흥미를 가질 만한 이야기나 풀어낼 신비한 이야기를 담고 있지 않다. 많은 수업에서 쓰이는 교과서는 단순하게 무미건조한 사실과 정의를 나열하고 있다. 이러한 사실이나 기본적 정의는 주제를 이해하는 데는 필수적이지만 대체로 매력적이지는 않기 때문에 자료에 집중하고 이해하는 것이 어려울 수 있다. 또한 소리 없이 교과서를 읽는 것은 우리의 시각에만 관련되는 단일감각적인 경험이기 때문에 어려운 일이 될 수 있다. 게다가 읽기는 시각의 비중이 큰 과정이다. 사실상 읽기는 인간이 두뇌에 정보를 입력하는 가장 느린 방법이다(Dehaene,

2009). 읽기를 보다 쉽고 효과적으로 만드는 한 가지 방법은 다감각을 활용하는 것이다. 읽을 때 본문에 주석을 달면서 다감각을 활용할 수 있다([그림 4-3] 참조).

주석 달기(annotation)는 중요한 개념, 아이디어, 사실 및 세부 사항을 파악하고 자신의 말로 교과서 여백에 메모를 작성하는 간단한 과정이다. 2014년에 캐럴 포터-오도넬(Carol Porter-O'Donnell)은 학습 개선을 위해 주석의 사용을 지지하는 여러 가지 연구에 대해 보고한 바 있다. 연필을 사용함으로써 읽기 과정에 촉각을 더해 다감각적 학습이 이루어진다. 주석 달기에는 두 가지 추가적인 장점이 있다. 첫째, 읽고 있는 내용을 자신의 말로 바꿈으로써 내용을 이해하고 있는지 확인하는 것이다. 내용을 자신의 말로 표현할 수 없다면 아직 이해하지 못한 것이다. 자신의 말로 바꾸는 과정은 자료 내용의 이해와 회상을 크게 증진시킨다. 둘째, 당신 자신의 말을 사용하는 것은 읽은 내용을 더 쉽게 기억할 수 있는 가장 좋은 방법 중 하나이다. 자신의 언어는 스스로에게 가장 익숙한 방식이며, 익숙한 방식을 사용하면 학습이 더 수월해진다(학습과 기억에서 패턴을 사용하는 방법은 다음 장에서 살펴볼 것이다).

다감각적 접근 방식을 사용하면 학습과 회상이 훨씬 쉬워진다. 더 많은 감각이 관여할수록 더 많은 기억 경로가 생성되고 그 정보를 회상할 수 있는 기회가 더 많아진다. 가능하다면, 단 한 가지 감각 경로만을 사용하여 배우거나 공부하려고 하지 마라.

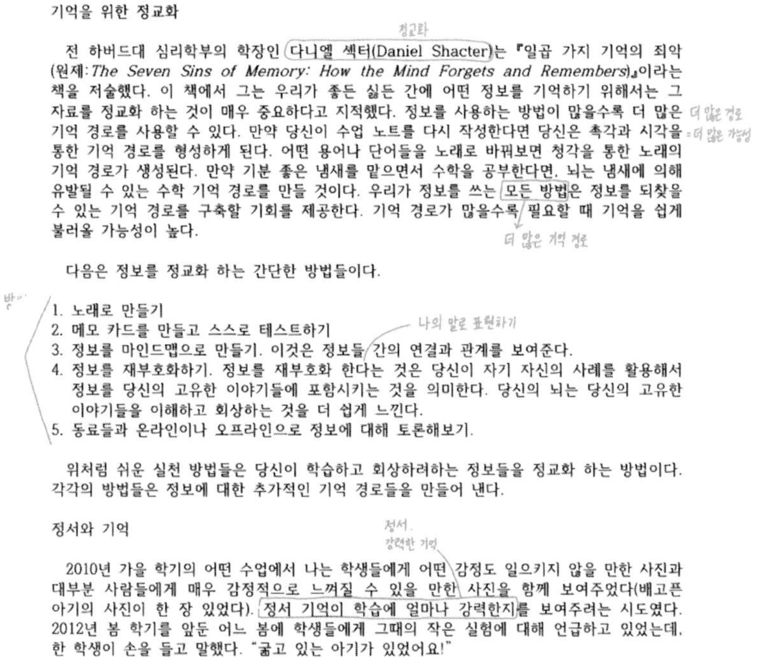
기억을 위한 정교화

전 하버드대 심리학부의 학장인 다니엘 섹터(Daniel Shacter)는 『일곱 가지 기억의 죄악(원제: *The Seven Sins of Memory: How the Mind Forgets and Remembers*)』이라는 책을 저술했다. 이 책에서 그는 우리가 좋든 싫든 간에 어떤 정보를 기억하기 위해서는 그 자료를 정교화 하는 것이 매우 중요하다고 지적했다. 정보를 사용하는 방법이 많을수록 더 많은 기억 경로를 사용할 수 있다. 만약 당신이 수업 노트를 다시 작성한다면 당신은 촉각과 시각을 통한 기억 경로를 형성하게 된다. 어떤 용어나 단어들을 노래로 바꿔보면 청각을 통한 노래의 기억 경로가 생성된다. 만약 기분 좋은 냄새를 맡으면서 수학을 공부한다면, 뇌는 냄새에 의해 유발될 수 있는 수학 기억 경로를 만들 것이다. 우리가 정보를 쓰는 모든 방법은 정보를 되찾을 수 있는 기억 경로를 구축할 기회를 제공한다. 기억 경로가 많을수록 필요할 때 기억을 쉽게 불러올 가능성이 높다.

다음은 정보를 정교화 하는 간단한 방법들이다.

1. 노래로 만들기
2. 메모 카드를 만들고 스스로 테스트하기
3. 정보를 마인드맵으로 만들기. 이것은 정보들 간의 연결과 관계를 보여준다.
4. 정보를 재부호화하기. 정보를 재부호화 한다는 것은 당신이 자기 자신의 사례를 활용해서 정보를 당신의 고유한 이야기들에 포함시키는 것을 의미한다. 당신의 뇌는 당신의 고유한 이야기들을 이해하고 회상하는 것을 더 쉽게 느낀다.
5. 동료들과 온라인이나 오프라인으로 정보에 대해 토론해보기.

위처럼 쉬운 실천 방법들은 당신이 학습하고 회상하려하는 정보들을 정교화 하는 방법이다. 각각의 방법들은 정보에 대한 추가적인 기억 경로들을 만들어 낸다.

정서와 기억

2010년 가을 학기의 어떤 수업에서 나는 학생들에게 어떤 감정도 일으키지 않을 만한 사진과 대부분 사람들에게 매우 감정적으로 느껴질 수 있을 만한 사진을 함께 보여주었다(배고픈 아기의 사진이 한 장 있었다). 정서 기억이 학습에 얼마나 강력한지를 보여주려는 시도였다. 2012년 봄 학기를 앞둔 어느 봄에 학생들에게 그때의 작은 실험에 대해 언급하고 있었는데, 한 학생이 손을 들고 말했다. "굶고 있는 아기가 있었어요!"

[그림 4-3] 교과서에 단 주석의 예시

운동하는 사람들과 다감각적 학습

운동하는 사람들이 교실에서 수업만 듣는 학생들보다 스포츠를 수행하는 데 있어 한 가지 장점은 그들의 거의 모든 학습이 다감각적이라는 것이다. 대부분의 운동 기술은 촉각, 움직임, 시각 및 언어적 지시의 조합으로 발달한다. 이러한 다감각적 접근 방식은 많은 학습자가 교실 학습보다 스포츠에서 사용되는 학습 과정을 선호하는 이유 중 하나일 것이다. 운동 능력을 향상시키기 위해 노력할 때와 비교하여 당신이 새로운 기술이나 정보를 배우기 위해 어떤 감각 과정들을 사용하고 있는지 생각해 보라. 그런 다음 이를 통해 이해하게 된 것들을 교실 학습, 숙제, 학습 활동에 적용해 보라. 스포츠 연습에서 매일 수행하는 다감각적 학습 과정을 적용함으로써 교실 안과 밖에서 학습하는 능력이 놀랍게 향상된다는 것을 알게 될 것이다.

요약

우리 모두가 다양한 감각들을 조합할 때 가장 잘 학습한다는 것은 많은 연구에 의해 명백하게 밝혀졌다. 이 장의 핵심 내용을 정리하면 다음과 같다.

① 뇌는 다감각적 환경에서 최적으로 발달하고 학습하며 작동하도록 진화한 것으로 보인다. 다감각적 학습은 새로운 정보와 관련된 여러 가지 방법을 제공하기 때문에 이상적인 학습 방법이다.

② 사람들은 단일감각적 환경에서보다 다감각적 환경에서 확실히 잘 배운다. 다감각적 환경에서 학습한 것은 더 생생하게 오랫동안 기억된다. 이러한 학습은 20년이 지난 후에도 뚜렷하게 기억에 남아 있을 수 있다.

③ 후각은 학습과 기억에 강력한 도움이 된다.

④ 시각은 인간의 모든 감각 중에서 가장 강력하다. 뇌가 회상하기 가장 쉬운 것은 이미지다.

⑤ 정교화는 회상을 향상시킨다. 많은 감각 경로를 사용하면 배운 것을 회상할 가능성이 높아진다.

비판적 사고 및 토론을 위한 질문

1. 다감각 접근 방식을 통해 새로운 것을 배우게 된 상황을 묘사해 보라. 각각의 감각들이 어떻게 기여했는지 설명해 보라. 만약에 또 다른 감각을 포함시킨다면 어떻게 할 수 있겠는가? 혹은 이미 포함되어 있는 감각의 사용을 향상시킬 수 있는 방법은 무엇인가?

2. 당신에게 특정한 기억을 떠올리게 하는 기분 좋은 냄새를 묘사해 보라. 그 냄새를 맡으면 무엇이 떠오르는가? 또 그 기억을 생각할 때 떠오르는 다른 것이 있는가?

3. 이 책 또는 수업 중 읽은 자료에서 하나의 장을 선택하여 개념도를 작성해 보라. 자료 내에서 어떤 관계가 나타났는가? 이러한 지식이 나중에 당신이 정보를 기억하는 데 어떻게 도움이 될 수 있을까?

4. 수강하는 수업의 읽기자료나 이 책의 다음 장에 나오는 내용에 주석을 달아 보자. 주석을 다 작성하게 되면, 주석을 통해 배운 내용을 설명해 보자. 이런 접근법이 읽은 정보를 학습하고 나중에 기억하는 데 도움이 될 것이라고 느끼는가?

참고문헌

Coffield, F., Moseley, D., Hall, E., & Ecclestone, K. (2004). *Learning styles and pedagogy in post-16 learning: A systematic and critical review.* London, UK: Learning and Skills Research Centre.

Dale, E. (1969). *Audio-visual methods in teaching* (rev. ed.). Oak Brook, IL: Dryden Press.

Dehaene, S. (2009). *Reading in the brain.* New York, NY: Penguin.

Freeman, S., Eddy, S. L., McDonough, M., Smith, M. K., Okoroafor, N., Jordt, H., & Wenderoth, M. P. (2014). Active learning increases student performance in science, engineering, and mathematics. *Proceedings of the National Academy of Sciences, 111*(23), 8410-8415.

Herz, R. S., & Engen, T. (1996). Odor memory: Review and analysis. *Psychonomic Bulletin and Review, 3*(3), 300-313.

King, P. (2014). How much of the brain is involved in vision. *Quora.* Retrieved from https://www.quora.com/How-much-of-the-brain-is-involved-with-vison

Lwin, M. O., Morrin, W., & Krishna, A. (2010). Exploring the super additive effects of scent and pictures on verbal recall: An extension of dual coding theory. *Journal of Consumer Psychology, 20,* 317-326.

Major, C. H., Harris, M. S., & Zakrajsek, T. (2016). *Teaching for learning: 101 intentionally designed educational activities to put students on the path to success.* New York, NY: Routledge.

Mayer, R. E., & Anderson, R. B. (1992). The instructive animation: Helping students build connections between words and pictures in multimedia learning. *Journal of Educational Psychology, 84*(4), 444-452.

McCrudden, M. T., & Rapp, R. N. (2017). How visual displays affect cognitive processing. *Educational Psychology Review, 29*(3), 623-639.

Medina, J. (2008). *Brain rules: 12 principles for surviving and thriving at work, home and school.* Seattle, WA: Pear Press. 서영조 역 (2017). 브레인 룰스. 서울: 프런티어.

Montessori, M. (1912). *The Montessori method.* New York, NY: Frederick A. Stokes.

Najjar, L. J. (1998). Principles of educational multimedia user interface design. *Human Factors, 40*(2), 311–323.

Newell, F., Bulthoff, H. H., & Ernst, M. (2003). Cross-modal perception of actively explored objects. *Proceeding of EuroHaptics*, 291–299. Dublin, Ireland: Trinity College.

No evidence to back idea of learning styles. (2017, March 12). *The Guardian.* Retrieved from https://www.theguardian.com/education/2017/mar/12/no-evidence-to-back-idea-of-learning-styles

Novak, J., & Canas, A. (2008). The theory underlying concept maps and how to construct and use them. *Cmap* (Institute for Human and Machine Cognition). Retrieved from http://cmap.ihmc.us/Publications/Research-Papers/TheoryCmaps/TheoryUnderlyingConceptMaps.htm

Pashler, H., McDaniel, M., Rohrer, D., & Bjork, R. (2008). Learning styles: Concepts and evidence. *Psychological Science in the Public Interest*, *9*, 105–119.

Porter-O'Donnell, C. (2014). *Beyond the yellow highlighter: Teaching annotation skills to improve reading comprehension.* Retrieved from http://www.collegewood.org/ourpages/auto/2014/8/17/63598523/Beyond%20the%20Yellow%20Highlighter.pdf

Quality Improvement Agency. (2017). Teaching and learning program. Retrieved from http://learning.gov.wales/docs/learningwales/publications/140801-multi-sensory-learning-en.pdf

Rasch, B., Buchel, C., Gais, S., & Born, J. (2007, March 9). Odor cues during slow wave sleep prompt declarative memory consolidation. *Science, 315*(5817), 1426–1429.

Rihm, J. S., Diekelmann, S., Born, J., & Bjorn, R. (2014). Reactivating memories during sleep by odors: Odor specificity and associated changes in sleep oscillations. *Journal of Cognitive Neuroscience, 26*(8), 1806–1818.

Schacter, D. (2001). *Seven sins of memory: How the mind forgets and remembers.* Boston, MA: Houghton Mifflin. 박미자 역 (2006). 기억의 일곱 가지 죄악. 서울: 한승.

Seitz, A. R., Kim, R., & Shams, L. (2006). Sound facilitates visual learning. *Current Biology, 16*(14), 1422–1427.

Shams, L., & Seitz, A. (2008). Benefits of multisensory learning. *Trends in Cognitive Science, 12*(11), 411–417.

Zull, J. (2002). *The art of changing the brain.* Sterling, VA: Stylus. 문수인 역 (2011). 뇌를 변화시키면 공부가 즐겁다. 서울: 돋을새김.

제5장 학습과 패턴

하버드 대학교(Harvard University) 정신과 의사 존 레이티(John Ratey)는 그의 저서 『뇌, 1.4킬로그램의 사용법(원제: A User's Guide to the Brain: Perception, Attention, and the Four Theaters of the Brain)』(2001)에서 인간의 뇌를 패턴 탐색 장치로 묘사한다. 그는 "뇌는 모든 개념들을 서로 연결시키면서 작동하는데, 개념들 사이의 유사성, 차이점, 관계를 찾는다."고 했다. 새로운 자료의 학습을 향상시키는 방법 중 한 가지는 여러분에게 이미 친숙한 패턴들을 사용하는 것이다.

간단한 예를 들어, 다음의 10개 숫자를 순서대로 외워야 한다고 해보자.

2 3 1 7 9 6 4 5 6 0

서로 관련이 없어 보이는 이 숫자의 나열을 외우는 게 더 쉬운가, 아니면 다음과 같은 패턴으로 숫자를 그룹화하여 외우는 게 더 쉬운가?

(231) 796-4560

2,317,964,560

2,000명 이상의 학생들에게 이 질문을 한 결과, 모든 학생들이 10개의 숫자를 전화번호나 큰 수처럼 좀 더 친숙한 패턴으로 나타냈을 때 훨씬 더 기억하기 쉽다고 응답하였다. 패턴은 그 자체로서 정보를 더 쉽게 배우고 기억할 수 있게 해 준다. 우리는 오랫동안 전화번호를 사용하고 큰 수를 배워 왔다. 이렇게 익숙한 패턴은 새로운 정보에 더 큰 의미를 부여해 주는데, 이를 통해 더 쉽게 배우고 회상할 수 있게 된다.

또 다른 예로, 다음과 같이 문자와 숫자가 번갈아 나타나는 배열을 외워야 한다면 어떨까? 순서는 바뀌어도 상관없다.

3 A 1 U 5 I 9 E 7 O

이와 같이 문자와 숫자로 이루어진 배열은 기억하기에 쉬울까 아니면 어려울까? 이 문자와 숫자들을 일주일 후에 연습 없이 회상하는 것이 얼마나 어려울지 상상해 보라. '홀수와 모음'이라는 단서를 준다면 어떨까? 앞에서 말했듯이, 여러분은 이 문자와 숫자들을 어떤 순서로 회상해도 좋다. 이 문자와 숫자의 배열을 다시 한번 살펴보자. 이제 대부분의 사람들은 연습 없이도 이 숫자와 문자들을 모두 완벽하게 회상할 수 있을 것이다.

1, 3, 5, 7, 9 와 A, E, I, O, U

이 숫자와 문자의 순서는 여러분이 잘 아는 패턴과 맞아떨어지기 때문에, 어렵다고 생각했던 과제가 이젠 쉬워졌다.

수업자료를 학습하는 것도 마찬가지다. 학습은 식별할 수 있는 패턴에 따라 동일한 노력을 들이더라도 어렵거나 쉬울 수 있다. 패턴을 인식하는 능력은 학습을 용이하게 한다. 행동을 바꾸는 데도 반응의 패턴을 바꾸는 게 필요하다. 패턴을 발견하고, 적용하며, 바꾸는 것은 학습의 필수적인 측면이다. 사실 학습에서의 패턴은 고등교육에서 많이 연구되고 있지 않지만, 우리가 탐구할 수 있는 가장 중요한 패턴 중 하나일 것이다(Alder, 2010).

체스 게임

패턴 활용의 가치는 체스를 배우는 과정을 통해 살펴볼 수 있다. 체스 초보자라 하더라도 각 말의 이름과 이동 규칙, 그리고 어떻게 하면 최종 승부가 나는지 정도만 알면 체스 게임을 할 수 있다. 하지만 체스는 정신적으로 매우 까다로운 게임이어서, 기본 규칙 정도만 알아서는 그 복잡성을 파악할 수 없다. 즉, 기본만 알고 있는 체스 초보자는 어떤 말을 움직이고 어떤 말을 움직이지 말아야 할지 결정하는 데 도움이 되는 체스 게임 속 패턴을 인식할 수 없을 것이다. 초보자라도 체스 게임을 '할 수는' 있지만, 그들은 각 말의 움직임에만 모든 인지적 노력을 기울이기 때문에 게임을 더 잘할 수 있는 실제적인 전략을 갖추지 못한다. 네덜란드 체스 마스터이자 심리학자인 안드리안 드 그루트(Adrian de Groot)는 뛰어난 체스 선수가 되는 비결은 체스 말의 이동 가능한 패턴을 잘 아는 것이며, 더 많은 패턴을 인식할수록 더 탁월한 선수가 된다고 말했다(de Groot, 1965).

인간의 사고 과정은 개념, 기술적 요소, 사람, 경험을 능동적으로 연계하는 것을 포함하는데, 이는 패턴, 관계, 연결을 만들고 수정함으로써 의미를 부여하기 위한 것이다(Ewell, 1997). 우리는 끊임없이 패턴을 사용한다. [글상자 5-1]은 패턴이 어떻게 의미를 만들며 무언가를 배우고 기억하기 쉽게 만드는지에 대한 예를 보여 준다. 우리 뇌의 패턴 역시 끊임없이 변한다. 우리가 새로운 것을 배울 때마다 뇌는 우선 이전에 설정된 패턴의 변경을 시도하며, 이를 동화(assimilation)라고 한다. 그래도 효과가 없으면 추가적인 새로운 패턴을 만드는데, 이를 조절(accomodation)이라 한다(Atherton, 2011). 패턴은 뇌가 작동하는 데 있어 아주 많이 관여하는데, 우리가 자신의 운명을 통제할 수 없다고 느낄 때 우리 뇌는 종종 통제감을 주는 패턴을 만들어 낸다(Whitson & Galinsky, 2008). 예를 들어, 친구가 예상치 못한 일을 한다면 우리는 순식간에 그 행동의 이유를 생각하기 시작한다. 뇌는 친구의 행동을 설명할 수 있는 패턴을 찾는다. 그러한 추정이 때로는 틀리기도 하지만, 우리는 뇌가 이런 연결성을 추구하는 것을 멈출 수 없다.

글상자 5-1

학습을 쉽게 하는 패턴의 사용

다음 단어들을 쉽게 학습하고 기억할 수 있도록 패턴을 만드는 방법을 살펴보자.

올리브 토마토 빵 당근 치킨 양상추 쿠키 햄 포도 쇠고기 딸기 시금치 돼지고기 자두 망고 감자 양파 생선 오리 브로콜리 치즈 체리 초코케이크 칠면조

철자순: 이것은 익숙한 패턴이지만 크게 도움이 되지 않는다.

- 감자, 당근, 돼지고기, 딸기, 망고, 빵, …….

더 의미있는 패턴: 음식과 관련된 단어는 점심이나 저녁 식사와 같이 친숙한 식사 메뉴로 단어를 분류하면 더 많은 의미를 부여하고 더 쉽게 기억할 수 있다. 대부분의 사람들은 샐러드나 과일샐러드 또는 저녁 식사의 주메뉴에 무엇이 포함되는지 알고 있다. 더 많은 연결과 의미를 부여할수록 더 쉽게 기억하고 회상할 수 있다.

- **점심식사:** 양상추, 치즈, 토마토, 올리브, 당근, 시금치, 브로콜리, 양파, 칠면조, 햄이 들어간 샐러드 / 빵 / 디저트용 쿠키
- **저녁식사:** 자두, 딸기, 망고, 포도 및 체리를 곁들인 과일샐러드 / (감자와 함께 제공되는) 오리, 닭고기, 소고기, 생선 또는 돼지고기 중 택1 / 디저트용 초코케이크

정보의 청킹

패턴은 학습에서 매우 유용한데, 왜냐하면 패턴이 새로운 자료들을 '청킹(chunking)'할 수 있도록 해 주기 때문이다. 즉, 패턴은 정보의 조

각들을 하나의 전체로 결합할 수 있게 한다. 오래전 심리학자들은 뇌가 한 번에 제한된 용량의 자료만을 처리할 수 있음을 발견하였다. 놀랄 만한 것은 이러한 제한이 정보나 자료의 구체적인 개수 또는 양에 기반한 것이 아니라 그 자료들을 청킹한 정보덩이(chunk)의 수에 기반하고 있다는 점이다. 심리학 전 분야에서 가장 많이 인용되는 연구 중 하나가 바로 청킹에 대한 것이며 보통의 사람은 한 번에 '7±2개'의 정보덩이를 처리할 수 있다는 연구이다(Miller, 1956). 일부 연구자들은 우리가 그보다 훨씬 더 적은 수의 정보덩이만을 처리할 수 있다고 주장하지만(Gobet & Clarkson, 2004), 정보를 패턴화하여 청킹하는 것의 중요성은 변하지 않는다.

청킹은 처리할 수 있는 정보의 양을 크게 늘릴 수 있다. 예를 들어, 다음 문자들을 몇 초 동안 본 후, 문자를 가리고 몇 개나 기억할 수 있는지 확인해 보자.

k s b c e w l o h n

혹시 10개를 모두 기억했다 할지라도, 이를 위해 많은 노력이 필요했음은 분명하다. 그럼 이번에는 다른 문자들로 다시 해 보자. 앞서 했던 것과 같이 방식으로 다음 문자들을 몇 초 동안 본 후, 문자를 가리고 얼마나 기억할 수 있는지 확인해 보라.

f l a s h l i g h t

문자 개수는 10개로 첫 번째 예와 똑같지만, 후자가 훨씬 더 쉬울 것이다. 단어는 패턴을 이루는 문자들로 구성된 정보덩이로서 의미를 담고 있다. 물론, 'flashlight'라는 단어를 아는 사람에게만 더 쉬웠을 것이다. 이 단어를 모르는 사람에게 이 10개 문자로 된 정보덩이는 의미가 없을 것이며, 결과적으로 쉽게 기억할 수 없을 것이다. 이제 마지막으로 한 번만 더 해 보자.

I e n j o y d r i v i n g a l o n g t h e c o a s t w i t h m y f r i e n d s

이 경우 기억해야 할 문자 수는 10개가 아니라 39개이다. 정보덩이는 하나의 의미 있는 정보 단위다. 사람에 따라 이 문자열을 39개의 글자로, 9개의 단어로, 혹은 1개의 문장으로 생각할 수 있을 것이다(I enjoy driving along the coast with my friends). 어쨌든 30개 이상의 문자를 쉽게 기억할 수 있다는 것에 주목하라.

앞에서 살펴본 세 가지 문자열 간의 차이점은 만들 수 있는 청킹의 양이다. 패턴은 정보덩이를 발견할 수 있게 하며, 정보덩이는 정보를 훨씬 더 효율적으로 처리할 수 있게 해 준다. 학습에 있어 중요한 것은 단순히 학습 과정에 쏟는 에너지가 아니라, 학습자료 안에서 패턴과 의미를 찾을 수 있는 능력이라는 점을 유념해야 한다. 따라서 공부할 때 자료에서 패턴을 찾아 청킹할 수 있다면, 학습하고 기억하는 게 훨씬 쉬워지는 것이다.

친숙한 영화 패턴

다음은 최신 영화들의 가장 일반적인 패턴 열 가지를 뽑은 것이다.

1. 싸이코 살인마가 나오는 공포 영화
2. 단짝 경찰이 나오는 영화
3. 수퍼히어로 액션 영화
4. 로맨스 영화
5. 반전이 있는 영화
6. 고정관념을 깨는 영화
7. 전쟁 서사 영화
8. 청소년 시트콤
9. 터무니없는 코미디
10. 사회적 약자에 대한 영화

이러한 패턴을 통해 우리는 영화의 줄거리를 더 쉽게 파악할 수 있고 영화 속에서 일어나는 일들을 더 쉽게 이해할 수 있다. 일반적으로 이 과정은 자동으로 일어나기 때문에, 우리는 보고 있는 영화의 패턴을 파악했다는 사실을 인식조차 하지 못하는 경우가 많다. 패턴을 갖는 것에는 단점도 있는데, 특히 영화나 이야기에서 그러하다. 만약 영화의 줄거리가 어떤 패턴을 지나치게 그대로 따른다면, 그 영화는 결말이 너무 쉽게 파악되고 예측되기에 실망스러울 것이다. 감독들은 우리를 놀라게 하고 영화를 더 흥미롭게 만들기 위해서 영화 줄거리에서 이러한 패턴에 변화를 주는데, 이것이 바로 영화 속 반전이다. 하지만 어떤 패턴들은 보편적이어서 이것이 위반된다면 관객들이 별로 좋아하지 않는다. 만약 단짝 경찰이 나오는 영화에서 경찰 2명이 모두 죽고 '악당'이 도망친다면 사람들은 그 영화를 좋아하지 않을 것이다. 이러한 줄거리는 영화의 기본 패턴을 위반한 것이다.

감독이 영화 플롯에서 패턴을 사용하는 것과 같은 방식으로 우리도 수업에서 다음에 어떤 내용이 나올지 예측하고 새로 배우는 정보를 잘 파악하기 위해서 패턴에 대한 지식을 활용할 수 있다. 이렇게 하면 새로운 정보를 이해하고 기억하는 게 더 쉬워질 것이다. 친숙한 패턴이 없다면 새로운 정보를 파악하고 이해하는 것이 더 어려워지며, 의미를 찾는 데도 더 많은 노력과 시간이 필요할 것이다. 영화와는 달리 학습에서는 배우고자 하는 내용의 플롯을 파악하고 결말을 알아내는 게 바람직하다. 패턴을 찾고 발견하는 것은 학습에 중대한 영향을 끼친다.

가장 친숙한 패턴

대학생에게 가장 친숙한 패턴은 무엇일까? 1930년대에 게슈탈트 심리학자들은 패턴에 대해 연구하였는데, 몇몇 패턴은 본질적으로 모든 사람에게 보편적이라는 것을 발견했다(Koffka, 1935). 이 패턴들은 오늘날에도 여전히 유효해서 외과 수술 등 다양한 맥락에서 사람들의 학습을 돕는 데 활용되고 있다(Dresp-Langley, 2015). 학교 학습에서 특히 중요한 세 가지는 유사성, 전경-배경, 근접성이다.

유사성

[그림 5-1]을 보면 무엇이 보이는가?

X O X O X O

X O X O X O

X O X O X O

X O X O X O

X O X O X O

[그림 5-1] 유사성 예시

대부분 사람들은 문자 X로 된 열과 문자 O로 된 열이 보인다고 말한다. X와 O의 반복으로 구성된 가로 행을 '보는' 것도 어렵지는 않지만, 뇌는 유사한 항목들을 패턴으로 만들기에 이 문자들을 세로 열로 만들어 인식한다.

미국에서는 대부분 학교에서 교사들이 이러한 내재적인 유사성(similarity)을 이용하여 학생들에게 새로운 자료의 유사점과 차이점을 찾도록 가르친다. 유사성을 인식하는 것은 공부할 때 중요하다. 자료에서 유사성을 찾는다면, 시험 날 등 필요할 때 정보를 기억해 내기가 훨씬 수월할 것이다. 뇌는 유사성 패턴에 친숙할 뿐 아니라 그것을 이용하는 데도 익숙하다.

새로운 개념을 배운다고 생각해 보자. 새로운 개념이 이미 알고 있는 다른 개념과 어떻게 유사한지를 고려한다면 배우기에 더 쉬워질 것이다. 새로운 개념이 완전히 새로운 것이 아니라 이전에 학습했던 것과 유사하기 때문에 쉬워지는 것이다. 즉, 그것은 친숙한 것이다. 이젠 이미 알고 있는 개념과 다른 부분만 학습하면 될 것이다. 학습과제는 이러한 간단한 패턴을 사용하여 시작할 때 덜 어렵게 느껴진다.

다음번에 수업에서 2개의 연극 간 유사점과 차이점을 각각 3개씩 나열하는 과제를 받는다면, 이 과제가 지각의 조직화에 대한 게슈탈트 법칙에 기초하고 있다는 것을 알 수 있을 것이다. 그것은 거의 모든 사람들의 뇌에 내재되어 있는 유사성 찾기의 법칙이다.

전경-배경

학교에서 주로 사용되는 또 하나의 원리는 '전경-배경(figure-ground)'이다. 인간의 뇌는 패턴의 초점을 찾도록 배선되어 있다. 무언가를 볼 때 우리가 초점을 맞추어야 할 것(전경)을 파악하고 나면 그 나머지는 바탕(배경)이 된다. 이미지를 볼 때는 초점이 즉각적으로 맞추어진다. 이야기일 경우에는 주인공이 전경이 되고 주인공을 둘러싼 환경이 배경이다. 예를 들어, [그림 5-2]에서 무엇이 보이는가? 만약 '그림(전경)'이 여자라면, 밝고 큰 부분은 거울로 보인다. 그러나 '그림(전경)'이 해골이라면, 여자의 머리와 거울에 비치는 부분은 해골의 눈이 된다.

공부할 때, 무엇이 '전경'이고 무엇이 '배경'인지를 결정하는 것은 매우 중요하다. 공부할 때는 '이 자료에서 가장 중요한 게 무엇일까?'를 계속 질문해 보자.

[그림 5-2] 모든 것이 헛되도다(All Is Vanity)-찰스 길버트(Charles Gilbert, 1892)

출처: From www.sandlotscience.com/Ambiguous/All_is_Vanityl.htm. 2013 by SandlotScience.com

근접성

우리 삶의 구성물들은 시간과 공간에 의해 분리된다. 우리의 뇌는 공간이나 시간적으로 근접해 있으면 묶어서 보고, 멀리 떨어져 있으면 구분해서 본다. [그림 5-3]을 보자.

XOXOXO

XOXOXO

XOXOXO

XOXOXO

XOXOXO

[그림 5-3] 근접성 예시

문자의 세로 열을 보게 되는가, 아니면 가로 행을 보게 되는가? 대부분 사람들은 근접성(proximity) 때문에 가로 행을 본다. 이 그림이 각 행에 여섯 문자씩 다섯 행으로 되어 있어 [그림 5-1]과 같은 패턴임을 주목하라. 같은 패턴이긴 하지만 이번에는 간격을 다르게 함으로써 유사성보다 근접성이 강하게 인식되기에 우리는 무언가 다른 것을 '보게' 된다.

예를 들어, 파티를 하고 있는데 재훈이가 문을 열고 들어온다고 가정해 보자. 그리고 20분 정도 후에 은정이가 문을 열고 들어온다. 일반적으로 우리의 뇌는 재훈이와 은정이가 함께 왔다고 생각하지 않을 것이다. 만약 상현이는 연희가 온 지 5분 후에 들어온 반면 성환이는 연희가 온 지 10초 후에 도착했다면, 우리의 뇌는 자동적으로 연희와 성환이는 함께 파티에 왔고 상현이는 혼자 왔다고 추정할 것이다. 상현, 연희, 성환이가 파티에 함께 왔는데 상현이는 전화를 하기 위해 밖에 잠깐 있었을지도 모른다. 그러나 우리의 뇌는 연희와 성환이가 동시에 들어오는 것을 보고 이 패턴을 사용하여 빠르게 의미를 만든다.

우리는 수업자료를 처리할 때 이와 유사한 패턴을 설정한다. 만약 역사 선생님이 조지 워싱턴에 대해 말하고 나서 곧바로 새로운 국가의 시작에 대해 말한다면, 조지 워싱턴이 새로운 국가와 관련된다는 이야기를 직접적으로 듣지 못했음에도 불구하고 우리의 뇌는 조지 워싱턴이 새로운 나라와 관련이 있다고 추정할 것이다.

게다가 사건들이 근접하게 일어날 때 우리의 뇌는 종종 원인과 결과 관계로 추론한다. 흔히 원인은 그것에 해당하는 결과와 가깝게 일어나기 때문에, 이렇게 추론하는 것은 타당하다고 볼 수 있다. 예를 들어, 우리가 어떤 사람이 넘어진 것을 본 직후에 바닥에서 몇 개의 구슬을 발견한다면, 우리의 뇌는 구슬이 사람을 넘어지게 했다고 빠르게 추정할 것이다. 그렇기에 나쁜 일이 일어났을 때, 그 주변에 있는 것은 좋지 않다. 왜냐하면 당신이 나쁜 일의 원인으로 보일 수도 있기 때문이다. 사람들의 뇌는 근처에 있는 사람이 그 나쁜 사건과 연관되어 있고 심지어 그것을 야기했을지도 모른다고 추정하도록 짜여져 있다. 나(토드 자크라섹)는 언젠가 차 사고를 목격하고, 정차한 후에 사람이 괜찮은지 확인하기 위해 재빨리 앞차로 갔다. 그는 나를 보자마자 "정지 사인 못 봤어? 날 죽일 수도 있었어!"라고 말했다. 일이 어떻게 함께 일어나는지에 근거한 그의 자연스러운 가정은 그가 나를 사고에 연루되어 있다고 생각하게 만들었다. 근접성에 의해 결정되는 이러한 인과관계는 학습에 있어 중요하다.

근접성은 수업을 연속해서 수강하지 않으며 수업 내용이 바뀔 때 그 사이에 잠시 휴식을 취하는 것이 왜 좋은지에 대한 또 하나의 이유이기도 하다. 새로운 정보를 배울 때 다른 새로운 정보와 근접해서 학습한다면 혼동할 수가 있는데, 이는 설령 그 두 가지 정보 간에 어떤 패턴이 존재하지 않을지라도 우리 뇌는 패턴을 만들어 내려 하기 때문이다. 생화학과 생물학처럼 과목이 유사할 때 특히 그렇다. 같은 학기에 생화학과 생물학을 모두 수강한다면, 두 강좌의 수업이나 학습 사이에 약간의 공백을 두는 것이 좋다.

유사한 자료를 근접하여 학습하면 헷갈릴 수 있지만, 근접성을 학습에 도움이 되도록 활용할 수도 있다. 만약 우리가 복잡한 자료를 학습해야 한다면, 그 정보에 집중할 수 있도록 다른 것을 차단하는 것이 중요하다. 복잡한 자료를 공부하는 중에 사람, TV 프로그램, 혹은 친구에게서 온 문자들이 주의를 흩트린다면, 복잡한 자료의 내용들은 근접성을 잃고 연결성이 떨어져 학습하기에 어려워질 것이다.

인과관계

미국 남북전쟁, 베트남 전쟁, 1929년 미국 증시 폭락 등의 원인은 무엇이었을까? 무엇이 아프리카의 에이즈(AIDS) 대유행과 런던의 흑사병을 유발했을까? 중동 지역 불안의 원인은 무엇인가? 지구 기후변화나 1960년대 반문화 운동 등과 같은 현상이 어떤 결과를 가져왔을까? 1950년대와 1960년대의 흑인 인권운동, 코스타리카의 허리케인 이르마(Irma), 혹은 H1N1 돼지독감 공포의 결과는 무엇이었을까? 학생들은 유치원부터 고등학교까지의 학습 경험을 통해 사건의 원인과 결과를 찾도록 학교 안팎에서 요구받는다. 나(테리 도일)는 4학년 때 운동장에서 벌어진 싸움의 원인(누군가가 눈덩이로 '상급학년 학생대표'를 맞춘 것)에 대해 메리 선생님의 추궁을 받았던 기억이 난다. 예상대로 그녀는 사건 주변에 근접해 있던 아이들과 이야기함으로써 원인을 찾았다. 또한 나는 4학년 때 그 싸움의 결과로 코트를 입지 않고 모자도 쓰지 않은 채 맨손으로 눈덩이 100개를 만들어야 했던 것도 기억이 난다.

인과관계에 대한 보고서를 쓰는 것은 작문 수업에서 가장 흔한 과제 중 하나이다. 학생들이 그것에 익숙하다는 것을 알기 때문에 교사들도 잘 사용하는 패턴인 것이다. 인과관계를 설명하기 위해서는 단순하게 생각하면 근접성에서 가장 가까운 것을 찾으면 된다. 그러나 단순한 근접성 패턴에 의해 설명되지 않는 관계를 찾기 위해서는 훨씬 더 많은 생각이 필요하다. 학교에서는 학생들이 원인을 찾거나 결과를 설명할 때 기초적이고 표면적인 수준의 추론을 넘어서길 기대한다. 예를 들어, 에이즈의 원인에 관한 보고서를 작성해야 한다면 개인에게 에이즈가 성적 접촉이나 혈액 교환에 의해 유발될 수 있다는 것뿐만 아니라, 에이즈는 인간 면역체계의 CD4+ T세포에 증식하는 레트로바이러스가 그것에 감염된 방대한 수의 세포를 죽이기 때문에 발생한다는 것도 논의해야 한다(Peckham, Jeffries, Quinn, Newell, & Slowik, 2013). 또한 에이즈의 사회적 함의에 대해서도 논의할 필요가 있는데, 예를 들어 아프리카의 많은 지역에서 어린이에게 에이즈가 확산되고 있는 현상은 가정 내 어머니의 건강과 밀접한 관련이 있다는 것 등이 포함될 수 있다. 일반적으로 어머니들은 딸들이 어린 나이에 성경험을 갖는 것을 막으려고 한다. 그런데 어머니가 죽거나 아프게 되면, 어린 소녀들은 대개 성경험에 노출되어 에이즈가 퍼지게 된다. 인과관계의 패턴은 특히 그 인과관계가 분명하지 않을 때 사건이나 아이디어에 대하여 심층적인 탐색을 촉진하는 데 사용되는데, 이러한 탐색은 정보를 분류하는 것 이상의 더 비판적인 사고를 필요로 한다.

학습에서 일상적으로 사용되는 또 다른 패턴들

앞서 살펴본 유사성, 전경-배경, 근접성, 인과관계 외에도 대부분 학생은 학습에서 또 다른 유의미한 조직화 구조를 많이 사용한다.

위계성

위계성(hierarchy)에서는 정보가 중요도 순서나 가장 좋은 것부터 나쁜 순서, 가장 큰 것부터 작은 순서, 가장 새것부터 낡은 순서 등에 따라 조직화된다. 순서도, 연대표, 개요 및 개념도는 학습을 돕기 위해 위계성을 나타내는 데 사용되는 일반적인 도구다. 정보를 범주로 분류하는 방법을 생각하고 각 범주에 속한 정보를 하위 범주로 나누는 것은 학습에 도움이 된다.

철자순

어린이집에 다닐 때부터 사람들은 철자순(alphabetical order) 패턴을 많이 접하게 된다. 정말 그러한지 주변 사람 중 이름이 ㄱ 또는 ㅎ으로 시작하는 사람을 찾아서 한번 물어보라. 인터넷 검색 엔진에 '철자순으로 정리'를 입력하면 클릭 한 번에 자료를 철자순으로 정리해 주는 웹사이트를 찾을 수 있을 것이다. 이 패턴은 정보에 대한 이해를 높이거나 정보 간의 의미 있는 관계를 보여 주지는 않지만, 너무도 친숙한 패턴이기에 새로운 용어나 어휘 목록의 학습을 시작하는 데 도움이 될 수 있다.

자신만의 언어

가장 중요하고 친숙한 패턴은 자신만의 언어(your own language)이다. 언어의 사용, 어순, 의인화, 축약 등에서 자기 자신만의 특정한 방식은 재인과 회상에 도움이 되는 패턴을 만들어 낸다. 어떤 개념에 대한 정의를 학습할 때 자신만의 언어로 표현하거나(재부호화, recoding), 그 개념을 설명하는 자신만의 예로 만든다면 정보의 회상이 더 쉬워질 것이다. 던로스키와 그의 동료들(Dunlosky, Rawson, Marsh, Nathan, & Willingham, 2013)은 10종류의 학습 전략을 연구하였는데, 이를 통해 발견한 한 가지 분명하고 일관된 결과는 학습자 자신만의 언어로 바꾸도록 할 때 더 잘 학습한다는 것이다. 우리의 뇌는 말하기 시작했을 때부터 자신만의 언어를 인식해 왔기에 그 패턴은 매우 친숙하다.

'현현(顯現, epiphany)'라는 단어의 정의를 설명해야 한다고 가정해 보자. 사전에는 '현현이란 어떤 것의 실체나 본질적인 의미에 대한 갑작스럽고 직관적인 인식 또는 통찰이며, 대개 단순하고 흔하며 평범한 일이나 경험에 의해 시작된다.'고 정의되어 있다(Dictionary.com). 이 정의를 "현현은 무언가의 작동하는 방식이나 의미를 불현듯 깨닫는 것이며, 친숙한 것을 보거나 들을 때 촉발된다."와 같이 자신의 말로 표현하면 기억하기가 훨씬 수월할 것이다. 자신만의 언어는 기억하기가 더 쉬울 뿐만 아니라, 자신만의 언어로 정의한다는 것은 그 의미를 이해하고 있음을 나타낸다. 또한 자신만의 정의는 일반적으로 더 짧기에 기억할 것도 더 적다.

읽기 패턴 및 교과서

학습에서 패턴을 활용할 수 있는 또 다른 경우는 교과서나 교재를 읽을 때이다. 교과서는 일관된 패턴을 사용하여 정보를 제시한다. 예를 들어, 거의 모든 교과서의 형식은 다음과 같이 동일하다.

주제

제목

소제목

단락–요지(main idea, 대개 첫 문장에 진술됨), 세부사항, 예시로 구성

이러한 패턴은 읽어야 할 텍스트 자료의 90%에 적용된다. 이 패턴을 알고 있다는 것은 요지나 주요 세부사항 등 중요한 정보를 정확히 어디서 찾아야 할지 알고 있다는 것을 의미한다. 또한 단락의 어떤 부분(예시 등)을 대충 훑어보거나 그냥 넘어갈 수 있는지 알고 있다는 것을 뜻한다. 예시는 요지나 주요 세부사항을 이해하지 못한 경우에만 중요하다. 그렇지 않다면 예시는 건너뛰어도 되는데, 이는 읽기 속도를 높이고 요지, 주요 세부사항, 중요 예시 등 중요한 정보(배경이 아닌 전경)에 집중하는 데 도움이 된다. 유감스럽게도 많은 교사가 학생에게 교과서의 모든 것이 중요하며 전부 다 읽어야 한다고 말한다. 솔직히 이것은 사실이 아니다. 어떤 교사도 모든 것을 읽지는 않을 것이다. 그들은 알고 싶어 하는 정보에만 집중하고 다른 것들은 생략할 것이다. 전문가는 모든 것을 이런 방법으로 읽는다. 이러한 패턴을 염두에 두면서 교과서를 읽으면 시간을 절약하고 읽기를 더 잘할 수 있다.

다른 종류 읽기에서의 패턴

학교에서 읽어야 하는 거의 모든 것에는 특정한 패턴이 있다. 소설은 다음과 같은 공통적인 패턴이 있다.

전반:

1. 등장인물 소개
2. 상황 설정
3. 갈등 묘사
4. (전제로 이어지는) 문제 제기 혹은 상황 설정

중반:

1. 중요한 사건들과 관련하여 이루어지는 전개
2. 이러한 사건들의 결과로 변화하는 등장인물
3. 등장인물에 대하여 드러나는 추가적인 정보
4. 갈등 해결을 향해 진행되는 사건들

후반:

1. 갈등을 해결하고 이야기의 요점을 드러내는 중추적 사건의 발생 – 종종 클라이맥스라 함
2. 해답이 클라이맥스의 결과에서 분명하게 나타나지 않은 경우, 이야기의 요점에 대응하는 결말

소설의 패턴을 알면 집중력을 유지할 수 있고 줄거리의 뉘앙스를 이해하는 능력이 향상된다. 패턴은 줄거리를 따라가며 어떤 일이 이어질지 예상하는 데 도움이 되는데, 이것이 이해력을 높이고 집중력 및 초점을 맞추는 능력을 향상시킨다.

전문 학술지의 경우에도 모든 문자자료와 마찬가지로 예측 가능한 패턴이 있지만, 그 패턴은 주제 영역마다 다를 수 있다. 연구자들은 학생들이 논문 읽는 법을 배우면 읽기 과제를 완수하는 능력과 논문 읽기에 대한 자신감이 증가한다는 것을 발견하였다(Sego & Stuart, 2015).

학술지 읽기 능력을 향상하는 가장 좋은 방법은 학술지가 어떤 패턴을 갖고 있는지 사서나 교수에게 물어보는 것이다. 또한 교수에게 학술지를 어떻게 읽는지 물어보아라. 특정 연구 결과를 탐색할 때, 많은 전문가들은 제목 → 초록 → 논의 → 방법 → 결과 → 결론 → 서론의 순서로 연구 논문을 읽는다. 개인마다 조금씩 다를 수 있지만, 재미나 일반적인 정보를 얻기 위해 연구 학술지를 읽지 않는 한 처음부터 끝까지 순서대로 학술지 논문을 읽는 전문가는 거의 없다.

운동경기에서의 패턴

하키에 대한 지식이 있다면 웨인 그레츠키(Wayne Gretzky)에 대해 들어 본 적이 있을 것이고 그가 역사상 가장 위대한 하키 선수 중 한 명이라는 것을 알 것이다. 하지만 많은 사람들이 선수의 위치와 스케이팅 방향에 기초해서 경기의 패턴을 보는 그의 비범한 능력을 알지 못한다.

그레츠키가 했던 다음의 발언은 경기가 어떻게 전개되는지 바라보는 그의 능력을 잘 요약해 준다. “우수한 하키 선수는 퍽이 있는 곳에서 경기하지만, 위대한 하키 선수는 퍽이 있을 곳에서 경기한다.” 시합 중 패턴을 파악하고 이해함으로써 그는 득점하거나 득점을 도울 수 있는 위치에 설 수 있었다. 운동경기의 패턴을 인식하는 것은 더 나은 선수가 되는 핵심 요소다. 농구 포인트 가드, 미식축구 쿼터백, 축구 포워드들은 조건-반응 훈련을 통해 발전하는데, 몇몇 선수들이 그 위치의 다른 선수들보다 훨씬 뛰어난 이유는 경기에서 패턴의 전개를 보는 능력 때문이다. 뛰어난 선수들은 자신의 팀 선수와 상대 선수의 움직임을 통해 공격 가능한 선수가 어디에 위치할지 알 수 있다. 이 선수들은 실시간으로 펼쳐지는 움직임에서 패턴을 인식하기 때문에 이렇게 할 수 있는 것이다.

코치들은 항상 패턴을 찾고, 경기에서 승리하기 위해 그 정보를 사용한다. 코치는 자기 팀 선수에게 상대 팀의 특정 선수가 항상 왼쪽으로 간다거나, 혹은 반대로 왼쪽으로는 안 간다는 등의 말을 한다. 우리는 이러한 유형의 패턴을 다른 사람의 플레이나 자신의 플레이에서 직접 찾아낼 수 있다. 이처럼 예측 가능한 패턴을 인식하면 모든 운동경기가 쉬워진다. 팀 동료의 패턴을 더 잘 알수록 경기 능력이 향상된다. 물론 이것은 쉬운 일은 아니지만, 패턴 인식은 기를 수 있는 기술이다. 다행인 것은 패턴 인식을 잘하게 되면 새로운 패턴을 발견하기가 점차 쉬워진다는 것이다. 그렇기에 프로 스포츠에서 코치와 선수들은 상대 팀의 연습을 주의 깊게 지켜보고, 상대편 경기 장면을 최대한 많이 보며, 무엇이 패턴으로 보이는지를 확인하기 위해 논의하는 데 많은 시간을 할 애한다. 코치들은 경기 중에도 경기의 패턴이 어떻게 전개되는지 주의 깊게 관찰한다. 이와 같은 패턴 인식 기술은 학습할 수 있으며 향상할 수 있다. 그것은 교실에서 볼 수 있는 것과 동일한 종류의 기술이라고 할 수 있으며, 이를 열심히 연마하면 더 나은 선수가 될 것이다.

요약

인간의 뇌는 패턴 탐색 장치로서 새로운 정보와 이미 알고 있는 것 간의 유사점 및 차이점을 탐색하여 개념과 아이디어를 사전 지식에 연결하려 한다. 학습에서 패턴이 갖는 힘을 인식하면 학생들은 듣고, 보고, 읽고 있는 것에 대한 이해도를 높이고 더 쉽고 빨리 정보를 회상할 수 있다. 이 장의 핵심 내용을 정리하면 다음과 같다.

① 인간의 뇌는 패턴을 다룰 수 있도록 진화했다.
② 패턴은 일상생활의 모든 곳에서 찾을 수 있다.
③ 정보에서 패턴을 인식하는 것은 이해 및 회상을 증진하는 데 필수적이다.
④ 가장 일반적인 패턴은 유사성과 차이, 근접성, 전경-배경, 인과관계, 자신만의 언어 등이다.
⑤ 학습하는 교과의 패턴을 알면 수업을 따라가기가 더 쉬워질 것이며, 이어질 내용을 예견함으로써 주의집중도 쉬워질 것이다. 또한 아이디어와 개념을 이미 알고 있는 것과 연결할 수 있는 능력도 향상될

것이다.

⑥ 교과서는 제목, 소제목, 단락의 패턴으로 구성되며, 단락은 요지, 주요 세부사항, 예시를 포함한다. 요지는 90% 이상 단락의 첫 문장에 나타난다. 이러한 정해진 패턴의 인식은 더 쉽고 빠르게 읽을 수 있도록 해 준다. 만약 학습할 내용이나 읽을 내용의 패턴을 잘 파악하기가 어렵다면 도움을 요청하라. 자료의 패턴을 알면 학습과 회상이 쉬워진다.

⑦ 패턴은 모든 스포츠에도 존재하는데, 이러한 패턴을 식별할 수 있다면 더 나은 운동선수가 될 수 있다.

비판적 사고 및 토론을 위한 질문

1. 존 레이티(John Ratey)는 그의 저서 『뇌, 1.4킬로그램의 사용법(원제: A User's Guide to the Brain: Perception, Attention, and the Four Theaters of the Brain)』(2001)에서 인간의 뇌를 패턴 탐색 장치로 묘사하였는데, 이것은 무슨 의미인가? 최근에 당신의 뇌가 패턴을 찾았던 예를 설명하라.

2. 왜 인간은 자동적으로 패턴을 찾는다고 생각하는가? 패턴을 찾는 것이 복잡성을 증가시키고 더 많은 것을 생각하게 만들지는 않는가? 다시 말해, 이러한 추가 작업이 우리 주변의 세상에 대한 처리 과정을 훨씬 더 어렵게 하지는 않는가?

3. 청킹의 예로 문자들을 인식하는 것과 관련된 예가 제시되었다. 우리가 영화를 보고, 책을 읽으며, 친구들과 대화하는 데 청킹은 어떻게 도움이 되는가? 청킹은 청킹할 정보에 대한 지식을 필요로 하는가 아니면 필요로 하지 않는가? 왜 그러한지 설명하라.

4. 인과관계를 나타내는 데 있어 근접성의 힘을 보여 주는 상황을 이 장에 제시된 것과는 다른 예를 통해 설명하라. 근접성에 기초한 인과관계는 언제 문제가 될 수 있을까?

5. 학습에 어려움을 겪고 있는 학생에게 수업 교재의 한 챕터를 읽는 데 도움을 주어야 한다면, 그 학생에게 어떤 조언을 할 것인가? 즉, 학술서적을 읽는 데 가장 효과적인 방법은 무엇이라고 생각하는가? 또한, 이 방법이 일상적인 소설 읽기와는 어떻게 다른가?

참고문헌

Alder, A. (2010). *Pattern making, pattern breaking: Using past experience and new behaviour in training, education and change management.* Burlington, VT: Ashgate.

Atherton, J. S. (2011). *Learning and teaching: Assimilation and accommodation.* Retrieved from https://web.archive.org/web/20120211191819/http://www.learningandteaching.info/learning/experience.htm

Brainy Quotes. (n.d.). *Wayne Gretzky quotes.* Retrieved from https://www.brainyquote.com/quotes/wayne_gretzky_383282

de Groot, A. D. (1965). *Thought and choice in chess.* Amsterdam, Netherlands: Noord-Hollandsche Uitgeversmaatschappij.

Dictionary.com (n.d.). *Epiphany.* Retrieved from http://www.dictionary.com/browse/ epiphany?s=t

Dresp-Langley, B. (2015). Principles of perceptual grouping: Implications for image-guided surgery. *Frontiers in Psychology, 6,* 1565.

Dunlosky, J., Rawson, K. A., Marsh, E. J., Nathan, M. J., & Willingham, D. T. (2013). Improving students' learning with effective learning techniques: Promising directions fromom cognitive and educational psychology. *Psychology in the Public Interest, 14*(1), 4–58.

Ewell, P. T. (1997). *Organizing for learning: A point of entry* (Draft prepared for the AAHE Summer Academy at Snowbird, Utah, National Center for Higher Education Management Systems). Retrieved from http://www.intime.uni.edu/model/learning/learn_summary.html

Gobet, F., & Clarkson, G. (2004). Chunks in memory: Evidence for the magical number four ... or is it two? *Memory, 12*(6), 732–747.

Koffka, K. (1935). *Principles of Gestalt psychology.* New York, NY: Harcourt

Brace.

Miller, G. A. (1956). The magical number seven, plus or minus two: Some limits on our capacity for processing information. *Psychological Review, 63*(2), 81–97.

Peckham, C., Jeffries, D., Quinn, T., Newell, M. L., & Slowik, G. (2013). What is AIDS? *AIDS and Women*. Retrieved from http://ehealthmd.com/library/ aidswomen/AID_whatis.html

Ratey, J. (2001). *A user's guide to the brain.* New York, NY: Pantheon. 김소희 역 (2010). **뇌, 1.4킬로그램의 사용법**. 경기: 21세기북스.

Sego, S. A., & Stuart, A. E. (2015). Learning to read empirical articles in general psychology. *Teaching of Psychology, 43*(1), 38–42.

Whitson, J. A., & Galinsky, A. (2008, October 3). Lacking control increases illusory pattern perception. *Science, 322*(5898), 115–117.

제6장 기억

라디오에서 흘러나오는 노래를 따라 부를 때, 가사를 어떻게 알게 되었는지 생각해 본 적이 있는가? 그 가사를 자세히 연습하거나 가사가 적힌 카드를 만들어서 친구에게 퀴즈를 내 달라고 했는가? 또는 가사를 외웠는지 확인하기 위해 부모님이나 선생님이 낸 시험을 치른 적이 있는가? 아마도 여러분이 이런 전통적인 학습 방법들로 가사를 외웠을 것 같지는 않다. 평소에는 생각조차 하지 않고 심지어 싫어한다고 공언했던 노래일지라도, 어느 날 그 노래를 따라 부르는 자신을 깨닫는 순간이 있다. 당신은 가사를 외우고 있다는 사실조차 깨닫지 못한 채 노래를 알게 되었고 그것을 기억했다.

보통 새로운 것을 학습할 때는 그 내용에 흥미를 갖고, 그것의 가치에 대해 생각하며, 주의를 기울이고, 이미 알고 있는 것과 관련짓거나, 많이 연습하는 게 도움이 된다. 뇌는 중요한 것을 더 쉽게 학습할 수 있도록 배선[1]되어 있는데, 대부분 중요한 것은 흥미롭고 가치 있으며 이

1) 배선(wiring): 두뇌 신경세포 간 연결망의 형성.

미 알던 내용과 연결되고 반복되는 것이다. 그러면 우리는 우리가 학습하고자 하지 않았던 노래들을 어떻게 학습하게 되는 걸까? 답은 간단하다. 바로 반복이다. 반복은 학습을 위한 가장 효율적인 방법은 아니지만 확실히 효과가 있다. 당신은 그 노래를 듣고, 듣고, 또 들었다. 만약 당신이 노래를 계속 반복해서 여러 번 들었다면, 그것은 노래를 단순히 학습한 것이 아니다. 당신은 노래를 과잉학습한 것이다. 과잉학습은 어떤 내용을 학습한 후 그 내용에 계속 노출될 때 일어난다. 심리학자 헤르만 에빙하우스(Hermann Ebbinghaus)는 1800년대 초반 심리학의 초창기부터 연구되어 온 망각 감소에 있어 과잉학습이 미치는 영향에 대해 연구했다. 이 중요한 개념은 100년도 더 지난 21세기에도 여전히 연구되고 있다(Rohrer, Taylor, Pashler, Wixted, & Cepeda, 2004). 핵심은 학습이 반복을 통해 이루어질 수 있으며, 때로는 배우는 것만으로 충분하지 않다는 것이다. 정말 중요한 정보라면 그 내용을 반복해서 익히는 것이 필요하다.

반복은 중요하다. 라디오에서 흘러나오는 노래를 따라 부르면서 여러분은 기억에서 정보를 인출하는 과정을 반복하고 있었던 것이다. 뇌는 우리가 많이 하는 일을 더 잘하도록 설계되어 있고, 여기에는 기억에서 어떤 것들을 회상하는 것도 포함된다. 학교에서 알아야 할 내용을 기억하기 위해서는 학습 내용에 반복적으로 노출되고 그것을 활용할 필요가 있다. 이를 통해 기억뿐만 아니라 기억 회복을 위한 단서가 강화되어 일주일 후 단원 시험이나 몇 달 후 기말고사에서 또는 몇 년 후 직장에서 여러분은 필요할 때 그 정보를 사용할 수 있게 된다.

학습의 또 다른 중요한 측면은 새로운 내용을 장기간에 걸쳐 연습하는 것이다. 시험 전날 밤에 벼락치기하는 것보다 학습 기간을 길게 잡는 것이 더 낫다는 사실을 여러 번 들어봤을 것이다(이 책의 앞 부분에서도 얘기하였다). 시험을 위한 벼락치기는 집중연습(massed practice)으로 설명된다. 대조적으로 분산연습(distributed practice)은 며칠, 몇 주, 심지어는 몇 달과 같이 긴 기간에 걸쳐 내용을 반복적으로 공부하고 연습하는 것이다. 예를 들자면, 일주일 동안 매일 30분씩 단어를 연습하는 것은 분산연습이고, 한 번에 2시간 내리 몰아서 공부하는 것은 집중연습이다.

비록 분산연습이 더 낫다는 것을 알고 있지만, 대부분의 사람들은 시험을 준비하기 위해 벼락치기를 한다(Blasiman, Dunlosky, & Rawson, 2017). 여러분이 이 대부분의 사람에 속한다면 시험이 끝난 직후나 시험 보는 도중에 공부했던 내용을 까먹는 느낌을 잘 알 것이다. 벼락치기로 공부한 내용을 더 쉽게 잊어버리는 이유는 인출단서가 잘 확립되지 않았기 때문이다. 여러분은 뇌가 그 내용의 중요성을 인식할 정도로 충분히 연습하지 않은 것이다. 이것은 연구자들이 반복적으로 증명한 내용으로, 벼락치기로 공부한 학생들이 단원평가에서는 우수한 성적을 내지만 종합적인 기말시험에서 성적이 저조한 까닭을 설명한다. 집중연습과 분산연습은 각각 다른 개념이다. 비록 집중연습이 퀴즈나 단원평가를 통과하는 데 도움이 될 수는 있겠지만, 뇌는 그 정보에 대한 장기기억을 형성하지 못할 것이다.

예를 들어, 뇌가 생물학 수업에서 유사분열의 개념에 노출될 때마다 유사분열에 대한 기억은 강화된다. 당신이 누군가에게 유사분열 개념을 설명하는 것과 같이 기억을 인출할 때마다 기억은 더욱 강화되고 쉽게 이용할 수 있게 된다. 특히 오랜 시간에 걸쳐 기억에서 많이 인출될수록 그것은 장기기억 속에 깊이 뿌리를 내리고 필요할 때 더 쉽게 떠올릴 수 있을 것이다. 놀랍게도 반복을 통해 기억하는 과정은 우리가 자각하지 못하는 사이에 항상 일어나는 자연스러운 과정이다. 이 원리는 여러분이 학교 캠퍼스 길을 익히도록 하고, 소셜미디어 피드를 통해 검색하는 방법을 알게 하며, 심지어 좋아하지 않던 노래까지 따라 부를 수 있게 해 준다. 여러분이 어떤 행동을 충분히 반복한다면 그것은 강한 기억이 될 것이다.

기억과 수면

대부분의 연구자들은 뇌가 기억을 어떻게 형성하는지에 대한 수수께끼 중 하나를 해결했다는 데 동의한다. 2016년, 연구자들은 기억을 형성하는 중요한 방법 중 하나가 수면 중에 일어난다는 것을 알아냈다. 자는 동안 기억 공고화(memory consolidation)는 당일 새롭게 학습한 내용으로부터 생겨난 불안정한 기억흔적을 강화하는 새로운 단백질이 생성됨으로써 일어난다(Levy, Levitan, & Susswein, 2016). 만약 불안정한 기억흔적이 공고화되기 전에 방해받는다면 학습은 일어나지 않는다. 활발하게 활동하는 낮 시간 동안, 기억흔적이 공고화되기 전에 또 다른 새로운 정보나 경험을 접하는 것과 같은 부가적인 학습은 기억의 공고화 과정을 방해할 수 있다.

이것이 바로 연구자들이 수업을 연달아 수강하지 말라고 제안하는 이유다. 수업이 끝나고 쉬는 것은 뇌가 새로이 학습한 내용을 공고화할 수 있는 시간을 준다. 방해가 일어나지 않는 시간은 바로 당신이 잠들어 있을 때이다. 이는 숙면이 학습 과정에서 중요한 이유를 설명해 준다. 잠자는 시간은 낮에 배운 정보를 공고화하는 데 매우 중요하다. 수면 부족이 개인에게 얼마나 나쁜지 그리고 얼마나 자주 일어나는지조차 깨닫지 못하는 것은 참 놀랍다. 간단한 실험을 해 보자. 잠을 거의 못 잤거나 푹 자지 못해서 아침에 여전히 피곤할 때, 전날 배운 것을 얼마나 기억해 낼 수 있는지 한번 알아보자. 피곤한 날에 회상한 내용과 숙면 후 회상한 내용을 비교해 보자. 만약 당신의 실험 결과가 최근 연구와 비슷하다면, 수면을 박탈당했을 때보다 푹 잤을 때 새로운 정보를 훨씬 더 많이 기억한다는 것을 알 수 있을 것이다. 이 차이에 주의를 기울이는 것은 언제 잠자고 어떻게 양질의 수면을 취할 수 있을지 결정하는 데 도움이 될 것이다. 많은 학생들이 너무 바빠서 충분히 잠을 잘 시간이 없다고 말한다. 여기서 그들이 간과하는 것은 수면이 부족하면 뇌가 새롭게 학습한 내용을 잘 저장할 수 없기 때문에 더 많은 시간을 공부해야 한다는 것이다. 이것은 악순환이다.

당신이 잠든 사이 새로운 학습에는 어떤 일이 일어나는가

잠에 대해 제2장에서 언급한 것처럼, SWR파(Sharp Wave Ripples)는 기억을 공고화하고 그 새로운 정보를 신피질에 저장시키는 역할을 한다(Buzsáki, Girardeau, Benchenane, Wiener, & Zugaro, 2009). 신피질에 저장된 정보는 더 안정적이며, 연습하면 장기기억이 될 가능성이 크다.

부즈사키와 동료들은 주로 수면 중에 이러한 정보 이동이 발생한다는 것을 발견했다(Buzsáki et al., 2009).

제임스 마스와 레베카 로빈스는 수면이 기억에 큰 영향을 미친다고 말한다(Maas & Robbins, 2011). 연구에 따르면 5.5~7.5시간 또는 7~9시간의 수면 시간 중 마지막 2시간은 뇌에서 기억을 안정화하는 데 매우 중요하다. 렘수면 단계에서 뇌는 당일의 경험들을 재생하고, 이 반복은 일화기억들이 안정화되도록 돕는다.

다음 날 학습을 위한 준비

학습한 내용의 공고화뿐만 아니라, 잠은 다음 날 새롭게 학습할 수 있도록 뇌의 공간을 정리한다. 제2장에서 말했듯이, 자는 동안 발생하는 수면방추파(sleep spindles)는 뇌의 핵심 영역을 네트워크로 연결하여 학습 경로를 확보한다(Walker, 2005). 이러한 전기적 자극은 제한된 저장 공간을 가진 해마(hippocampus)로부터 무제한 '하드 드라이브'인 전전두엽 피질(prefrontal cortex)로 기억을 이동시킴으로써 해마가 새로운 학습을 받아들일 수 있도록 비운다.

매튜 워커(Matthew Walker)는 수면이야말로 뇌가 학습할 수 있도록 준비시키는 데 있어서 핵심이 된다고 말한다("Naps Clear the Mind", 2010). 캘리포니아 버클리 대학교의 심리학과 연구원이자 수면방추파 연구의 주 저자인 브라이스 맨더(Bryce Mander)는 "수면방추파가 많이 발생하는 수면은 한밤중에 일어난다. 따라서 당신의 수면 시간이 6시간 이하라면 당신은 스스로를 혹사시키는 것이며 학습에도 어려움을 겪을 것이다."라고 말한다(University of California-Berkeley, 2011). 또한 맨더는 "이 발견은 학습 후 배운 것을 공고하게 만들기 위해서만이 아니라 학습 전에도 수면이 필요함을 나타낸다. 그래야만 우리는 재충전하고 다음 날 새로운 정보를 받아들일 수 있다."(Anwar, 2011)고 말한다.

기억과 교실 및 온라인에서의 학습행동

학습행동(learning behavior)이란 여러분이 학습을 해 나가는 방식을 의미한다. 주요 연구에 의하면 학습행동은 새롭게 학습한 내용을 최종적으로 얼마나 잘 기억하는지와 관련이 깊다. 알고 있던 내용에 새로운 정보를 정교하게 연결할수록 그 기억은 더 강화된다. 새로운 것을 학습할 때 여러분은 정보들을 최대한 정교하게 만들고 싶을 것이다. 이러한 정교화는 새로운 정보에 대해 세심한 주의를 기울이고, 많은 감각을 사용하며, 정서와 연합시킴으로써 가능해진다(Squire & Kandel, 2000).

새로운 정보를 처음에 어떻게 받아들이느냐는 기억에 있어 매우 중요하다. 왜냐하면 새로운 학습을 처리하는 데 사용되는 신경 경로와 뇌가 새로운 정보를 저장하는 데 사용하는 경로가 같기 때문이다(Squire & Kandel, 2000). 따라서 학습의 초기 순간은 배운 내용을 회상하는 데 중요하다. 스콰이어와 캔델은 2000년에 출간한 『기억의 비밀(원제: Memory-From Mind to Molecules)』에서 새로운 내용을 학습하는 데 있어 초기 부호화의 질은 이후 학습 성공을 예측하는 데 있어 가장 중요한 변수라고 말한다. 그래서 수업에 주의를 기울이는 것은 기억 형성과 회상에 절대적으로 중요하다.

학습이 기억에 미치는 영향

학습한 내용의 회상과 관련된 또 다른 중요한 요인은 우리가 배웠던 물리적인 환경이 나중에 그 내용을 회상해 내는 단서임을 인식하는 것이다. 학습과 기억을 연구하는 연구자들은 이것을 맥락의존기억(context-dependent memory)이라고 부른다. 새로운 학습이 일어났던 순간의 환경과 조건에 가까울수록 우리는 더 쉽게 기억할 수 있다(Grant et al., 1998). 시험공부를 하기에 최고인 장소는 실제 시험을 치를 장소이다. 하지만 이것은 쉽지 않기 때문에 주어진 과목을 매번 같은 장소에서 공부하는 것이 좋은 대안이 될 수 있다. 여기서 같은 장소란 도서관이나 캠퍼스 내 같은 장소 또는 가정 내 특정 장소가 될 수 있다. 물리적으로 같은 장소에 있는 것은 실제로 그곳에서 학습한 정보를 회상하는 데 도움이 될 수 있다.

뇌는 우리가 중요하다고 생각하는 것을 기억한다

뇌는 중요하다고 인식한 정보를 기억할 것이다. 때때로 뇌는 무엇이 중요한지 결정해야 한다. 삶에서 중요한 것이 무엇일지 생각해 보자. 우리가 반복해서 말하고 행하는 것은 중요하다. 그것이 중요하지 않다면 그 일들을 반복하면서 시간과 에너지를 낭비하지 않을 것이다. 생존과 관련된 정보는 중요한데, 예를 들어 우리는 사랑하는 사람의 생존과 직결된 "오늘 약 챙겨 먹었어?"와 같은 질문을 반복한다. 이것은 친구나 가족에 관한 정보만큼이나 중요하다. 또한 우리가 흥분한 상태에서 처리한 정보를 뇌는 중요하다고 판단하는 경향이 있다. 그 정보가 흥미진진하다면 그것은 틀림없이 여러분에게 중요할 것이다. 이 때문에 누군가는 몇 년 후에도 농구 챔피언십 경기의 결승골을 기억한다.

앞선 내용에 기초하여, 수업시간에 읽는 자료가 지루하거나 중요하지 않다고 여긴다면 어떤 영향이 있을지 생각해 보자. 여러분이 무언가를 배우거나 기억하려 할 때, 그것이 중요하지 않다고 여긴다면 그 자료를 기억하거나 학습할 가능성은 훨씬 낮아진다. 뇌의 관점에서 생각해 보면, 뇌는 '왜 중요하지도 않은 것을 기억하기 위해 소중한 자원을 사용해야 하지?'라고 되물을 것이다.

또한 잠들기 직전에 학습하거나 처리한 것은 기억할 가능성이 높은데 그 이유는 두 가지다. 첫째, 잠들기 전에 학습한 자료는 머릿속에 생생하게 남아 있고, 다른 정보에 의해 대체되거나 간섭받지 않는다. 2012년 제시카 페인(Jessica Payne)과 동료들의 연구에서는 새로운 것을 공부하고 바로 자면 그 내용을 더 잘 기억한다는 것을 발견했다(Payne et al., 2012). 둘째, 정말 중요하기 때문에 잠자러 가기 전에 살면서 자주 했던 일들을 생각해 보라. 문을 잠그고, 애완동물이 안에 있는지 확인하고, 내일 처리할 일 목록을 작성하고, 가족에게 잘 자라고 말한다. 많은 사람들은 자기 직전에 하는 일들이 중요하다는 것을 뇌가 인식할 수 있도록 단련시킨다. 여러분이 완전히 지치거나 취하지 않았다면, 잠들기 전 20분은 중요한 정보를 마지막으로 복습할 수 있는 황금 시간이다.

수업 연달아 듣기와 기억

수면이 공고화를 위해 중요하긴 하지만, 이 시간만이 뇌가 정보 간 연결을 강화하는 유일한 때는 아니다. 뉴욕 대학교(New York University) 심리학과 및 신경과학센터 연구원인 탐비니와 케츠, 그리고 다바치는 새로운 학습 중에 활성화된 뇌 영역은 학습이 끝난 후에도 최대 1시간 동안 그 상태를 유지함을 발견했다(Tambini, Ketz, & Davachi, 2010). 이 결과는 새롭게 학습한 내용을 기억하는 데 있어 학습 후 휴식의 중요성을 보여 준다. 학습을 처리하고 중요한 연결을 만들어 내며, 방금 학습한 정보에 대한 단서를 강화하기 위해 뇌는 추가적인 시간이 필요하다. 그러므로 새롭게 학습한 후에는 다른 정보를 추가로 배우는 것보다 휴식을 취하는 것이 도움이 된다. 연구에 따르면 학습 후 휴식을 취했던 사람들이 새로운 정보를 더 잘 회상하는 것으로 나타났다(Schlichting & Preston, 2014).

과잉학습과 회상

이 장의 서론에서 언급했듯이 배우는 것만으로는 충분하지 않다. 이미 아는 내용을 계속해서 학습하고 배우는 것을 과잉학습(overlearning)이라고 한다. 과잉학습은 스트레스 상황에서 회상될 필요가 있는 정보나 앞으로 오랫동안 기억해야 할 정보를 학습하는 데 있어 중요하다. 브라운 대학교(Brown University)의 인지, 언어 및 심리과학 교수인 타케오 와타나베(Takeo Watanabe)와 동료들에 따르면, 과잉학습은 새로운 학습이나 다른 방해요소의 간섭으로부터 뇌가 해당 정보를 잘 기억해 낼 수 있도록 보호한다(Shibata et al., 2017). 과잉학습은 실제로 학습한 내용이 기억에 공고히 남도록 돕는다.

과잉학습의 부정적 측면도 있다. 과잉학습은 매우 효과적이어서 어떤 과제를 과잉학습하면 또 다른 과제를 학습하기 어렵게 만든다. 이는 마치 먼저 학습했던 내용을 유지하기 위해 뇌에 자물쇠를 채운 것과 같다. 이러한 뇌의 잠금 상태는 몇 시간 정도 지속된다. 연구자들이 발견한 근본적인 메커니즘은 학습이 발생한 뇌 영역에서 신경 유연성 또는 '가소성(plasticity)'을 제어하는 두 가지 신경전달물질의 균형에 있어서 일시적인 변화이다. "이 결과는 학습 직후 불안정한 상태가 짧은 기간의 과잉학습만으로도 고도로 안정화됨으로써 새로운 학습에 저항적이게 되고 심지어 방해가 될 수 있음을 시사한다."(Shibata et al., 2017).

이 연구는 과잉학습이 우리가 알아야 하고 회상할 필요가 있는 정보를 잘 기억하도록 하는 좋은 방법이 될 수 있음을 보여 준다. 또한 학습 도구로써 과잉학습을 사용하기로 했다면 과잉학습 활동과 새로운 내용을 학습하는 사이에 몇 시간의 휴식이 필요함을 제안한다.

벼락치기, 학습, 그리고 분산연습

선행 연구에 따르면 시험을 위한 벼락치기(cramming)로는 그 시험에서 좋은 성적을 받을 수 있다(Wheeler, Ewers, & Buonanno, 2003). 한 번에 몰아서 장시간 집중적으로 공부하면 뇌가 많은 정보를 짧은 기간 동안 기억하도록 할 수 있다. 여기서 핵심은 공부한 내용을 기억하는 기간이 '짧은 기간(일반적으로 18~36시간)'이라는 점이다. 불행히도 벼락치기는 많은 노력이 필요하지만, 학습의 이점을 오랫동안 지속시키지 못한다. 벼락치기 관련 연구에 의하면 벼락치기 후 하루이틀 만에 우리는 공부한 내용의 많은 부분을 기억하지 못한다. 아마도 공부한 내용의 75%를 일주일 이내에 잊어버릴 것이다(Krishnan, 2013). 이렇게 빨리 잊어버리는 이유는 공부한 내용을 장기기억으로 형성하지 못했기 때문이다. 학습한 정보가 장기기억으로 남게 하려면 장기간에 걸쳐서 여러 번 연습해야 한다. 장기간에 걸쳐서 학습하는 것을 분산연습(distributed practice)이라고 한다. 벼락치기는 학습시간 자체가 너무 짧아 오래 지속될 기억을 형성하지 못하므로 장기적인 학습을 만들지 못한다.

또한 벼락치기 학습은 지금 학습하는 정보가 중요하지 않다는 신호를 뇌에 보낸다. 벼락치기로 준비한 시험이 끝난 후 사람들은 보통 너무 지쳐서 "아 시험이 끝나서 너무 좋다."라고 느낀다. 이 느낌은 벼락치기한 내용이 더는 필요하지 않고 수면 중에 제거해도 된다는 신호를 뇌에 전달한다. 낮에 있었던 일의 대부분은 자는 동안 제거되는데 점심 메뉴, 도서관에서 주차했던 위치, 신호에 걸렸을 때 옆에 멈춘 차 색깔 등과 같이 불필요한 정보를 뇌는 매우 효율적으로 제거한다. 오늘 단 몇 분 동안 여러분이 마주했던 일 중에서 내일이면 지워질 일들이 얼마나 많을지 생각해 보라. 다시 말하자면 중요한 것은 벼락치기해서 시험에 '쏟아 부었던' 내용들을 제거해도 된다는 메시지를 뇌에게 보내지 않는 것이다. 물론 벼락치기는 전형적으로 피로를 유발하는데 이처럼 피곤한 상태에서 학습하는 어려움에 대해서는 앞서 언급하였다. 종합하자면 많은 요소들이 벼락치기를 긍정적이고 장기적인 결과 없이 단기적인 해결책으로만 만든다. 연구자들은 "만약 학습이 당신의 목표라면 벼락치기는 비합리적인 행동이다."라고 말한다(Jang, Wixted, Pecher, Zeelenberg, & Huber, 2012).

내 경험을 예로 들어 설명하자면, 나(테리 도일)는 학부 때 스페인어 수업을 2년간 들었고 모든 강좌에서 A를 받았다. 그리고 대학 졸업 후에는 1년간 스페인어를 사용하는 국가에서 살기도 하였다. 하지만 현재 내가 아는 스페인어는 단어 30개 정도뿐이다. 왜일까? 그건 바로 내가 스페인어 시험을 위해 벼락치기를 했고 해외에서는 할 수 있는 한 영어를 사용하는 사람을 찾아 소통했기 때문이다. 나는 스페인어를 공부하면서 분산연습을 하지 않았고, 공부에 투자한 모든 시간과 돈, 그리고 벼락치기를 통해 30단어밖에 얻지 못했다. 나중에도 사용할 수 있는 어떤 것을 배우고 싶다면 벼락치기는 도움이 되지 않는다.

효율적인 분산연습: 매일 복습하기

분산연습의 좋은 예는 매일 복습하거나 수업 내용을 회상해 보는 것이다. 노래 가사를 외웠던 예처럼 매일 짧은 시간이라도 배우려는 내용을 기억에서 인출한다면, 뇌는 점차 정보에 쉽게 접근할 수 있는 경로를 형성할 것이다.

학습과 기억은 학습된 정보 자체와 그 정보를 찾기 위한 인출단서(retrieval cue)라는 두 가지 핵심 요소를 가지고 있다. 다음과 같이 생각해 보자. 도서관에 있는 많은 책 중에서 특정한 주제에 관한 특정한 책을 찾기 위해서는 해당 도서의 청구기호를 찾은 다음 그 책이 놓인 곳으로 간다. 만약 그 책이 잘못 꽂혀 있거나 없을 경우 또는 책 찾는 방법을 모른다면 여러분은 그 책을 찾을 수 없을 것이다. 도서관에서 책 찾기는 특정한 기억에 도달하기 위해 인출단서를 사용하는 것과 비슷하다. 연구자들은 우리가 기억하기 위해서는 기억 자체(책)와 인출단서(청구기호)가 필요하다는 사실을 발견했다.

기억과 인출단서를 강화할 수 있는 최선의 방법은 적어도 몇 주 동안 정기적으로 내용을 복습하는 것이다. 효율적으로 공부하기 위해서 그저 자료를 살펴보거나 수동적으로 읽기만 하지 마라. 대신 그 자료를 회상하기 위해 노력하라. 기억을 증진시킬 수 있는 최고의 기억 전략은 외현적인 행동들이다. 즉, 조용히 혼잣말하기보다는 공부한 내용을 소리 내어 말하거나 종이에 적는 것이 회상을 훨씬 더 향상시킨다(Tauber et al., 2017). 기억이 회상될 때마다 그 기억과 단서는 모두 강화되고, 뇌는 원하는 정보에 빠르게 접근할 수 있다. 노래를 계속 따라 부르면서 배운 것처럼 이 같은 반복 과정을 통해서 우리는 어떤 수업 내용이라도 학습할 수 있다.

읽기(정보입력)는 인출 과정을 통해 정보를 사용하는 것과는 매우 다르다는 것을 명심하라. 이 때문에 단순히 교재를 여러 번 읽기만 하는 것은 기억 과정을 견고히 하는 데 덜 효과적이다(Dunlosky, Rawson, Marsh, Mitchell, & Willingham, 2013).

기억을 증진하는 방법

인간의 기억에 관한 연구들은 우리에게 기억을 향상시키고 회상을 더 쉽게 하며 오래 지속시키는 것으로 검증된 여러 가지 방법을 알려준다.

친숙도

많이 알고 있는 것일수록 기억하기가 더 쉽다. 야구처럼 여러분이 잘 아는 주제라면 이 주제와 관련된 새로운 내용을 배우는 것은 정말 쉽다. 캘리포니아 대학교 리버사이드 캠퍼스(University of California-Riverside) 심리학과 교수인 위위 장(Weiwei Zhang)과 공동연구자 위진 사(Weizhen Xie)는 사람들이 친숙한 주제를 접했을 때 어떻게 배우고 기억하는지 연구하였다(Xie & Zhang, 2016). 연구 결과, 친숙한 주제일수록 사람들은 이와 관련된 새로운 정보를 더 빠르게 그리고 더 잘 기억했다. 위위 장은 "이러한 결과는 장기기억, 특히 친숙도(familiarity)가 높은 기억이 작업기억 용량을 확장시킬 수 있음을 시사하며, 이는 '연습이 완벽을 만든다.'의 또 다른 예이다."라고 말했다. 또한 그는 다음과 같이 말했다.

> 이 연구 결과는 교육 현장에서 더 큰 의미를 지닐 수 있습니다. 예를 들어, MCAT[2]이나 SAT[3]를 위한 시험 대비 강좌는 학생들이 시험 절차나 시험

2) MCAT(Medical College Admission Test): 미국의 의과대학원 입학자격시험.
3) SAT(Scholastic Aptitude Test): 미국의 대학수학능력시험.

에 출제되는 주제 영역에 대해 친숙해지도록 하지요. 결과적으로 이를 통해 학생들은 시험을 치를 때 시험 문제에 대한 작업기억이 향상되어서 더 나은 성적을 거둘 수 있게 됩니다(Sherkat, 2016).

운동

최근 연구들에 의하면 운동은 단기기억을 크게 향상시키는 것으로 나타났다. 영국 에지힐 대학교(Edge Hill University)의 데이비드 머천트(David Marchant) 교수는 "격렬하고 짧은 유산소 운동이 단기기억을 향상시킨다."라고 말했다(British Psychological Society, 2016). 연구 결과, 학습 전 운동은 즉시회상(immediate recall)에 도움이 되었다. 그러나 새롭게 학습하고 기다렸다가 단어를 회상해야 했을 때(지연회상, delayed recall)에는 학습 후에 운동한 경우 가장 많이 회상하였다. 머천트 교수는 "이러한 결과는 신체적 각성이 기억력을 향상시키고 운동이 학습에 도움이 된다는 의견과 일치한다."고 하였다.

흥미

2012년 캔자스 주립 대학교(Kansas State University) 리처드 해리스(Richard Harris)는 사람 이름을 기억하는 데 있어서 타고난 성향보다는 상대방에 대한 흥미(interest) 수준이 더 중요하다는 것을 확인하였다(Kansas State University, 2012). 만약 여러분이 누군가를 만났는데 그 사람의 이야기나 어떤 점이 마음에 든다면 그 사람의 이름을 기억할 가능성이 훨씬 높다. 이것으로 유독 이름을 잘 기억하는 사람들이 있는 까닭을 설명할 수 있다. 이들의 뇌가 이름을 잘 기억할 수 있도록 배선되어 있다기보다는, 단지 사회성이 높고 다른 사람에게 흥미를 가지며 그리고 아마도 다른 사람들과의 관계에 대한 흥미가 크기 때문일 것이다.

해리스는 "대부분의 사람은 무언가에 대해 아주 좋은 기억력을 가지고 있다."라고 말한다. 좋은 기억력의 핵심은 정보에 갖는 흥미 수준이다. 어떤 주제에 대해 이미 흥미가 많거나 또는 흥미를 더 유발할수록 이와 관련된 새로운 정보를 더 학습할 가능성이 커진다. 여러분이 좋아하는 주제의 글을 읽고 있다면, 자신이 기억을 활용하고 있다는 것을 전혀 느끼지 못할 것이다. 이 때문에 우리는 좋아하는 것은 배우기 쉽고 싫어하는 것은 배우기 어렵다고 느낀다. 여러분이 싫어하는 과목에서 좋아하는 것을 찾는 것은 결과적으로 학습과 기억력을 향상시킬 것이다. 수업이 지루하거나 어렵다고 여길 때, 실제로 그 내용은 배우기가 더 어려워진다.

정교화

하버드 대학교(Harvard University) 심리학부 전 학장인 대니얼 섹터(Daniel Schacter)는 2001년에 『기억의 일곱 가지 죄악: 마음이 어떻게 잊고 기억하는가(원제: The Seven Sins of Memory: How the Mind Forgets and Remembers)』라는 책을 출간하였다. 그는 자신의 저서에서 우리가 좋든 싫든 무언가를 기억하려면 기억할 것에 대한 정교화(elaboration)가 필요하다고 강조했다. 장식, 이야기, 보석 등을 더 정교하게 만들 수 있는 것처럼 정보 역시 더 정교하게 만들 수 있다. 이처럼 다양한 영역에서의 정교화는 더 강력한 임팩트를 줄 수 있다는 점에서 동일한 효과를 갖는다. 인간의 뇌는 약 860억 개의 뉴런을 가지고 있으며 각 뉴런은 최대 10,000개의 다른 뉴런과 연결되어 있다. 이것은 놀랍고 복잡한 연결 시스템이다. 무언가를 배울 때 형성되는 연결고리를 정교화라고 한다. 정보를 정교화하거나 연결하는 방법이 많을수록 이용 가능한 기억 경로는 더 많아진다. 예를 들어, 수업 노트를 다시 쓰면 촉각과 시각을 통해 기억 경로를 형성한다. 단어를 노래로 바꾸면 청각을 통해 기억 경로를 만든다. 향초를 태우며 수학을 공부하면 뇌는 촛불 냄새에 의해 촉발될 수 있는 기억을 형성한다. 한 어휘에 대해서 교과서적 정의와 자신의 언어로 만든 정의를 함께 공부하면 뇌는 두 가지 의미를 모두 저장한다. 우리가 정보를 활용하는 각각의 방법은 정보를 인출하기 위한 기억 경로를 형성하는 데 쓰인다. 기억 경로가 많을수록 필요할 때 내용을 회상할 가능성이 커진다.

다음은 정보를 정교화하기 위해서 활용할 수 있는 쉬운 방법들이다.

1. 문제 카드를 만들어 스스로 퀴즈를 내 보라.
2. 정보를 개념도에 그려 넣어라. 이것은 정보 간의 연결 및 관계를 보여 준다.
3. 정보를 재부호화하라. 즉, 자신만의 예를 사용하여 정보를 자신의 말로 정리하라. 이것은 뇌가 더 쉽게 이해하고 회상하도록 한다.
4. 다른 사람과 대면 또는 비대면으로 정보에 대해 논의하라.
5. 자료를 공부할 때 한 가지 이상의 감각을 사용하라. 각 감각 경로는 인출을 위한 기억 경로를 만든다.

6. 정보가 자신과 어떻게 관련되는지 생각해 보라. 이러한 정교화를 자기참조효과(self-reference effect)라고 하는데, 매우 효과적이다 (Symons & Johnson, 1997).
7. 정보를 노래로 만들어라. 인간의 뇌는 음악의 리듬과 패턴을 평생 들어왔기에 그것에 익숙하다.

이와 같은 간단한 전략들은 모두 여러분이 배우고 기억하려는 정보를 정교화하는 방법이다. 이 전략들은 정보에 대한 추가적인 기억 경로를 형성한다.

정서

나(테리 도일)는 가을 학기 수업 중 학생들에게 도로를 지나가는 자동차처럼 어떤 정서(emotion)도 일으키지 않을 만한 사진이나 굶주린 아기와 같이 매우 정서를 불러일으킬 만한 사진을 보여 주었다. 이 실험을 통해 나는 정서적 기억이 학습에 미치는 힘을 보여 주고 싶었다. 2년 뒤 나는 상급반 학생들에게 이 실험을 언급했는데, 학생 중 한 명이 손을 들고는 "굶고 있는 아기가 있었어요."라고 말했다. 딱 한 번 봤을 뿐인 사진을 그 학생은 2년이 지난 후에도 정확하게 떠올렸다. 이 예는 뇌가 중립적인 내용보다 정서적인 내용을 더 잘 기억한다는 것을 보여 준다(Perrin et al., 2012).

블룸과 빌 그리고 쿠퍼(Bloom, Beal, & Kupfer, 2003)의 연구에 의하면 정서적 각성은 뇌 활동을 조직하고 통합한다. 뇌의 깊숙한 곳에 있는 편도체는 주로 정서적 반응의 기억을 처리하는데, 편도체가 정서를 지각하면 기억을 형성하는 뇌 영역이 활성화된다(Gazaniga, Ivry, & Mangun, 2009). 모든 인간은 강렬한 정서적인 사건이나 문제들이 대체로 중요한 일이라는 것을 학습해 왔기에 이것은 의미가 있다. 학습자로서 새롭게 배운 내용을 개인화하거나 정서 기억과 연결하여 내용에 '정서'라는 옷을 입힌다면 여러분은 더 쉽게 기억할 수 있다.

기억을 방해하는 요인

연구자들은 기억을 향상시키는 방법을 찾아낸 것과 마찬가지로 기억의 형성과 회상을 방해하는 특정 행동을 확인했다. 효율적인 학습자가 되는 비결 중 하나는 이런 기억의 함정을 피하는 것이다.

멀티태스킹

현대인은 한 가지 일에서 다른 과제로 빠르게 전환하는 데 능숙하다. 아마도 여러분에게는 수학 과제를 하는 동안 음악을 듣거나 문자를 보내는 게 전혀 문제가 되지 않을 수 있다. 심지어 동시에 TV를 켜 놓을 수도 있다. 요즘 대학생들은 기성세대보다 작업을 빨리 전환하는 데 더 능숙하다. 그러나 한 가지 과제에서 다른 과제로 바꾸는 것(과제전환, task shifting)은 동시에 두 가지 과제를 하는 것(멀티태스킹, multitasking)과는 큰 차이가 있다. 수업시간에 강의를 들으며 친구에게 문자를 보내는 것과 같이 생각이 필요한 일을 하면서 과제를 전환할 때, 뇌는 주의를 이동시키기 위해서 다음의 단계들을 거친다. ① 전환경보: 뇌는 당신이 곧 주의를 전환하려고 한다는 것을 인식한다. ② 과제 1에 대한 명령 활성화: 뇌는 현재 과제를 종료할 것임을 인식한다. ③ 이탈: 뇌는 현재 과제를 종료한다. ④ 과제 2에 대한 명령 활성화: 뇌는 새로운 과제에 주의를 기울인다(Medina, 2008). 이런 과정은 생각이 필요한 하나의 과제에서 또 다른 과제로 전환할 때마다 반복되는데, 결코 더 빨라지거나 효율적으로 일어나지 않는다. 한 번에 두 가지 일을 할 수도 있겠지만, 인지적으로 까다롭거나 사고가 필요한 두 가지 일을 동시에 처리하는 것은 불가능하다. 사고를 필요로 하는 두 과제를 동시에 하려는 것은 마치 두 사람이 동시에 말하는 것을 듣는 것과 같다. 이 같은 상황에서 뇌는 어떤 작업을 수행하기에 앞서 다른 작업을 멈춰야 하므로 두 가지 과제를 동시에 완수할 수 없다. 일반적으로 작업을 전환하면서 두 가지 일을 동시에 하게 되면 실수는 50% 더 증가하고, 필요한 시간 역시 최소한 50% 증가한다(Medina, 2008). 즉, 과제전환은 수행의 질을 저하시키고 더 많은 시간을 요구한다는 점에서 승자 없는 게임이라 할 수 있다.

멀티태스킹은 과학자들이 말하는 양질의 기억형성 원리와 상반된다(Foerde, Knowlton, & Poldrack, 2006). 뇌는 한 번에 하나의 과제에 집중할 때 최상의 상태를 유지한다. 주의를 집중하는 것은 효과적인 학습을 위해 매우 중요하다. 한 연구에 따르면, 뇌는 멀티태스킹을 할 수 있다고 우리를 속이려 하지만 실제 우리는 멀티태스킹을 할 수 없다(Dux, Ivanoff, Asplund, & Marois, 2006). 한 번에 한 가지 일에만 집중하면 여러분은 훨씬 더 짧은 시간에 각 과제를 능률적으로 처리할 수 있다.

망각의 이유

문자, 전화, 이메일, 블로그 게시물, 음악, 비디오 게임, 텔레비전, 거기에 수업에서 새롭게 학습한 내용까지. 특히 온종일 뇌가 끊임없이 이런 외부 자극들에 노출될 때 사람들은 많은 것들을 망각하게 된다. 인간의 뇌는 끊임없는 자극들을 처리할 수 있게 진화하지 않았다. 신경과학자 마크 베르만(Marc Berman)과 동료들의 연구에 의하면 끊임없는 자극(복잡한 도심 걷기, 이어폰으로 종일 음악 듣기, 계속되는 문자 메시지와 전화, 게임 등)은 뇌를 지치게 하고 학습과 기억력을 저하시킨다. 과부하 걸린 뇌는 어떤 것도 기억하기 어렵다(Berman, Jonides, & Kaplan, 2008). 또한 이들은 뇌가 지치면 사람들이 짜증을 경험한다고 보고했다. 이때는 20분 또는 90분의 낮잠을 자거나, 자극이 많지 않은 숲속에서의 조용한 산책(자극으로 가득 찬 도심은 안 된다), 잠시 누워 있거나 명상하는 것이 도움이 된다. 소진은 망각의 원인이 되지만, 최근에 배웠던 새로운 정보를 기억하지 못하게 하는 유일한 요인은 아니다. 섁터는 『기억의 일곱 가지 죄악: 마음이 어떻게 잊고 기억하는가』에서 망각의 세 가지 원인을 다음과 같이 말한다(Schacter, 2001).

1. 차단(blocking). 정보가 저장은 되지만 인출을 방해하는 요인 때문에 나중에 접근할 수 없다. 이것은 대개 불안에서 비롯되는데, 불안은 뇌의 경로 내에서 간섭을 유발하며 일시적인 정보 인출의 실패로 이어진다. 많은 학생들이 수업시간에 질문의 답변자로 지목당했을 때나 시험 불안으로 이런 현상을 경험한다. 이외에도 애인이 당신에게

첫 데이트에서 있었던 세세한 일을 기억하는지 물을 때도 경험할 수 있다.

2. 오귀인(misattribution). 기억은 틀린 상황이나 출처에 맞추어 꾸며지기도 한다. 다음 상황을 상상해 보자. 여러분은 동료 팻(Pat)과 함께 재개장한 식당을 방문하고, 예전에 이곳에서 함께 즐겼던 저녁 식사를 말한다. 하지만 전에 함께 식사한 사람은 팻(Pat)이 아니라 샘(Sam)이라는 사실을 알게 된 후에야 기억의 오귀인을 깨닫게 된다. 또한 같은 학기에 비슷한 내용의 수업을 2개 이상 수강할 때도 오귀인은 일어날 수 있다. 예를 들어, 생화학, 생물학, 물리학을 동시에 수강하면 뇌는 정보들의 출처가 어떤 과목인지 헷갈릴 수 있다. 이 효과를 줄이려면 다른 방이나 건물에서 또는 냄새가 다른 인쇄물로 각 과목을 공부해 보라. 그런 다음 시험을 볼 때 공부했던 곳을 생각하고 마음속에 이미지를 재현하거나 공부할 때 맡았던 그 냄새를 떠올려라.
3. 소멸(transience). 몇 년 전의 전화번호, 초등학교 때 알았던 사람들의 이름, 한동안 못 만났던 친척의 이름 등은 시간이 흐르면서 기억에서 사라진다. 강의를 들은 후 한 시간 이내에 수업 내용의 65%를 잊어버린다. 여러분도 경험했듯이 배웠어도 오랫동안 사용하지 않은 것은 잘 기억하지 못한다. 이러한 기억의 소멸을 줄이는 방법이 있다. 먼저 내용을 배울 때 더 많은 노력을 들여 처리하라. 과잉학습은 시간이 지남에 따라 망각되는 정보의 양을 크게 감소시킨다. 또 다른 방법은 정보를 주기적으로 인출하는 것이다. 정보를 회상할 때마다 망각 과정이 느려진다. 영구적인 기억을 형성하는 것은 사람들

이 생각하는 것보다 훨씬 더 많은 시간과 노력이 필요하다. 장기간에 걸쳐 정보를 충분히 연습(분산연습)하지 않는다면 뇌는 그 정보를 장기기억으로 만들지 않는다. 오랫동안 재학습되지 않은 정보를 뇌는 더 이상 필요하지 않다고 인식한다. 연습은 그 무엇으로도 대신할 수 없다. 망각을 피하기 위해서는 학습할 때도 연습이 필요하고, 이후 오랜 시간에 걸친 주기적인 연습이 필요하다.

카페인, 설탕, 기억

2개의 연구에서 카페인과 설탕이 각각 75mg씩 들어간 음료를 섭취한 참가자들은 유의미한 기분 변화 없이 주의력과 서술기억(declarative memory)이 향상되는 것으로 나타났다(Kennedy & Scholey, 2004). 그렇다. 설탕과 카페인은 학습과 기억에 도움이 될 수 있다. 물론 설탕과 카페인의 과다 섭취는 건강에 해롭다는 점을 유의해야 한다. 갈수록 다량의 카페인 섭취로 인해 발작을 겪는 사례가 늘고 있다(Morrison & Holland, 2016). 요점은 소량의 설탕과 카페인 섭취는 기억에 도움이 되지만, 사람에 따라 부정적인 결과를 초래할 수도 있다는 것이다. 무엇보다 카페인과 설탕으로 얻을 수 있는 이득은 유산소 운동으로도 얻을 수 있음을 상기할 필요가 있다. 유산소 운동은 건강에 좋을 뿐만 아니라 학습을 증진하는 데도 효과적이다(제3장 참조).

스트레스와 기억

오래전부터 과학자들은 주기적이고 장기적인 스트레스가 학습하고 기억하는 능력에 부정적인 영향을 끼친다는 것을 알고 있었다. 그런데 짧게 지속되는 사소한 스트레스 역시, 여러분의 학습과 기억을 방해한다는 사실이 최근에서야 밝혀졌다. 급성 스트레스는 선택적 코티코트로핀분비호르몬(Corticotrophin-Releasing Hormones: CRHs)을 활성화시켜 뇌가 기억을 수집하고 저장하는 과정을 방해한다(Baram, Chen, Dube, & Burgdorff, 2008). 스트레스의 위험으로부터 자신을 보호하는 최고의 방법은 운동이다. 2012년 연구에 따르면 유산소 운동은 스트레스가 주는 나쁜 영향으로부터 뇌를 보호하고 스트레스로 인한 손상을 뇌가 치유하도록 돕는다(Ebdrup, 2012). 또한 규칙적으로 공부하여 학습 내용을 숙지하는 것도 학교 생활에서 스트레스를 예방하는 훌륭한 방법이다. 사실 미리미리 해두는 공부의 효과는 일거양득이다. 여러분은 일찌감치 공부하고 주기적으로 정보를 인출하는 연습을 통해 내용을 더 잘 알게 될 것이다. 더불어, 내용을 잘 아는 것은 스트레스를 낮춰서 학습과 기억을 더 쉽게 할 것이다.

기억과 운동경기

대부분의 스포츠는 다양한 고차적인 인지 능력을 필요로 하며, 인간의 한계에 도전하고 이를 극대화하는 극도의 스트레스 상황에서 행해진다(Furley & Memmert 2010). 선수들이 고차적인 인지 과정을 이용하기 위해서는 농구와 축구에서 드리블하기, 소프트볼이나 야구에서 공 던지기, 축구나 라크로스에서 패스하기 등과 같이 해당 종목의 기본 기술을 숙달해야 한다. 기본 기술을 숙달하면 이러한 동작들은 더 쉬워지고, 선수들은 경기하는 동안 게임의 복잡한 측면에 더 많은 주의를 기울일 수 있다. 이는 본질적으로 어떤 스포츠의 전문가 혹은 대가가 된다는 의미이다. 이러한 숙달에는 모든 종류의 플레이, 세트, 대형에 대한 지식이 포함되며 많은 분산연습이 필요하다. 이는 연구가 발표되기 전에도 이미 알려진 사실이기에 코치들은 플레이를 수없이 반복하게 한다. 더 많이 연습할수록 수행은 더 자동화되고 수행을 위해 뇌에서 사용하는 에너지는 줄어든다. 최근 연구를 통해서 우리는 이 작동 원리에 대해 잘 알게 되었다. 과잉학습은 작업기억이 게임의 더 복잡한 측면을 이해하고, 인식하며, 수행할 수 있도록 작업기억의 공간을 확보해 준다. 선수가 플레이를 어떻게 해야 하는지 기억하는 데 정신이 팔려 있다면 수비수의 움직임에 주의를 기울일 수 없다. 이는 비디오 게임과 유사하다. 새로운 게임을 배울 때 먼저 해야 할 일은 게임 컨트롤러 사용법을 익히는 것이다. 일단 게임에 능숙해지면, 여러분은 어떻게 해야 컨트롤러를 잘 사용할 수 있는지에 대한 생각을 멈추고 그 대신 게임을 이기기 위해 더 복잡한 측면에 인지 자원을 사용하게 된다.

일단 운동에서 필요한 기술과 플레이를 숙달하게 되면, 경기에서의 수행은 전적으로 작업기억의 역할에 달려 있다. 작업기억은 운전할 때 우리가 속도를 모니터링하고, 전방에 주의를 기울이며, 조수석에 앉은 사람과 대화하면서, 몇 초 간격으로 백미러를 확인하는 일 등을 동시에 할 수 있게 해 준다. 마찬가지로 농구 선수가 드리블하면서 수비수에게 주의를 기울이고, 동시에 팀원 한두 명의 동선을 파악하며, 슛을 날릴 수 있을지 판단할 수 있는 것도 작업기억 덕분이다. 과제를 막론하고 작업기억은 지능의 주요 요소이자 높은 수준의 수행을 가능케 하는 핵심 요소이다(Buschman, Siegel, Roy, & Miller, 2011).

그러나 작업기억은 제한점이 있다. 예를 들어, 인간은 시야에서 한 번에 약 4개 정도만 주의를 기울일 수 있는데, 그것도 시야에 사물들이 고르게 분포되어 있을 경우에만 가능하다(Buschman et al., 2011). 뇌는 어느 쪽에서든 과부하에 걸리면 그것을 처리할 수 없다. 만약 시야 한쪽이 과부하 상태라면, 그 정보는 바로 소실되며 다른 쪽이 대신 처리할 수 없다(Buschman et al., 2011). 이것은 스포츠에 중요하게 적용될 수 있다.

미식축구 쿼터백을 생각해 보자. 평균 정도의 작업기억 용량을 가진 쿼터백은 한 번에 리시버 4명의 동선을 정확하게 파악하고 올바른 결정을 내릴 수 있다. 연구에 기반하여 쿼터백 시야에 균등한 간격으로 리시버들을 배치하는 것은 그의 작업기억 용량을 최적화하고, 쿼터백이 오픈맨[4]을 찾거나 최적의 의사결정을 내리는 데 도움이 될 수 있음을 시사한다. 상대편은 작업기억과 지각의 한계 때문에 쿼터백이 각 수비수의 동선을 파악하기 어렵다는 점에 착안하여 쿼터백의 시야 한쪽에 과부하를 주는 블리츠[5] 전략을 사용할 수 있다. 작업기억 능력 한계에 관한 지식은 선수의 위치를 조작하는 전술이 가능한 축구, 농구 또는 기타 스포츠의 경기 운영에 시사하는 바가 크다(Ponds, deBraek, & Decker, 2012).

4) 오픈맨(open man): 미식축구에서 자신을 막는 수비수를 따돌려서 쿼터백이 공 던져 줄 상황을 만들어 놓은 선수를 의미함.

5) 블리츠 전략(blitzing defenses): 미식축구의 수비 전술 중 하나로 마치 번개같이 후방을 방어하던 수비수들까지 쿼터백을 향해 돌진하는 전술.

사람들은 스포츠 경기를 시청하고 직접 관람하거나 교내 경기에 출전할 때, 대부분은 기억이 선수 개개인의 수행 수준에 미치는 영향에 대해 생각하지 못한다. 그러나 기억은 이러한 수행에 있어 매우 중요한 요소이기에, 자동화될 때까지 기본 기술을 연습한 다음 경기의 더 복잡한 측면을 중점적으로 학습한 선수가 확실히 유리하다. 게다가 어떤 종목의 기본적인 것을 반복해서 연습하는 것은 뇌가 이 활동들을 정말 중요하다고 인식하도록 해서 완벽하게 기억될 가능성이 높다. 이것은 특히 높은 스트레스 상황에서 중요하다. 아슬아슬한 경기 상황에서 선수들은 경기 수행에 필요한 통상적인 행동들이 자동적으로 이루어질 수 있기를 원한다.

요약

노래 가사부터 유기화학 과목에 이르기까지 정보를 잘 기억하고 회상을 향상시키는 과정은 유사하다. 일단 이 과정을 이해하면 여러분이 망각하는 이유를 잘 이해할 수 있고, 무엇보다 나중에 필요할 때 정보를 잘 회상할 수 있다. 이 장의 핵심 내용을 정리하면 다음과 같다.

① 기억은 수면 중에 만들어진다.

② 낮잠은 기억 형성에 도움이 되고 과민성을 낮춘다.

③ 연속해서 강의를 듣지 마라. 최근 경험에 대한 기억을 만드는 데 있어 경험 직후의 휴식이 중요한 역할을 한다.

④ 기억을 강화하려면 기억을 인출하라. 공부만 하기보다는 매번 공부한 내용을 회상하면, 뇌는 그 기억을 강화하고 다음에 더 수월하게 떠올릴 수 있다.

⑤ 벼락치기는 단기적으로 효과적일지 모르지만, 장기기억에는 도움이 되지 않는다.

⑥ 인간은 중립적인 정보보다 정서와 연합된 정보를 더 잘 기억한다.

⑦ 기억 향상을 위해 정보를 정교화하라. 새로운 정보를 연습하는 방법이 다양할수록 그 정보를 회상하기 위한 기억 경로가 더 많아진다.

⑧ 사고나 에너지가 필요한 일을 할 때는 과제를 전환하지 마라. 학습에 관한 한, 뇌는 한 번에 한 가지 일을 할 때 가장 능률적이다.

⑨ 망각은 불안, 오귀인, 불충분한 연습 등의 결과일 가능성이 높다.

비판적 사고 및 토론을 위한 질문

1. 내용이 시시하고 지루하다고 생각하며 수업자료를 읽는 것이 좋지 않은 이유는 무엇인가? 수업에서 배운 내용이 꼭 기억해야 할 만큼 중요하다는 것을 뇌가 자각하도록 돕는 몇 가지 방법을 설명하라.

2. 기억에서 수면의 중요성에 대해 알게 된 것은 무엇인가? 친구가 지쳐서 낮잠 1시간을 자겠다고 말한다면, 수면 주기를 기준으로 여러분은 어떻게 조언하겠는가?

3. 벼락치기의 단기 및 장기적 효과는 무엇인가? 벼락치기가 장기적으로 긍정적인 결과를 가져오지 못함에도 불구하고 많은 학생들이 벼락치기를 자주 하는 이유는 무엇인가? 단원평가는 잘 치지만 종합시험에서는 성적이 저조한 친구가 있다면, 여러분은 이 장의 내용을 바탕으로 친구에게 무엇을 말해 주고 싶은가?

4. 과제전환에 대한 연구는 매우 일관된다. 다음에 공부할 때는 과제전환 횟수를 기록해 보라. 여러분은 특히 교재 읽기, 보고서 작성, 노트필기 내용 공부 등과 같은 학업 과제에 집중할 수 있는가 아니면 자주 산만해지는가? 과제전환을 줄이기 위해 여러분이 할 수 있는 것은 무엇인가?

5. 망각을 일으키는 세 가지가 무엇인지 제시하고 설명하라. 현재 수강 중인 한 과목을 선정하여 배운 내용을 덜 망각하기 위해 여러분이 할 수 있는 일을 이 장의 내용에 기초하여 설명하라.

참고문헌

Anwar, Y. (2011, March 8). As we sleep, speedy brain waves boost our ability to learn. *Berkeley News*. Retrieved from https://news.berkeley.edu/2011/03/08/sleep-brainwaves

Baram, T., Chen, Y., Dube, C., & Burgdorff, C. (2008, March 13). Short-term stress can affect learning and memory. *Science Daily*. Retrieved from https://www.sciencedaily.com/releases/2008/03/080311182434.htm

Berman, M., Jonides, J., & Kaplan, S. (2008, December). The cognitive benefits of interacting with nature. *Psychological Science, 19*, 1207–1212.

Blasiman, R. N., Dunlosky, J., & Rawson, K. A. (2017). The what, how much, and when of study strategies: Comparing intended versus actual study behavior. *Memory, 25*(6), 784–792.

Bloom, F., Beal, M., & Kupfer, D. (Eds.). (2003). *The Dana guide to brain health*. New York, NY: Free Press.

British Psychological Society (BPS). (2016, December 13). Want to improve your memory? Go to the gym. *Science Daily*. Retrieved from https://www.sciencedaily.com/releases/2016/12/161213074341.htm

Buschman, T. J., Siegel M., Roy J. E., & Miller, E. K. (2011). Neural substrates of cognitive capacity limitations. *Proceedings of the National Academy of Sciences of the United States of America, 108*(27), 11252–11255.

Buzsáki, G., Girardeau, G., Benchenane, K., Wiener, S., & Zugaro, M. (2009). Selective suppression of hippocampal ripples impairs spatial memory. *Nature Neuroscience, 12*, 1222–1223.

Dunlosky, J., Rawson, K. A., Marsh, E. J., Mitchell, J. N., & Willingham, D. T. (2013). *Improving students' learning with effective learning techniques: Promising directions from cognitive and educational psychology*. Retrieved from https://pcl.sitehost.iu.edu/rgoldsto/courses/dunloskyimprovinglearning.pdf

Dux, P. E., Ivanoff, J., Asplund, C. L. 0., & Marois, R. (2006). Isolation of a central bottleneck of information processing with time-resolved fMRI. *Neuron, 52*(6), 1109–1120.

Ebdrup, N. (2012, January 13). Stress and exercise repair the brain after a stroke. *Science Nordic*. Retrieved from https://sciencenordic.com/denmark-exercise-stress/stress-and-exercise-repair-the-brain-after-a-stroke/1433618

Feitlinger, S., H. (2017). Pokemon aficionados help scientists prove practice makes perfect. DOGOnews: *ELA-Science-Social Studies*. Retrieved from https://www.dogonews.com/2017/2/6/pokemon-aficionados-help-scientists-prove-practice-makes-perfect/page/4

Foerde, K., Knowlton, B., & Poldrack, R. (2006). Modulation of competing memory systems by distraction. *Proceeding of the National Academy of Sciences of the United States of America, 103*(3l), 11778–11783.

Furley, P. A., & Memmert, D. (2010, September). The role of working memory in sport. *International Review of Sport and Exercise Psychology, 3*(2), 171–194.

Gazzaniga, M. S., Ivry, R. B., & Mangun, G. R. (2009). *Cognitive neuroscience: The biology of the mind*. New York, NY: Norton.

Grant, H., Bredahl, H., Clay, J., Ferrie, J., Groves, J., McDormand, T., & Dark, V. (1998). Context-dependent memory for meaningful material: Information for students. *Applied Cognitive Psychology, 12*, 617–623.

Jang, Y., Wixted, T., Pecher, D., Zeelenberg, R., & Huber, D. (2012). Decomposing the interaction between retention interval and study/test practice. *Quarterly Journal of Experimental Psychology, 65*(5), 962–997.

Kansas State University. (2012, June 20). What's your name again?

Lack of interest, not brain's ability, may be why we forget. *Science Daily*. Retrieved from https://www.sciencedaily.com/releases/2012/06/120620113027.htm

Kennedy, D. O., & Scholey, A. B. (2004). A glucose-caffeine energy drink ameliorates subjective and performance deficits during prolonged cognitive demand. *Appetite, 42*, 331–333.

Krishnan, K. (2013). Exam cramming is not learning. *Today*. Retrieved from https://www.todayonline.com/commentary/exam-cramming-not-learning

Levy, R., Levitan, D., & Susswein, A. J. (2016). New learning while consolidating memory during sleep is actively blocked by a protein synthesis dependent process. *eLife*. Retrieved from https://elifesciences.org/articles/17769

Maas, J., & Robbins, R. (2011). *Sleep for success*. Bloomington, IN: Authorhouse.

Mander, B., Santhanam, S., Saletin, R., & Walker, M. (2011). Wake deterioration and sleep restoration of human learning. *Current Biology, 21*(5), R183-R184.

Medina, J. (2008). *Brain rules*. Seattle, WA: Pear Press. 서영조 역 (2017). 브레인 룰스. 서울: 프런티어.

Morrison, W., & Holland, K. (2016). *Common triggers for partial onset seizures*. Retrieved from https://www.healthline.com/health/epilepsy/common-triggers-partial-onset-seizures#Overview1

Naps clear the mind, help you learn. (2010, February 21). *Live Science*. Retrieved from http://www.livescience.com/9819-naps-clear-mind-learn.html

Payne, J. D., Tucker, M.A., Ellenbogen, J. M., Wamsley, E. J.,Walker, M. P., Schacter, D. L., & Stickgold, R. (2012). Memory for semantically related and unrelated declarative information: The benefit of sleep, the cost of wake. *PLoS ONE, 7*(3), e33079.

Perrin, M., Henaff, M., Padovan, C., Faillenot, I., Merville, A., & Krolak Salmon, P. (2012). Influence of emotional content and context on memory in mild Alzheimer's disease. *Journal of Alzheimers Disease, 29*(4), 817–826.

Ponds, R., deBraek, D. & Deckers, K. (2012). *Does working memory training improve the performance of professional football players?* Retrieved from https://www.cogmed.com/working-memory-training-improve-performance-professional-football-players

Rohrer, D., Taylor, K., Pashler, H., Wixted, J. T., & Cepeda, N. J. (2004). The effect of overlearning on long-term retention. *Applied Cognitive Psychology, 19*, 361–374.

Schacter, D. (2001). *Seven sins of memory: How the mind forgets and remembers.* Boston, MA: Houghton Mifflin. 박미자 역 (2006). 기억의 일곱 가지 죄악. 서울: 한승.

Schlichting, M., & Preston, A. (2014). Memory reactivation during rest supports upcoming learning of related content [Abstract]. *Proceedings of the National Academy of Sciences of the United States of America.* Retrieved from http://www.pnas.org/content/111/44/15845.abstract

Sherkat, M. (2016, December 20). Got to remember them all, Pokémon. *UCR Today.* Retrieved from https://ucrtoday.ucr.edu/43127

Shibata, K., Sasaki, Y., Bang, J., Walsh, E., Machizawa, M., Tamaki, M., ... Watanabe, T. (2017). Overlearning hyperstabilizes a skill by rapidly making neurochemical processing inhibitory-dominant. *Nature Neuroscience, 20*(3), 470–475.

Squire, L. R., & Kandel, E. R. (2000). *Memory: From Mind to Molecules.* New York, NY: Scientific American Library. 전대호 역 (2016). 기억의 비밀. 서

울: 해나무.

Symons, C. T., & Johnson, B. T. (1997). The self-reference effect in memory: A meta-analysis. *Psychological Bulletin, 121*, 371–394.

Tambini, A., Ketz, N., & Davachi, L. (2010). Enhanced brain correlations during rest are related to memory for recent experiences. *Neuron, 65*(2), 280–290.

Tauber, S., Witherby, A., Dunlosky, J., Rawsom, K., Putnam, A., & Roediger, H. (2017). Does covert retrieval benefit learning of key-term definitions? *Journal of Applied Research on Memory and Cognition*. Retrieved from https://www.sciencedirect.com/science/article/abs/pii/S2211368116301292

University of California, Berkeley. (2011, March 8). Brain's learning ability seems to recharge during light slumber [News release]. *HealthDay*. Retrieved from https://consumer.healthday.com/cognitive-health-information-26/brain-health-news-80/brain-s-learning-ability-seems-to-recharge-during-light-slumber-650627.html

Walker, M. (2005). A refined model of sleep and the time course of memory formation. *Behavioral and Brain Science, 28*, 51–104.

Wheeler, M. A., Ewers, M., & Buonanno, J. F. (2003). Different rates of forgetting following study versus test trials. *Memory, 11*, 571–580.

Xie, W., & Zhang, W. (2016). Familiarity increases the number of remembered Pokémon in visual short-term memory. *Memory & Cognition, 45*(4), 677–689.

제7장 학습에 대한 마인드셋

여러분이 어떤 대학으로부터 합격통지서를 받는다면 그것은 한편으로 여러분이 그 대학을 졸업하기에 충분한 수준의 지적 능력을 갖췄다는 의미이기도 하다. 전문대학에 다닌다고 할지라도 이것은 마찬가지다. 모든 고등교육 기관은 학습에 어려움을 겪는 학생들을 위해 지원 서비스를 갖추고 있다. 이는 학생들이 가끔 도움이 필요할 때도 있겠지만 모든 재학생이 성공적으로 학업을 할 수 있는 능력이 있다고 믿기 때문이다. 대학이 이것을 믿지 않았다면 아마도 당신을 합격시키지 않았을지도 모른다. 왜냐하면 당신이 성공적으로 학업을 해 나갈 가능성이 없다는 것을 알면서도 돈을 벌기 위해 입학시키는 것은 비윤리적이기 때문이다.

안타깝게도 4년제 대학 입학생 중 약 40%는 6년이 걸려도 학위를 받지 못하는 것으로 나타났다(National Center for Educational Statistics, 2015). 이는 지능 때문이 아니다. 우리는 학교 생활을 잘 헤쳐나가 졸업장을 받을 수 있을지를 결정하는 것은 질병이나 경제적 어려움을 제외

하고 다음 다섯 가지에 달려 있다고 확신한다.

1. 수업에서 다뤄지는 기술, 행동 및 내용을 배우고 기억하기 위해 시간과 노력을 기울이고자 하는 의지
2. 자신의 성장을 위해 도전적인 학습 과제를 받아들이려는 의지
3. 능력 밖의 일이라 할지라도 실패로부터 배우며 조금씩 수정해 나아가고자 하는 의지
4. 때때로 어려움을 겪을지라도 공부를 해낼 수 있다는 스스로에 대한 믿음
5. 자신의 학업적 진전에 대해 기뻐할 줄 알고 자기 자신의 미래 능력에 대한 신념을 구축하는 능력

시간, 노력, 도전, (값진 경험이자 성장의 기회인) '실패'로부터의 학습, 자신에 대한 신념 등은 여러분이 학사모와 가운을 입고 졸업식에 참석할 수 있게 해 줄 것이다. 해낼 수 있다는 신념을 가지고 학업에 임하는 것은 매우 중요하다. 이 장에서는 사람들이 자신의 지능에 대해 가지고 있는 신념을 살펴보고, 이러한 신념이 졸업에 필수적인 다섯 가지 사항을 어떻게 결정짓는지 보여 줄 것이다.

마인드셋과 학습

이 장의 목표는 학습자로서 여러분 자신을 더 잘 이해하도록 돕는 것

이다. 이를 통해 여러분은 학습방식에서 근본적인 변화를 경험하게 될 것이다. 또한 학습자로서 자기 자신을 이해하는 것은 정말 중요하기 때문에 우리 삶의 다른 부분에도 영향을 줄 것이다. 이 장의 내용은 마인드셋(mindset)이라는 개념과 관련된다. 마인드셋은 학습자로서의 자기 자신에 대한 관점으로 우리가 학습과 관련하여 내리는 모든 결정에 영향을 끼친다. 마인드셋은 스탠퍼드 대학교(Stanford University)의 심리학자인 캐럴 드웩(Carol Dweck)이 처음 소개하였다. 드웩은 마인드셋이 중학교 시기 또는 그보다 더 일찍 형성되는 것으로 보이며, 그 이후로 우리가 알아차리지 못할지라도 학습에 영향을 미치고 있다고 설명한다(Dweck, 2006, 2009). 이 장을 읽으면서 제시된 개념에 대해 살펴보고, 나는 어떤 종류의 마인드셋을 가졌는지 그리고 어떻게 하면 최적의 학습으로 이끄는 마인드셋을 개발할 수 있을지 생각해 보자.

마인드셋과 지능

인간의 지능과 관련하여 한 가지는 분명하다. 지능은 가변성(malleable)이 있다. 즉, 지능은 새로운 정보에 노출되거나 이미 알고 있는 것을 새로운 방식으로 살펴보는 것만으로도 변한다. 일부 사람들이 생각하는 것과 달리, 배움에는 한계가 없고 누구도 뇌를 100% 활용하지는 못한다. 새로운 지식 또는 기술이 습득되고 변화가 일어나면 뇌세포 간 새로운 신경 연결이 만들어짐으로써 뇌는 지속적으로 변화한다. 이때, 우리는 무언가를 학습했다고 말한다. 인간은 언제든지 무엇이라도 배울 수 있다. 우리는 이미 수백만 비트(bit)의 정보를 학습했다. 가족, 친구, 여러 가지 물건 그리고 동네 지리 등 여러분이 아는 모든 것에 대해 생각해 보라. 이것은 여러분이 그동안 학습한 많은 것들의 일부에 불과하다. 말 그대로 우리는 매 순간 학습을 하고 있기 때문에, 결코 학습할 수 없다고 생각해선 안 된다. 다시 말해, 학교 수업과 관련해서 어떤 것이라도 배울 수 있다. 하지만 특정 과목들은 확실히 다른 과목들보다 배우기가 더 어려울 것이다. 지능은 선천적으로 타고나서 평생 지속되는 고정적인 능력이 아니다. 총명함이란 우리 중 누군가는 가지고 있고 다른 사람은 가지고 있지 못한 그런 것이 아니다. 그것은 우리가 매 순간 만들어 가는 것이다. 우리는 매일 더 똑똑해진다. 사람이 평생 축적하는 정보의 양은 상상할 수도 없다. 그렇긴 하지만 만약 우리가 특정한 무언가를 배우는 것과 관련하여 잘못된 마인드셋을 가지고 있다면, 이는 배움의 양뿐만 아니라 삶의 다른 모든 부분에도 지대한 영향을 끼칠 것이다.

마인드셋은 자신의 지능과 능력에 대한 관점이다. 이 관점은 학습 과제에 참여하려는 의지와 학습 과제를 해결하기 위해 기꺼이 감내할 수 있는 노력의 양에 영향을 미친다. 드웩은 학습자의 마인드셋과 학습자들이 자신의 지능에 대해 갖고 있는 개인적 관점에 대해 30년 이상 연구하였다. 그녀는 마인드셋이 고정마인드셋과 성장마인드셋이라는 두 가지 범주로 분류된다고 하였다. 많은 연구를 통해 지능이 고정된 것이 아니라고 밝혀졌음에도 불구하고 고정마인드셋(fixed mindset)을 지닌 사람은 "지능은 고정된 특성(trait)이다."라고 믿는다(Dweck, 2006, p. 7). 이 관점에서 보면 사람은 특정 분야에서 똑똑하거나 혹은 똑똑하지 않은 것으로 분류되며, 따라서 우리는 그 분야에서 우리 자신을 향상시킬 수 있는 방법이 아무것도 없다. 고정마인드셋을 지닌 사람들은 자신의 지능이 학업 성과에 반영된다고 믿는다. 고정마인드셋을 가진 사람들은 학생이 어떤 과목을 잘하지 못하는 것은 그 분야에서 '똑똑하지' 못하기 때문이라고 생각한다. 높은 성적을 지속적으로 내는 학생들은 정말로 열심히 공부한다는 조사 결과에도 불구하고, 고정마인드셋을 가진 사람들은 똑똑하다면 열심히 공부할 필요가 없기에 자신이 공부를 잘하기 위해 노력할 필요가 없으며 노력해도 결과가 크게 달라지지 않는다는 잘못된 신념을 가지고 있다. 이들은 "난 그저 수학을 못해." "난 발표를 할 수 없어." "내 글쓰기 실력은 형편없어." 또는 "난 스포츠를 정말 못해." 등과 같이 말한다. 고정마인드셋을 가진 사람들에게 노력하는 것은 똑똑하지 않다는 것을 의미한다. 결국 똑똑함이 타고난 것이라는 잘못된 신념을 가지고 있으면, 무언가를 위해 노력한다는 것은 똑똑함을 가지고 있지 않음을 보이는 것이다. 그들은 성적이 우수한 학생에게는 공부가 쉬울 거라고 잘못된 결론을 내린다.

반면, 성장마인드셋(growth mindset)을 지닌 사람은 새로운 지식과 기술을 습득함으로써 지능이 향상된다고 믿는다. 성장마인드셋을 가진 사람들은 열심히 일하는 것, 배우는 것, 도전하는 것을 가치 있게 여기고, 실패를 다음 성공을 위한 발판으로 본다. 토머스 에디슨(Thomas Edison)을 예로 들면, 그는 전구 발명에 성공하기 전에 수백 번의 시도를 한 것으로 알려져 있다. 에디슨이 계속해서 실패하고 있던 즈음에 『뉴욕타임스』 기자가 그에게 그동안의 실패를 언급하면서 포기할 것인지를 물었다. 이에 그는 "나는 700번 실패하지 않았소. 다만, 전구를 만들 수 없는 700가지 방법을 입증했을 뿐이오."라고 답하였다(Ferlazzo, 2011). 인터뷰 후 얼마 되지 않아 에디슨은 전구 발명에 성공했고, 지금 우리는 에디슨의 성장마인드셋 덕을 보고 있다. 성장마인드셋을 지닌 사람들은 기꺼이 학습 과정에서 부딪히는 위험을 감수하며, 연습과 노력—때때로 많은 노력—을 통해 그들의 능력이 향상될 수 있다고 생각한다. 성장마인드셋을 지닌 사람들은 뇌가 가변성이 있고, 지능과 능력은 계속 향상되며, 오직 시간만이 얼마나 똑똑해질 수 있는지를 알려줄 것이라고 믿는다. "나는 ○○를 할 수 없어."라는 생각이 든다면 성장마인드셋을 떠올리고 "아직은 ○○를 할 수 없어."라고 바꿔 말하라.

체스 챔피언들

2008년, 3명의 영국 연구자들은 어떤 분야에서 비범한 성취를 이룬 사람들의 공통점에 대해 연구하였다. 그들이 연구한 집단 중 하나는 세계에서 상위 10위 안에 드는 체스 선수들이었다. 그들은 체스 선수들의 일반 지능, 즉 IQ를 조사하였다. 10명의 전문 체스 선수들의 IQ를 검사한 결과, 그중 3명의 IQ가 평균 이하라는 사실에 놀라움을 금치 못하였다. 그들은 "IQ가 낮음에도 불구하고 높은 지능과 관련된 복잡한 게임을 어떻게 잘 수행할 수 있었을까?"에 대해 고찰했다. 해답은 바로 연습이었다. 연습은 어떻게 일반 사람이 전문가가 될 수 있는가를 설명한다. 평균 이하 IQ를 지닌 3명의 선수는 모두 10,000~50,000시간 정도 체스를 두었다. 그들은 노력과 연습을 통해 그들보다 지능이 높은 수천 명의 다른 선수들보다 탁월한 체스 선수가 될 수 있었다. 이제 우리는 무언가를 연습할 때마다 다음에는 그것을 더 수월하게 할 수 있음을 안다. 처음 캠퍼스를 다닐 때는 약간 헷갈리지만 이 일은 차츰 쉬워진다. 신발을 묶거나 게임을 하며 농구 골대에 공을 넣거나 대수 문제를 푸는 것도 마찬가지이다. 체스 선수들이 그랬던 것처럼 많은 시도가 필요할지도 모르지만, 연습을 하면 완벽하지 않더라도 최소한 이전보다 더 나은 수행을 하게 될 것이다. 체스 선수들에게서 연습의 이점을 발견한 연구자들은 수천 시간 또는 수년간의 연습이 탁월함에 도달하도록 한다는 많은 사례를 확인하였다(Colvin, 2006).

학습과 기억을 연구하는 사람들은 특정 분야의 전문가가 되는 길은 일반적으로 지능이 아니라 노력과 연습이라는 점에 동의한다. 농구, 카레이싱, 체스 또는 퀴즈 대회 등 어느 것이든 한 개인이 스포트라이트를 받거나 경쟁에서 이기는 경우를 생각해 보자. 이것은 그냥 일어나는 일이 아니다. 사실, 뉴스 인터뷰를 보면 최고의 운동선수들은 그들이 얼마나 열심히 경기를 준비했는지에 대해 공통적으로 말한다. 전미농구협회(NBA) 사상 최고 득점자 중 한 명인 조지 거빈(George Gervin)은 매일 천 번의 점프슛을 한다고 알려져 있다. 어떤 활동에 숙련되길 원하거나 학문 분야에서 최고의 학자가 되길 원한다면 성장마인드셋을 가지고 연습하는 시간이 필요하다.

시작: 중학교

개인의 마인드셋은 학업적으로 교육과정이 더 복잡하고 어려워지는 중학교 때 표면화되기 시작한다. 초등학생 때는 큰 노력을 기울이지 않아도 성공했고 '타고난 똑똑한 아이'라는 말을 자주 들었던 학생들이 이 시기에 학습 과제가 많아지고 실패를 경험하게 되면서 자신의 능력을 의심하기 시작한다. 드웩은 이런 학생들의 경우 학습이 수월하게 진행될 때만 학습에 자신감을 갖는다는 것을 발견하였다. 난관에 봉착하면 모든 것이 달라진다. 드웩과 동료 연구자인 일레인 엘리엇(Elaine Elliott)은 난관에 부딪혔을 때 포기하지 않는 학생과 난관을 실패나 극복할 수 없는 장벽으로 보는 학생 간의 차이를 학습목표(learning goal)를 통해 설명한다. '성장마인드셋을 지닌 숙달지향적(mastery-oriented) 학생들'은 무언가를 배우는 데 정말 열심이며, 강한 '학습목표'를 가지고 있다(Dweck, 2007a). 학습목표는 중요한 측면에서 수행목표(performance goal)와 다르다. 수행목표는 특정한 과제 자체를 지향하는 반면, 학습목표는 성공과 실패 두 가지 모두를 통해 무엇을 배울 수 있는가에 초점을 둔다. 실패는 똑똑해 보이기 위해 수행을 최우선으로 두는 학생들을 좌절시킨다. 이 학생들은 과제의 수행 자체가 학습을 의미하지 않는다 할지라도 수행에 초점을 맞춘다. 이들은 고정마인드셋을 가지고 있으며, 실패했을 때 자신의 자아존중감을 지키기 위해 다른 사람을 깎아내릴 수도 있다. 고정마인드셋을 가진 사람들에게 과제는 자기 이미지에 대한 도전이고, 학습에서 만나는 난관은 개인적 위협이 된다. 그들은 자신이 빛을 발할 수 있는 활동만을 추구하며 노력을 통해 성장하고 발전하는 데 필요한 경험들은 피한다(Dweck, 2006).

드웩(2006)은 학습에서의 마인드셋이 맥락 특수성을 지닌다고 조심스럽게 지적하였다. 즉, 어떤 분야에서는 성장마인드셋을 가지고 있지만 다른 분야에서는 고정마인드셋을 가질 수 있다. 어떤 사람은 자신이 '수학머리'를 타고나지 않았기 때문에 수학을 못하고, 수학을 더 열심히 공부하거나 추가 도움을 받더라도 수학을 잘할 수 없다고 믿을지도 모른다. 동시에 이 사람은 기타를 잘 치기 위해서는 연습이 필요하다는 것을 알기에 기타 레슨을 받고 하루 3시간씩 기타를 연습할 수도 있다. 이 경우 그 사람은 수학에 대해서는 고정마인드셋을 갖고 있지만 기타 연주에 대해서는 성장마인드셋을 갖고 있다고 할 수 있다. 모든 사람은 각자의 선호도가 있는데, 이 사람의 경우 아마도 기타 치는 것은 좋아하지만 수학은 좋아하지 않을 것이다. 때때로 선호도는 연습을 통해 무언가를 잘할 수 있게 되면서부터 비롯된다. 이는 학습이 매우 순환적인 과정임을 보여 준다. 지능 및 능력과 관련하여 몇 달 동안 매일 3시간씩 수학을 연습하는 것은 이 사람의 수학 지능을 크게 변화시킬 것이며 그 과정에서 수학에 대한 생각이 바뀔 것이다. 드웩(2006)은 또한 학생들의 능력 또는 지능이 성장마인드셋 발달과 무관하다는 사실을 발견했다. 때때로 성적이 매우 우수한 학생들이 고정마인드셋을 가지고 있는 경우가 있다. 과거의 수행과 현재의 능력 수준에 대해 어떤 피드백을 받느냐에 따라 똑똑한 학생이라고 할지라도 어떤 학생은 고정마인드셋을 가질 수 있고 다른 학생은 성장마인드셋을 가질 수 있다. 고정마인드셋을 가진 학생은 일찍이 수학 과제에 성공했을 때 "정말 똑똑하구나!" 또는 "수학머리를 타고났어. 너는 수학 선생님이 되어야 해!"와 같은 피드백을 받았을 것이다. 이런 유형의 피드백은 그 학생에게 똑똑한 사람들은 특정 과목에서 더 쉽게 성취할 수 있다는 인상을 준다. 만약 당신이 열심히 공부해야 한다면, 그것은 당신이 똑똑하지 않은 것으로 여겨질 수 있다. 이러한 피드백은 사람들이 수학에 대해 고정마인드셋을 갖게 한다. 문제는 수학이 어려워져 노력이 더 필요할 때 찾아온다. 이제 그 학생은 "나는 이런 유형의 수학을 못하는 게 분명해. 수학은 타고나는 건데, 나는 방정식은 잘하지만 미적분은 못해. 다른 과목을 수강해야 할 것 같아."라고 생각할지도 모른다. 이것은 또한 대학 첫 학기에 학생들이 힘들어하는 이유 중 하나이다. 이러한 학생들은 "나는 고등학교 때는 똑똑했어. 그런데 대학교에서는 그렇지 않아."라고 말한다. 학습이 어려운 상황에서 이러한 고정마인드식 사고는 학습의 진전을 가로막는다.

고정마인드셋을 가지고 있어 실패할 기미가 보이면 바로 그만두는 경향이 있는 학생들이 만약 초기 성공에 대해 "정말 잘했구나. 이게 다 네가 정말로 열심히 노력한 결과야."와 같은 성장마인드를 격려하는 피드백을 받았다면 매우 다른 결과를 얻었을 것이다. 이런 유형의 피드백은 성장마인드셋을 함양하고 연습을 장려하여, 더 많은 성공을 가능하게 하고 강한 성장마인드셋 발달을 촉진한다. 드웩은 부모들이 자녀의 성공적인 노력과 학습 전략에 대해 피드백을 주는 것이 중요하다고 말한다(Dweck, 2006). 드웩의 연구는 대학생들에게 시사하는 바가 크다. 매년 새 학기가 되면 수만 명의 학생들이 자신이 통과할 수 없다고 생각하는 강의에 등록한다. 그러면서도 추가적인 도움을 위해 튜터 또는 교수를 찾아가거나 더 열심히 공부해도 소용이 없을 것이라고 믿는다.

이 학생들은 그 분야에 고정마인드셋을 가지고 있어 이처럼 잘못된 신념을 유지하며, 그 결과 수업에서 잘하지 못하는 경우가 많다. 이 학생들의 마인드셋이 바뀌지 않는다면, 추가적인 도움이 주어지더라도 성공으로 이어지지는 못할 것이다.

다음에 여러분이 '똑똑하지' 못하다고 생각하는 분야의 과목을 수강하게 된다면, 연습이 학습에서의 성공에 매우 큰 차이를 만들어 낼 수 있다는 사실을 명심하라. 그 수업이 쉽지는 않겠지만 배경지식을 쌓기 위해 시간을 들이고(예: 글쓰기 센터 이용, 학습법 강의, 튜터링 등을 통해) 열심히 노력한다면(다시 말해, 성장마인드셋을 유지한다면) 여러분은 분명 많은 것을 성취할 수 있을 것이다.

게으름으로 오해되는 고정마인드셋

교사와 대학교수들은 종종 노력 부족을 게으름으로 간주한다. 학생이 튜터링을 받지 않거나 상담 시간을 활용하지 않는 것도 책임감이 부족하고 미성숙한 것으로 여긴다. 그러나 사실은 학생의 고정마인드셋이 많은 문제들을 일으키고 있는 것인지도 모른다. 당신이 읽기에 어려움을 겪어왔다면 아마도 당신은 그 이유가 단순히 '읽기를 못한다'거나 '그쪽에는 똑똑하지 않기' 때문이라고 믿을 수 있다. 이것은 수학, 발표, 시험, 기말 과제에서도 마찬가지일 것이다. 어떤 분야에서 고정마인드셋을 가진 사람은 튜터링과 추가적인 공부를 무의미한 노력으로 여긴다. 또한 열심히 공부는 하지만 스스로에게 "이건 어려운 일이야…….

나는 이것을 이해할 수 없어……. 아무래도 이 수업을 취소해야 할 것 같아."라고 말하는 학생들도 있다. 그런 태도로 공부하는 것이 생산적이지 않다는 사실은 두말할 나위 없다. 무언가 어려운 자료를 배울 수 없다고 생각한다면 학습에 집중하기도 어렵다. 반면 성장마인드셋을 지닌 사람들은 자신이 좋아하지 않는 과목도 열심히 공부한다. 그들은 노력하면 더 나은 결과를 얻을 수 있다는 것을 알기 때문에 그들의 에너지를 학습에 집중하고 결과적으로 더 큰 성공을 거둔다. 성장마인드셋을 가진 학생들은 더 똑똑한 것이 아니라 단지 자기 자신을 다르게 볼 뿐이다.

고정마인드셋과 성장마인드셋의 특징

다음은 마인드셋 유형별 행동 목록이다. 이것은 학습의 다양한 영역에서 여러분이 학습자로서 자신을 어떤 관점으로 바라보고 있는지를 발견하는 데 도움이 될 것이다. 이 목록은 마이클 리처드(Michael Richard, 2007)가 제시한 자료를 기초로 작성되었다.

고정마인드셋

1. 자기 이미지. 모든 사람은 긍정적인 자기 이미지를 갖기 위해 노력한다. 이는 고정마인드셋을 가진 사람들도 마찬가지다. 고정마인드셋을 갖고 있어서 성장을 위한 노력의 가치를 알지 못하는 사람들은 어떻게 자기 이미지를 보호할까? 그들은 쉬운 과제만을 수행하고,

다른 사람을 무능하게 보이게 하며, 다른 사람의 성취를 깎아내린다.

2. 도전. 고정마인드셋을 가진 학생들은 종종 자신이 잘할 수 있는 것만 하려고 한다. 그들은 실패 가능성이 자기 이미지에 대한 위협이 되기 때문에 도전을 피한다. "제가 수강할 수 있는 가장 쉬운 수업이 무엇인가요?"라고 묻는 학생이라면 고정마인드셋을 가지고 있을지도 모른다.
3. 장애물. 고정마인드셋을 가진 사람들은 대개 피하거나 통제할 수 없는 외부 장애물을 학습 실패의 변명으로 사용하거나, 아예 학습에 참여하지 않음으로써 실패 상황을 회피한다.
4. 노력. 고정마인드셋을 가진 사람들은 노력을 불쾌하고 보람이 없는 것으로 생각하기 때문에 노력하는 것을 기피한다. 고정마인드셋을 가진 사람들이 생각하는 '굉장한 노력'이라는 것은 실제 학업적 성공을 위해 필요한 노력보다 부족할 수 있다. 이것이 또한 노력을 무의미한 것으로 보는 관점의 원인이 될 수도 있다.
5. 비판. 고정마인드셋을 가진 사람들은 그들의 능력에 대한 비판을 모두 자기 자신에 대한 비판으로 받아들인다. 유용한 비판은 대개 무시되거나 모욕으로 간주한다. 고정마인드셋을 가진 사람들은 그들의 성장을 도울 수 있는 피드백을 수용하는 데 개방적이지 않기 때문에 수행을 향상시킬 수 있는 기회를 점점 더 잃게 된다.
6. 타인의 성공. 고정마인드셋을 가진 사람들은 다른 사람들의 성공을 폄하한다. 그들은 다른 사람의 성공이 행운, 비싼 튜터링 또는 부정 행위로 인한 것이라고 친구들에게 말할지도 모른다. 심지어 성공한 사람들의 과거 실패를 끄집어내거나 별로 관계없는 자신의 개인적

인 성공에 대해 이야기함으로써 그 사람의 성공을 별것 아닌 것으로 생각하게끔 할 수도 있다.

성장마인드셋

1. 자기 이미지. 성장마인드셋을 가진 사람은 자신의 능력이 더 발전되고 향상될 수 있다는 것을 알기 때문에 자기 이미지를 능력에 얽매인 것으로 보지 않는다. 그들은 배우기를 원하며, 전구를 발명하는데 실패하더라도 그 실패가 학습의 중요한 부분임을 수용한다.
2. 도전. 성장마인드셋을 가진 사람들은 자신을 시험함으로써 더 강해질 것이라고 믿기 때문에 도전을 받아들인다. 그들은 도전함으로써 가치 있는 것을 발견할 것이라고 믿는다.
3. 장애물. 성장마인드셋을 가진 사람의 자기 이미지는 성공 또는 다른 사람의 견해에 의해 좌우되지 않기 때문에, 실패를 학습의 기회로 본다. 즉, 이들은 실패 경험이든 성공 경험이든 간에 무언가를 배운다. 이들에게 장애물은 학습과 성장을 향한 많은 길 중 하나에 불과하다.
4. 노력. 성장마인드셋을 가진 사람들은 노력을 성장과 숙달에 이르기 위해 필요한 것으로 본다. 노력을 학습 과정의 자연스러운 부분으로 생각한다.
5. 비판. 성장마인드셋을 가진 학생들 역시 다른 학생들만큼 부정적인 비판을 좋아하지 않는다. 그러나 이들은 비판이 개인을 향한 것이 아니며, 비판을 통해 자신이 성장하고 향상될 수 있음을 안다. 또한 비판을 자신의 현재 능력 수준에 대한 것으로만 한정하며, 자신의

능력이 시간과 노력에 따라 변할 수 있다는 것을 알고 있다.

6. 타인의 성공. 타인의 성공에서 영감을 얻고, 타인의 성공을 이끈 정보들을 배울 만한 것으로 여긴다.

성장마인드셋으로 전환하기

대부분의 사람은 적어도 한 가지 분야에서는 고정마인드셋을 가지고 있는데, 고정마인드셋을 성장마인드셋으로 바꾸기 위해 할 수 있는 일들이 있다. 이 장의 도입부에서 언급하였듯이 지능은 가변성이 있고 바뀔 수 있는데, 이는 우리가 뇌를 성장시킬 수 있음을 의미한다. 코펜하겐 대학교(University of Copenhagen)의 심리학자 예스퍼 모겐센(Jesper Mogensen, 2012)은 뇌는 사용할수록 강해지는 근육과 같으며, 학습은 뇌의 뉴런이 새로운 연결을 만들도록 촉진한다는 것을 발견하였다. 우리는 우리 자신이 뇌 발달의 주체라는 것을 이해할 필요가 있다.

드웩(2007a)은 연구를 통해 초등학생부터 대학생까지 모든 연령대의 학생들이 성장마인드셋을 갖도록 배울 수 있다는 것을 발견하였다. 노력, 읽기, 교육, 도전, 기타 활동들을 통해 당신의 지적 능력을 함양시킬 수 있다는 것을 인식하는 것이 중요하다. 드웩은 학생들이 어떻게 공부할지를 알고 있더라도 자신의 노력이 헛된 것이라고 믿는다면 공부하고 싶어 하지 않을 것이라고 설명한다. 만약 당신이 노력의 가치를 인정한다면 당신은 학업과 인생의 더 큰 성공을 향해 가고 있는 것이다. 공부하는 모든 과목을 즐길 수는 없겠지만 누구나 다양한 학업 영역에서 노력을 통해 성장할 수 있다. 모든 교사는 한때 초보자였고 자신의 분야에서 전문가가 되기 위해 많은 시간을 공부해야 했다. 운동을 잘하는 사람들은 아주 많은 훈련을 해야 했고, 성공한 예술가들은 자기 작품의 세세한 것까지 반복적으로 작업해야만 했다. 뉴욕 대학교(New York University)의 조슈아 아론슨(Joshua Aronson)은 지능이 발달할 수 있다는 것을 받아들일 때 학생들의 성적이 향상됨을 증명하였다(Dweck, 2007b에서 인용). 다음은 우리가 알아야 할 성장마인드셋의 중요한 측면이다.

1. 성공은 대부분 지능이 아닌 노력과 학습 전략에서 비롯된다. 만약 지능 덕분에 첫 시험에서 A학점을 받았는데 다음 시험에서는 낙제점을 받았다면, 당신은 갑자기 바보가 된 것인가? 물론 그렇지 않다. 첫 번째 시험에서는 올바른 학습 전략을 사용하였고 A학점을 받을 만큼 충분히 노력하였다. 반면, 낙제점을 받은 두 번째 시험에서는 당신의 노력 수준과 전략에 문제가 있었다. 아마도 내용이 더 어려웠고 추가적인 노력이 필요했던 것인지도 모른다.
2. 우리는 자신의 뇌를 성장시킬 수 있다. 신경과학 연구들은 새로운 신경회로망이 노력과 연습을 통해 만들어지고 고착된다는 것을 발견하였다(Goldberg, 2009; Ratey, 2001). 새로운 신경망은 우리를 더 똑똑하게 만든다. 이 사실을 아는 것은 고정마인드셋에서 성장마인드셋으로 변화하는 데 중요한 열쇠가 된다.
3. 실패는 우리를 미래의 성공으로 이끌 수 있다. 실패했을 때는 실패의 원인이 무엇인지 파악하기 위해 당신이 어떤 전략을 사용했는지

그리고 얼마나 많은 시간과 노력을 기울였는지에 집중하라. 그리고 교사에게 피드백을 요청하라. 실패를 활용하는 것이 성장마인드셋을 만드는 핵심 요소이다. 새로운 전략을 세우고, 학습 파트너를 구하고, 매일 복습하며, 더 많은 시간과 노력을 들이는 것과 같은 개선 방법에 집중한다면 실패를 극복하는 방법을 발견할 수 있다. 도전에 맞설 힘은 실제 기술이나 능력이 아닌 당신의 마인드셋에 달려 있다. 우리는 기꺼이 학습에서 도전을 감내하고 경험으로부터 가능한 모든 것을 배우는 데 개방적이어야 한다. 이 메시지를 받아들이기가 어려울 수 있지만, 학습자로서 당신이 성장하고 발전하기 위해 매우 중요한 부분이다.

4. 수행은 당신의 지능, 가치, 잠재력이 아닌 현재 기술과 노력을 반영한다. 역도는 기술을 개선하고 많은 노력을 하였을 때만 기록이 향상될 수 있다. 더 많이 연습하고 기술이 더 좋아질수록 당신은 더 무거운 무게를 들어 올릴 수 있게 될 것이다. 무거운 것을 들어 올리지 못하는 것은 단순히 현재의 수행 상태일 뿐, 당신이 나약한 사람이라는 것을 의미하지 않는다. 대학 수업은 종종 역도와 같다. 시작은 미미할지라도 반복적으로 연습한다면 당신의 뇌 근육은 계속해서 강화될 것이다.

어떻게 하면 고정마인드셋에서 벗어날 수 있을까

그 답은 생산적이고 긍정적인 성장마인드식 자기 대화를 하는 것이다. 이와 관련하여 캐럴 드웩(2009)은 다음과 같이 몇 가지 단계를 제안한다.

1단계: 고정마인드셋을 자각하라

학생들은 자신이 고정마인드셋에 빠져 있을 때 이를 자각하는 법을 배울 수 있다. 학생들은 스스로 “내가 정말 할 수 있을까? 나는 재능이 없을지도 몰라.” 또는 “실패하면 어쩌지? 나는 실패할 거야.”라고 중얼거리거나 그런 말들이 머릿속에서 계속 맴돌고 있을지도 모른다. 또한 자신이 상황을 과대해석하고 있다면 이것이 고정마인드셋을 알리는 신호일 수 있다. 어떤 사람들은 수학을 못한다고 말하는데, 기하, 대수학, 미적분은 처음엔 누구에게나 도전적인 과제이다. 수학은 농구나 미술처럼 많은 연습이 필요하다. 또한 어떤 사람들은 숫자가 포함된 모든 것을 수학으로 생각하는 실수를 하면서, 모든 형태의 수학을 포함하는 의미의 “난 수학을 못해.”라는 고정마인드셋식의 말을 한다. 이런 사람들은 숫자가 포함된 과제를 보면 그냥 얼어 버린다. 사실, 누구나 어느 정도의 수학은 할 수 있다. 예를 들어, 당신의 룸메이트가 “나는 수학을 못해.”라고 말한다면, “1+2=?”와 같이 아주 간단한 질문을 해 보라. 당신은 그 친구가 간단한 덧셈은 할 수 있으나 통계는 어려워하고 있음을 알게 될 것이다. 덧셈, 삼각법, 기하, 미적분, 통계학에는 차이가 있다. 덜 복잡한 개념부터 시작하고 연습하면 된다. 이것이 수학을 공부하는 방법이다. 다른 많은 분야에서도 마찬가지다. 이전에 언급했던 것처럼 “나는 발표를 할 수 없어요.”와 같은 고정마인드셋 표현을 사용하는 것은 도움이 되지 않는다. 대신 "이번에는 내가 원하는 만큼 발표를 잘할 수 없어요."라고 해 보자.

2단계: 또 다른 선택이 있음을 인식하라

도전, 좌절, 비판을 어떻게 해석할지는 선택의 문제이다. 전략과 노력을 강화하고, 자신의 능력을 성장 및 확장하는 선택을 당신이 할 수 있음을 알아야 한다. 그것은 당신에게 달려 있다.

3단계: 성장마인드셋 방식으로 자신과 대화하라

고정마인드셋이 "정말 할 수 있어? 난 재능이 없을지도 몰라."라고 말할 때, 성장마인드셋은 "지금 할 수 있을지는 모르겠지만 시간과 노력을 들여 배우면 할 수 있을 거야."라고 대답한다. 고정마인드셋이 "이번에 실패한다면 나는 실패한 사람이 될 거야."라고 말할 때, 성장마인드셋은 "실패는 더 나아지는 방법에 대한 정보야."라고 대답한다.

4단계: 성장마인드셋을 실행하라

성장마인드셋 방식으로 자신과 더 많이 대화할수록 성장마인드셋을 선택하기는 점점 더 쉬워질 것이다. 성공은 더디게 오고 그것은 좌절감을 줄 수도 있다. 그렇긴 하지만 어떤 일이든 능숙해지기 위한 유일한 길은 연습뿐이며, 새로운 진전 과정에서 실패는 일어날 수 있다.

마인드셋과 운동경기

운동선수가 자신의 운동 잠재력을 끌어올리기 위해서는 성장마인드셋을 가져야 한다. 그들은 능력과 관련된 그 무엇도 고정되어 있지 않으며, 잠재적 성과는 자신이 누구인지에 의해서가 아니라 자신이 무엇을 하는가에 의해 결정된다는 것을 깨달아야 한다(O'Sullivan, 2014).

야구를 좋아한다면 아무리 훌륭한 타자도 10번의 타석 중 7번 안타를 치는 일은 어렵다는 것을 알 것이다. 대부분의 축구 경기는 점수가 적게 나는데, 한 경기에서 8~10번 득점에 실패하더라도 경기당 한 골만이라도 넣는다면 스타가 될 수 있다. 테니스의 발리[1] 기술은 종종 실패로 끝난다. 이처럼 실패는 모든 스포츠에서 흔히 볼 수 있으며, 실패로부터 학습하는 것이 바로 성공의 열쇠다. 이러한 학습은 성장마인드셋으로부터 나온다.

성공한 운동선수들은 자신이 무엇을 잘못했는지, 그리고 어떻게 하면 더 잘할 수 있을지를 알아내기 위해 자신의 실수 및 실패를 검토하는 데 많은 시간을 보낸다. 프로선수들은 더 나아지는 방법을 연구하기 위해 자신과 경쟁자의 과거 경기를 살펴본다. 이들은 성장마인드셋을 가진 운동선수들이다. 성공한 운동선수들은 코치의 비판을 어떻게 개선할지에 대한 피드백으로 받아들인다. 즉, 그들은 비판이 자신의 현재 플레이에 대한 것일 뿐 그것이 앞으로의 가능성에 대한 것까지는 아니라고 인식한다. 좋은 선수들은 코치에게 이러한 피드백을 끊임없이

---

1) 발리(volley): 테니스에서 공이 바닥에 떨어지기 전에 노바운드(no bound)로 받아넘기는 것을 말한다.

요청하며, 피드백이 부족할 경우 오히려 나쁜 것으로 생각한다. 이들은 성장마인드셋을 가진 운동선수들이다.

교실과 경기장은 무엇인가를 잘하기 위해서는 연습이 필요하고 100% 완벽하게 잘 해낼 수는 없음을 알아야 한다는 점에서 유사하다. 한 번 성공했다고 해서 멈춰서는 안 된다. 숙달된 후에도 계속 연습하는 과잉학습이 중요하다. 제대로 수행할 때까지 연습하는 것이 아니라, 실수가 없을 때까지 연습을 지속해야 한다. 마인드셋은 당신의 운동 능력을 향상시키는 가장 강력한 도구 중 하나이다. 노력, 새로운 전략, 더 나은 훈련 또는 새로운 강습을 통해 더 나아질 수 있는 능력을 자기 자신이 가지고 있다고 인식해야 한다. 가장 중요한 것은 실패할 때마다 무언가를 배우고 다음에 더 잘하기 위해 노력하는 사람들이 결국 각자의 분야에서 최고의 선수가 된다는 것이다.

요약

① 마인드셋은 학습자로서의 자기 자신에 대한 관점이며, 자신의 학습과 관련해서 내리는 모든 결정에 영향을 미친다. 부연하자면, 마인드셋은 학습을 위해 쏟아붓는 노력, 위험 감수, 실패와 비판에 대처하는 방법, 수용 가능한 도전 수준 등과 같은 결정에 영향을 미친다.

② 마인드셋은 스탠퍼드 대학교의 심리학자 캐럴 드웩(2006)이 처음 제시한 개념이다. 드웩은 학습자로서의 자기 자신에 대한 관점이 중학교 시기(또는 더 일찍)에 형성되며 이는 이후의 학습에 영향을 미친

다고 설명한다.

③ 인간 지능에 관한 한 가지는 분명하다. 지능은 가변성이 있는데, 새로운 정보를 접하거나 당신이 이미 알고 있는 것을 새로운 방식으로 봄으로써 변할 수 있다. 일부 사람들이 생각하는 것과는 달리, 우리가 학습할 수 있는 것에는 한계가 없다.

④ 드웩(2006)은 학습자로서 자신에 관한 관점은 고정마인드셋과 성장마인드셋 두 가지 범주로 분류된다는 점에 주목하였다.

⑤ 고정마인드셋을 가진 사람들은 지능이 고정된 특성이라고 믿는다. 그들의 관점에서 보면 사람들은 특정 분야에서 타고나게 똑똑한 사람과 그렇지 않은 사람으로 분류되기 때문에, 그 분야에서 자신을 향상시키기 위해 할 수 있는 어떤 방법도 없다. 고정마인드셋을 지닌 학생들은 일반적으로 자신이 수업을 성공적으로 이수할 만큼 똑똑하지 않다고 믿기 때문에 어떤 수업이 어렵다고 생각되면 그 수업에 훨씬 더 적은 노력을 기울인다.

⑥ 성장마인드셋을 가진 사람들은 새로운 지식과 기술을 습득함으로써 지능이 성장한다고 믿는다. 그들은 노력, 학습, 도전을 가치 있게 여기며, 실패는 다음 성공을 위해 전략을 수정해야 할 필요가 있다는 메시지로 받아들인다.

⑦ 지능에 대한 이러한 관점은 학업적으로 교육과정이 더 복잡해지고 어려워지는 중학교 때 표면화되기 시작한다.

⑧ 드웩(2006)은 마인드셋이 맥락 특수성을 지닌다고 강조한다. 즉, 사람은 어떤 분야에서는 성장마인드셋을 갖고 있으나 다른 분야에서는 고정마인드셋을 가질 수 있다.

⑨ 고정마인드셋을 지닌 학생들은 노력을 덜 하고 튜터링 또는 상담시간을 활용하지 않기 때문에 교사와 교수들은 그들이 나태하고 무책임하며 미성숙하다고 오해한다. 고정마인드셋을 가진 학생들은 자신의 이미지를 지키기 위해 쉬운 것만 골라 하고, 다른 사람들을 무능하게 보이게 만들며, 다른 사람들의 성취를 깎아내리는 경우가 많다.

⑩ 코펜하겐 대학교의 심리학자 예스퍼 모겐센(2012)은 뇌는 사용할수록 더 강해지는 근육과 같으며, 학습은 뉴런 간 새로운 연결을 촉진한다는 것을 발견하였다. 여러분은 자신이 뇌 발달의 주체라는 것을 이해할 필요가 있다.

⑪ 실패했을 경우 원인을 파악하기 위하여 자신이 어떤 전략을 사용했었는지 그리고 얼마나 많은 시간과 노력을 기울였는지에 집중하라. 교사, 교수, 주변 사람에게 피드백을 요청하라. 이는 성장마인드셋을 생성하는 핵심 요소이다.

비판적 사고 및 토론을 위한 질문

1. 고정마인드셋과 성장마인드셋의 특성 중 각각 세 가지를 선택하라. 자신의 삶에서 이것들을 언제 경험했는지 서술하라. 그때 하고 있던 일은 무엇이었으며, 그 일에 대해 어떤 기분이 들었는가?

2. 여러분이 매우 잘한다고 생각하는 것 한 가지를 제시하고, 그것을 어떻게

잘하게 되었는지 설명하라. 다음으로 여러분이 잘하는 것과 관련해서 보통 사람들은 모를 만한 것 한 가지를 제시하고, 그것을 어떻게 배웠는지 설명하라. 여러분이 잘한다고 생각하는 것을 더 잘하기 위해 현재 무엇을 하고 있는가?

3. 당신이 가지고 있는 고정마인드셋 중 최소 한 가지를 설명하라. 다른 것에 대해서는 그렇지 않은데 이것에 대해서는 고정마인드셋을 갖고 있다고 생각하는 이유는 무엇인가? 그러한 마인드셋은 어떻게 생겨난 것일까?

4. 비판 또는 일반적으로 말해 피드백은 어떤 사람들에겐 불편하게 느껴진다. 여러분은 보통 자신에 대한 비판에 어떻게 반응하는가? 일반적으로 피드백을 받았을 때, 여러분은 그것이 당신 자신에 대한 것이라고 생각하는가 아니면 당신의 수행에 대한 것이라고 생각하는가? 앞으로 받게 될 피드백과 관련하여 자신의 마인드셋을 어떻게 하면 바꿀 수 있을까?

5. 당신이 속한 교내 축구팀에 들어오라고 친구에게 제안한다고 가정해 보자. 그런데 그 축구팀은 그다지 잘하는 팀은 아니다. 당신은 친구가 달리기 실력이 뛰어나다는 것을 알고 있다. 그러나 친구는 “나는 운동을 끔찍하게 못해.”라고 말한다. 친구가 당신의 축구팀에 들어와 운동을 하면서 실력이 더 좋아지고 운동을 즐길 수 있도록 그 친구를 어떻게 설득할 수 있을까?

참고문헌

Colvin, G. (2006, October 19). What it takes to be great. *Fortune*. Retrieved from https://money.cnn.com/magazines/fortune/fortune_archive/2006/10/ 30/8391794/index.htm

Dweck, C. S. (2006). *Mindset: The new psychology of success*. New York, NY: Random House.

Dweck, C. S. (2007a). Interview by Lisa Trei [Video].*Stanford News*. Retrieved from http://news.stanford.edu/news/2007/february7/videos/179.html

Dweck, C. S. (2007b, July 29). The secret to rising smart kids. *Scientific American*. Retrieved form https://www.scientificamerican.com/article/the-secret-to-raising-smart-kids1

Dweck, C. S. (2009). Mindset: Powerful insights. Positive Coaching Alliance. Retrieved from http://www.positivecoach.org/carol-dweck.aspx

Ferlazzo, L. (2011, June 11). What is the accurate Edison quote on learning from lure? [Web log post]. Retrieved from https://larryferlazzo.edublogs.org/2011/06/11/what-is-the-accurate-edison-quote-on-learning-from-failure

Goldberg, E. (2009). *The new executive brain: Frontal lobes in a complex world*. New York, NY: Oxford University Press.

Mogensen, J. (2012). Cognitive recovery and rehabilitation after brain injury: Mechanisms, challenges and support. In A. Agrawl (Ed.), Brain injury—*Functional aspects, rehabilitation and prevention* (pp.121–150). Rijeka, Croatia: In Tech.

National Center for Educational Statistics. (2015). *Graduation rates*. Retrieved from https://nces.ed.gov/fastfacts/display.asp?id=40

O'Sullivan, J. (2014). The mindset of high performers. *Changing the Game project.* Retrieved from http://changingthegameproject.com/the-mindset-of-high-performers

Ratey, J. (2001). *A user's guide to the brain*. New York, NY: Pantheon. 김소희 역 (2010). **뇌, 1.4킬로그램의 사용법**. 경기: 21세기북스.

Richard, M. (2007, May). Fixed mindset vs. growth mindset: Which one are you? [Web log post]. Retrieved from http://michaelgr.com/2007/04/15/fixed-mindset-vs-growth-mindset-which-one-are-you

제8장 주의집중

여러 가지 면에서 주의(attention)는 모든 학습의 기초라고 할 수 있다. 주의는 우리 주변에서 무언가가 일어나고 있음에 대한 자각이다. 주의는 우리의 감각을 자극하는 그 무언가에 의한 뉴런 점화(neuron firing)의 결과이다. 그 무언가란 우리가 보고, 듣고, 느끼거나, 냄새 맡는 것일 수 있다. 쉽게 말해 당신의 주의를 끌 만큼 뉴런이 충분히 자극받지 않으면, 당신의 세계에서만큼은 그 무언가가 일어나지 않은 것이라 할 수 있다. 어쩌면 생존을 위한 정보 수집의 중요성 때문에 우리의 뇌는 주의탐색장치(attention-seeking device)가 되었을 것이다. 뇌는 항상 우리를 둘러싼 환경에서 정보를 찾고 있다. 수천 년 전 바스락거리는 수풀은 먹잇감을 찾고 있는 호랑이의 위협을 의미했을지도 모른다. 오늘날에는 줄지어 달려가는 자동차들 사이의 간격으로 언제 길을 안전하게 건널 수 있는지를 알 수 있다. 여러분은 강의자료를 공부하기 위해 책에 주의를 기울이거나, 친구가 한 말이 진지한지 농담인지 판단하기 위해 그의 목소리 톤에 주의를 기울이기도 한다. 온갖 지속되는 자극에 주의를 기울이는 일은 우리를 쉽게 지치게 만드는데, 이 때문에 우리는 정보 수집을 하는 일로부터 휴식을 취해야 할 시점에 대해서도 알아야 한다. 명상과 같이 뇌를 고요하게 만드는 과정은 엄청난 에너지와 훈련이 필요하다.

여러분이 수강하고 있는 수업에서의 학습을 생각해 보자. 수업에서 지루함을 느낄 때 학습한다는 것이 얼마나 어려운지를 여러분은 잘 알고 있을 것이다. 홍미가 없을 때는 심지어 단순한 수업자료도 학습하기 어렵다. 이런 경우 여러분의 마음은 더 홍미롭고 도전적인 것을 찾아 방황하게 된다. 도전적인 수업자료도 여러분의 뇌를 방황하게 만들 수 있는데, 아마도 자료 자체에 주의를 기울이기보다는 자료가 얼마나 어려운지만 생각하기 때문일 것이다. 종합해 보자면 주의는 통제하기 매우 어려운 것일 수 있다. 우리가 어떤 것에 홍미를 느낄 때는 자연스럽게 주의를 기울이게 된다. 그러나 지루하거나 좌절감을 느낄 때는 우리의 뇌가 산만해지고 다른 일에 대해 생각하기 시작하게 된다. 아마 이 때가 습관적으로 휴대폰에 손이 가는 시점일 것이다. 학습의 관점에서 볼 때, 어떤 것이 우리의 주의를 끌지 못한다면 우리는 그것에 대해 그 어떤 새로운 것도 배울 수 없다.

주의와 학습

여러분은 선생님이나 부모님으로부터 “자, 제대로 집중 좀 해 보자.” 또는 “내가 말하고 있을 때 나에게 집중 좀 해 주렴.”과 같은 말을 얼마나 많이 들어 보았는가? 여러분은 아마 인식하지 못하겠지만, 그들은 여러분이 중요한 것에는 주의를 기울이지 않고 더 흥미로운 것을 찾느라 딴 곳에 정신이 팔려 있다는 것을 알아차릴 수 있다. 여러분에게 불편한 얘기일 수 있지만 새로운 것을 학습할 때는 주어진 정보에 반드시 주의를 기울여야 한다. 유감스럽게도 무언가에 주의를 기울이는 일은 생각만큼 쉽지 않다. 인간의 뇌는 그것이 무엇이든 상관없이 그 시간에 가장 흥미로운 것에 주의를 집중하게 되어 있으며, 그것에 대한 주의도 주의를 돌릴 만한 또 다른 것이 나타나기 전까지만 유지하게 배선되어 있다. 주의를 다른 데로 돌리기 전까지 얼마만큼 시간이 걸리는지는 주로 여러분의 과거 경험에 따라 결정되는데, 여러분의 과거 경험은 자기 자신만의 고유한 것이다. 인생을 살아가면서 뇌는 우리가 겪게 되는 모든 경험에 의해 배선된다. 인간은 모두 각자 고유한 경험을 가지면서 살아왔기에 우리의 뇌는 모두 다르게 배선되어 있다. 일란성 쌍둥이조차 서로 다른 경험을 가지기에 동일한 뇌를 갖고 있지 않다. 이러한 배선 과정은 주의지속시간(attention span)에 직접적인 영향을 미친다. 현재 30세 미만인 사람들은 텔레비전 광고, 뮤직비디오, 문자 메시지, 이메일, 트위터 등과 같이 짤막한 정보들이 가득한 미디어 기반의 문화에서 평생을 살아왔으며, 이로 인해 사람들의 뇌는 짧은 시간 동안 주의를 끄는 정보를 다루도록 배선을 만들어 왔다. 또한 대부분의 사람의 경우 그러한 정보를 거의 끊임없이 다루도록 배선되었다. 오늘날의 극심한 미디어 홍수 시대 이전에 살았던 사람들에게는 지금처럼 너무 자주 전달되지 않으며 오랜 시간에 걸쳐 확산되는 정보를 다루도록 뇌가 배선되어 있었다. 예를 들어, 연구자들은 요즈음 뉴스에서 송출되는 정치 후보자의 발언 길이가 평균적으로 대략 8초 정도밖에 되지 않는다는 것을 발견했다. 이것은 지난 50년 동안 상당히 변화해 온 것이다. 1968년 미국 대통령 선거 당시 뉴스에서 송출되는 후보자 발언은 꽉 찬 43초였다. 1990년대에는 미국의 방송사 CBS가 30초 미만의 후보자 발언은 송출하지 않겠다고 말하면서, 정치적 메시지를 짧게 전달하려고 하는 당시의 경향에 반대하기도 하였다. 이와 같이 짧은 정치적 발언 송출을 없애려는 시도는 정보에 입각한 복합적인 담론을 장려하기 위한 노력으로 제안되었다. 하지만 20년이 지난 지금, 후보자 발언의 송출 길이가 매우 짧아지는 쪽으로 추세가 진행되고 있다. 최근 정치 후보자들의 발언은 일반적인 시청자들의 주의를 유지할 수 있도록 매우 빨리 끊긴다. 그러나 8초 안에 복잡한 아이디어를 설명하는 것은 불가능하다(Montagne, 2011).

정보는 놀라운 속도로 우리에게 다가오고 있는데, 이는 특히 우리 선조들과 비교했을 때 더욱 그렇다. 1850년대에 살던 사람이 평생에 걸쳐 경험한 정보는 당신이 일주일 동안 『뉴욕타임스』를 읽으면서 얻을 수 있는 정보의 양과 같을 것이다. 오늘날에는 정보가 매우 빠르고 빈번하게 보급되기 때문에, 우리의 뇌는 수십 년 전과는 전혀 다른 방식으로 반응해야 한다. 2010년 7월 의학 학술지인 『피디에트릭스(Pediatrics)』에 실린 논문에 따르면, 텔레비전과 비디오 게임에 대한 노출이 증가되면서 초등학생들의 주의지속시간이 현저하게 감소했다고 한다(Swing, Gentile, Anderson, & Walsh, 2010). 2015년 2,000명을 대상으로 한 캐나다의 연구에서는 2000년 이후 젊은이들의 평균적인 주의지속시간은 12초에서 8초로 감소했는데, 이는 실제로 금붕어의 주의지속시간보다 적다(McSpadden, 2015). 이러한 연구 결과는 우리에게 끊임없이 정보가 쏟아지기 때문에 자리에 앉아 다른 일에 주의가 흐트러지지 않기 위해서는 노력이 필요하다는 것을 시사한다. 휴대폰과 같은 즉각적인 미디어의 이용 가능성이 증가함에 따라 주의를 유지하는 것은 점점 더 어려워질 것이다. 앞서 언급한 캐나다의 연구에 따르면 18~24세의 연구 참여자 중 77%는 "아무것에도 집중하지 않을 때 내가 가장 먼저 하는 일은 휴대폰을 집어 드는 것이다."라는 말에 동의했다.

또한 멀티태스킹(multitasking)—실제로는 과제전환(task shifting)—은 우리의 주의를 자주 전환하도록 유도하기 때문에 중요한 각성 능력에 해를 끼친다는 증거가 있다(Carp, Fitzgerald, Taylor, & Weissman, 2012). 우리가 학습하는 방식은 다양한데, 요즘 우리가 알아가고 있는 한 가지는 우리의 주의지속시간이 점점 더 짧아지고 있다는 것이다. 다시 말해, TV를 보거나 친구들과 문자를 주고받으면서 아니면 트위터를 하면서 공부하는 초고속 멀티미디어 사회에서는 주의지속시간이 멸종될지도 모른다는 것이다. 그리고 멸종위기종과 같은 처지에 있는 주의지속시간을 살아남게 하여 학습에서의 성공을 보장하기 위해서는 주의지속시간을 기르고 향상할 수 있도록 특별한 노력을 기울여야 한다.

주의의 유형

우리는 학습하기 위해 주의를 집중하고 유지하는 것이 성공적인 학교 생활에서 중요한 요소임을 알고 있다. 그렇지만 '주의를 집중한다

(pay attention)'는 것은 정확히 어떤 의미일까? 주의의 개념적 정의에 대해서는 연구자들 사이에 의견 차이가 있다. 우리는 '주의'라는 용어를 하나의 의미로 사용하는 경향이 있지만, 연구자들은 주의를 초점적 주의, 지속적 주의, 노력을 요하지 않는 주의, 노력을 요하는 주의 등 여러 가지 유형으로 구분한다. **초점적 주의**(focused attention)는 지속시간이 매우 짧아 아마도 몇 초에 불과하다. 이 유형의 주의는 보통 당장 필요한 것에 주의를 기울이는 것을 말한다. 전화를 받거나, 문을 열거나, 방금 당신을 깜짝 놀라게 한 것이 무엇인지 알아차리는 것 등이 그 예이다. 인간에게 있어 이런 유형의 주의는 오랜 시간이 흘렀지만 거의 변하지 않았다. **지속적 주의**(sustained attention)는 더 오랜 시간 동안 무언가에 주의를 기울여야 할 때 활성화된다(Dawson & Medler, 2009). 이런 유형의 주의는 몇 분 혹은 몇 시간 동안 주의를 기울여야 하는 작업을 수행하고자 할 때 필요하다. 책을 읽거나 영화를 보기 위해, 또 수업에서 조별 과제를 수행하거나 강의 내용을 배우기 위해서는 지속적 주의가 필요할 것이다. 특히 학교에서는 지속적 주의가 매우 중요하다. 불행히도 최근에는 이러한 유형의 주의가 지속시간이 상당히 짧아져서 우리가 수업이나 과제에 집중력을 유지하기 어렵게 만들고 있다.

연구 문헌에서는 또한 '몰입(flow)의 상태'나 '무아지경의 상태'라고도 종종 불리는 **노력을 요하지 않는 주의**(effortless attention)를 언급한다. 이것은 일반적으로 당신이 도전적이지만 즐길 만하다고 생각하는 활동에 빠져 있을 때 그리고 당신의 기술이 그 활동의 요구 수준에 부합할 때 일어난다. 이러한 상황에서 당신의 정신은 굉장히 집중하지만 별다른 노력이 없이도 유지되는 주의의 상태로 들어가게 된다(Bruya, 2010;

Csikszentmihalyi, 2014). 이러한 종류의 주의는 당신이 높은 실력을 갖춘 스포츠 경기에서 이기고 있을 때나, 잘하는 비디오 게임을 할 때, 혹은 장거리 달리기를 할 때 경험해 보았을 것이다. 어떤 사람들은 운이 좋게도 학습하는 동안 이런 유형의 초점적 주의를 경험한다. 이것은 책을 읽거나, 프로그래밍 코드를 작성하거나, 흥미진진한 연구 프로젝트를 수행하면서도 일어날 수 있다. 만약 여러분이 과제를 하거나 학습하는 동안 시간이 가는 줄도 모르고 재미가 있었다면 여러분은 '몰입'을 경험한 것이다.

주의의 마지막 유형으로는 **노력을 요하는 주의**(effortful attention)가 있다. 어려운 책을 읽거나 주요 관심 분야가 아닌 주제에 대한 수업을 들을 때는 종종 노력을 요하는 주의가 필요하다. 이러한 유형의 주의는 주의 및 행동 통제 이론의 이중처리 모델로 설명된다. 주의와 행동 통제에 있어 '이중처리(dual processes)'가 의미하는 바는, 어떤 것을 성공적으로 해내기 위해서는 주의 통제가 많이 요구되는 과제일수록 그 요구에 비례해 노력을 증대할 필요가 있다는 것이다(Osman, 2004). 본질적으로 기술이나 학습과제가 어려워질수록 자료를 배우고 이해하기 위해 더 많은 주의를 기울여야 한다. 노력을 요하는 주의는 대학생과 고등학생에게 매우 중요한 유형의 주의라고 할 수 있는데, 여러 가지 이유로 인해 교실에서의 학습이 어렵거나 지루할 수 있기 때문이다. 배우기 위해서는 주의를 기울여야 함을 이해하는 것, 그리고 어떤 학습 상황에서는 과제가 어려워질수록 더 큰 주의를 기울여야 함을 이해하는 것, 이 두 가지는 성공적인 학습을 위한 주요 요소라 할 수 있다.

학습, 주의 그리고 지루함

1977년에 나(테리 도일)는 그해 출판된 리처드 바크의 『기계공 시모다(원제: Illusions: The Adventures of a Reluctant Messiah)』라는 책을 읽었다. 이 책에서 바크는 진정한 배움을 위해 학습자는 지루함을 감내해야 하며, 학습이나 인생의 다른 부분에서 실패했을 때 지루함을 변명으로 삼아서는 안 된다고 말했다. 물론 바크는 이처럼 지루함을 감내하는 것이 실천하기 쉬운 일은 아니라고 했다. 이 메시지는 그 이후로 나의 뇌리에서 떠나지 않고 있다. 지루함은 선택의 문제이다. 그러나 지루함에도 불구하고 어떤 활동을 추구하고 그 활동에 참여하기로 선택하는 것에는 에너지가 필요하다. 사람, 책, 영화, 강의가 본질적으로 지루한 것은 아니다. 우리가 어떤 것은 지루하다고 생각하고 다른 것은 흥미롭다고 생각하는 데는 많은 요인이 영향을 미친다. 또한 당신이 재미있다고 느끼는 것이 다른 누군가에게는 꽤 지루할 수도 있다. 대개 사람들은 너무 단순하거나 이해하기 어려운 경우 지루하다고 여긴다. 사람들은 일반적으로 도전적이면서도 도달 가능한 것들에 흥미를 느낀다. 때때로 여러분이 지루하다고 생각되는 무언가를 배워야 한다면, 여러분이 택할 수 있는 비결은 배워야 할 내용에서 도전적이거나 흥미로운 면을 찾아내는 것이다.

유난히도 지루했던 수업을 받아 본 적이 있는가? 물론 우리는 모두 그런 경험이 있다. 이때 중요한 질문은 "모든 학생이 그 수업에서 낙제했는가?"이다. 모든 학생이 낙제하는 수업은 극히 드물다. 그렇다면 수업 내용이 너무도 지루해서 주의를 집중하기가 대단히 어려울 때도 학생들은 어떻게 수업을 이수하고 심지어 A학점까지 받는 것일까? 일반적으로 성공적인 학생들은 교사나 교수의 행동과 상관없이 자기가 배워야 한다는 것을 알기 때문에 무관심의 태도를 보이는 대신 억지로라도 주의를 집중한다. "우리가 학교 생활에서 흥미를 느끼는 일에만 집중할 수 있는 호사라는 건 있지 않다."라는 말을 이해하는 것이 중요하다. 이 말은 학교에서 학업적 성공과 실패의 차이를 결정할 수 있을 정도로 너무나 중요하다. 때로는 흥미와 주의를 향상시키기 위해 여러분은 학습 내용에서 의미와 도전적인 목표를 찾아내야 한다. 학습할 때 주의를 집중할 수 있도록 동기 부여하기 위해서는 졸업 또는 개인적 성취감과 같은 더 큰 목표가 필요하다. 기억하자. 학습의 제1절대법칙은 학습을 위해 주의집중이 필요하다는 것이다.

어떤 것에 대하여 지루함을 느끼게 되는 또 다른 이유는 그와 관련된 과거 경험이 없기 때문이다. 일반적으로 우리는 무언가에 대하여 조금이라도 알고 있을 때 흥미가 유발되는데, 이는 정교화(elaboration)라는 과정을 통해서 우리가 이미 알고 있는 것을 새로운 경험과 연결할 수 있기 때문이다. 어떤 것에 대해 거의 또는 전혀 알지 못할 때는 이런 연결을 만들기가 더 어려워지므로 결과적으로 지루함을 느끼게 된다. 이러한 경우 학습 자료가 흥미롭게 느껴질 정도로 학습하기 위해서는 노력을 요하는 주의 과정이 필요하다. 일단 학습 자료가 흥미로워지면 주의를 유지하기 위한 노력의 필요성은 감소하게 된다. 당신이 즐겨 하는 운동이나 활동을 생각해 보라. 그 운동이나 활동에 대해 아무것도 모르는 사람에게 그것을 설명한다면 그들의 반응은 어떠할까? 사람들의 흥미 수준은 그들의 과거 경험과 직접적으로 일치한다는 점에 주목하라.

만약 당신이 누군가에게 절벽 다이빙에 대해 설명하고 있다고 해 보자. 그 사람이 절벽 다이빙에 대해 아무것도 모른다고 하더라도, 높은 곳에서 물로 뛰어드는 것이 무엇을 의미하는지만 알면 당신의 이야기는 매우 흥미롭게 느껴질 것이다. 만약 당신이 크리켓(야구의 먼 친척)의 복잡한 경기 상황을 야구의 '야' 자도 모르는 누군가에게 설명하게 된다면, 그 대화는 상대방에게 지루할 것이고 매우 짧게 끝날 것이다. 학교 학습에서 수업 내용을 잘 모를 때 사용할 수 있는 요령은 수업 담당 교사나 교수와 이야기를 나누거나 수업자료의 첫 부분을 읽어 보는 등 노력을 요하는 과정을 통하여 스스로 주의를 집중하게 만드는 것이다. 얼마나 많은 노력이 필요한지에 대해 생각하기보다는 그 주제와 관련하여 흥미를 가질 만한 부분이 있는지 알 수 있을 만큼 학습하는 것에 초점을 맞추어 보자.

공상과 주의

일부 교사들은 공상(daydreaming)하는 학생들을 학습에 관심이 없는 '게으름뱅이'라고 생각한다. 이러한 교사들은 주의를 자신의 수업 행동과 상관없이 전적으로 학생의 책임이라 여긴다. 그러나 뇌와 학습에 대한 연구에서는 다르게 설명한다. 공상하는 버릇은 정상적인 뇌의 활동이다. 아무리 우리의 주의를 끌 수 있는 일이라고 하더라도, 일상적인 일에 몇 분 이상 집중하는 것은 본질적으로 누구에게나 어려운 일이다(Smallwood & Schooler, 2006). 주의력이 흐트러지면 학습도 마찬가지가 된다. 이렇기에 주의집중 능력을 높이는 방법을 습득한 학생들이 가장 성공적인 학습자가 되는 경우가 많다. 이 장의 후반부에서 우리는 주의집중을 향상하는 방법에 대해 논의할 것이다.

최근 연구에 따르면 사람들이 딴생각에 빠지는 것이 때때로 긍정적인 영향을 줄 수 있는데, 이런 옆길로 흐르는 딴생각들이 중요한 생각들을 꿰어 올 수 있기 때문이다. 우리의 뇌는 목표에 도달하기 위해 정보를 처리하는데, 이러한 목표들은 즉각적인 것도 있고 장기적인 것도 있다. 어찌 되었건 우리는 지금 여기에서 당면한 문제를 다루는 것과 장기적인 목표에 대해 생각하는 것, 이 두 가지 사이를 오가는 방법을 발전시켜 왔다. 사람들이 딴생각 중에 하는 대부분의 생각들이 미래와 관련이 있다는 것은 우연의 일치가 아니다. 이보다 더 대단한 발견은 '멍때리기(zoning out)'가 가장 생산적인 유형의 공상일 수 있다는 점이다. 딴생각을 하고 있다는 것조차 알아차리지 못할 때, 우리는 전체적인 상황에 대해 가장 깊이 생각할 수 있을지도 모른다. 따라서 공상은 나쁘지 않다. 사실 공상은 중요한 것이다. 하지만 수업 중에 정말 주의를 기울여야만 할 때, 자신이 잠들어 가고 있음을 알아차리는 능력을 기르는 것은 학업적 성공에 필수적이라 할 수 있다.

멀티태스킹 및 과제전환이 학습에 미치는 영향

인간으로서 우리가 한 번에 여러 가지 일을 할 수 있다는 것은 매우 중요하다. 우리는 걷는 중에도 차량들을 주시하고 언제 길을 건널지를 결정할 수 있어야 한다. 우리는 운전하면서 대화를 하고 음악도 듣는다. 그리고 자전거를 타고 집으로 가면서 저녁식사로 무엇을 먹을지 생각할 수도 있다. 우리는 하루 종일 멀티태스킹을 하고 있다. 그렇긴 하지만 뇌에 부과되는 업무가 정해진 정보량을 초과하는 순간 우리는 멀티태스킹(multitasking)에서 과제전환(task shifting)으로 바꾸어야 한다. 이는 일반적으로 이런 일이 일어나고 있는지도 모르는 채 이루어진다. 이것은 뇌의 함정인 동시에 뇌가 가진 힘이라고도 할 수 있는데, 둘 중 어느 쪽이든 상관없이 우리를 곤경에 빠뜨린다. 또한 우리는 몇 가지 프로젝트를 동시에 진행해야 할 때도 있다. 이처럼 여러 일을 관리하는 것은 전체적인 프로젝트가 제대로 굴러갈 수 있도록 하는 데 필수적이나, 이것은 실제로는 멀티태스킹도 아니며 과제전환도 아니다. 멀티태스킹이 가능한 시기, 과제전환의 장점과 위험성, 그리고 여러 일을 관리하는 데 필요한 주요 요소 등을 이해하는 것은 학습에서 핵심적인 기술이지만 이에 대해 세심하게 고려하는 사람은 소수이다.

멀티태스킹과 주의

많은 사람에게 멀티태스킹하는 사람의 모습은 마치 비범한 지적 능력을 가진 슈퍼히어로처럼 높은 지능의 신호로 보인다. 구인광고는 종종 해당 직무에 대한 주요 요건으로서 멀티태스킹 능력을 제시하기도 한다. 그러나 멀티태스킹은 대부분의 사람이 알고 있는 것보다 훨씬 더 복잡하다. 독서할 때, 수업을 들을 때, 토론에 참여할 때와 같이 뇌가 정보를 처리해야 하는 경우, 동시에 두 가지 과제에 주의를 기울이는 것은 불가능하다(Foerde, Knowlton, & Poldrack, 2006). 사실 이런 상황에서의 멀티태스킹은 과학자들이 알고 있는 기억의 작동 방식에 위배된다. 뇌영상 연구에 따르면 기억과제(memory tasks)와 주의분산자극(distraction stimuli, 읽기 · 듣기 등)은 각기 뇌의 다른 부분이 관여하며 우리가 멀티태스킹을 시도할 때 이 영역들은 서로 경쟁 관계에 놓이게 되는데, 이로 인해 두 작업 모두가 방해받는 결과에 이른다(Foerde et al., 2006). 뇌는 우리가 여러 곳에서 나오는 정보를 동시에 처리할 수 있다고 생각하도록 부단히 우리를 속인다. 하지만 이것은 불가능하다. 인지적 요구도가 높은 두 가지 일을 한꺼번에 하려고 할 때 뇌는 일시적으로 한 작업을 중단하고 다른 작업을 수행한다(Dux, Ivanoff, Asplund, & Marois, 2006). 예를 들어, 수업 중에 문자 메시지를 보낼 때 당신은 일시적으로 수업에 귀 기울이는 것을 멈춘다. 만약 문자 메시지를 보내거나 텔레비전을 보면서 혹은 전화 통화를 하면서 과제를 하려고 한다면 과제를 마치는 데 드는 시간이 훨씬 더 길어질 것이며 실수도 더 많이 하게 될 것이다. 심리학자인 러셀 폴드랙(Russell Poldrack)은 "우리는 우리 사회가 변해 가는 방식으로 인해 치러야 할 대가를 인식해야 한다. 또한 인간은 멀티태스킹을 위해 설계되지 않았음을 인식해야 한다. 인간은 사실 한 번에 한 가지에만 주의를 기울일 수 있게 설계되었다."라고 경고했다(Rosen, 2008). 수 세기 전 아이작 뉴턴(Isaac Newton)은 그의 특별한 천재성에 대해 물었을 때, 그의 모든 발견이 "다른 재능보다는 참을성 있게 주의를 기울인 덕분이다."라고 답했다(Rosen, 2008).

어떤 상황에서는 멀티태스킹이 가능할 때도 있지만, 새로운 자료를 학습할 때는 멀티태스킹이 일반적으로 좋은 방법은 아니다. 새로운 과제를 시작할 때는 어떤 것이라도 처음엔 상당한 집중이 필요하다. 이를 통제된 처리(controlled processing) 혹은 의도적 처리(effortful processing)이라 부른다. 어떤 것에 대해 충분히 많이 연습한다면 무의식적으로 할 수 있을 만큼 점점 더 쉬워질 수 있다. 이와 관련된 좋은 예로 스키를 들 수 있다. 스키를 처음 시작하는 일은 매우 어렵고 많은 주의가 필요하다. 하지만 오랜 시간 동안 연습한 다음에는 적은 노력으로도 스키를 탈 수 있다. 이처럼 어떤 과제가 수행하기 매우 쉬워질 때 이를 자동 처리(automatic processing)라고 부르게 된다. 우리는 걸으면서(작업 1) 익숙한 노래를 흥얼거리기(작업 2)와 같은 두 가지 자동 처리 과제를 동시에 할 수 있다. 때로는 운전을 하면서(자동 처리), 친구의 문제에 대해 대화하기(의도적 처리)처럼 하나의 자동 처리 과제와 다른 하나의 통제된 처리 과제를 동시에 할 수도 있다.

인간의 뇌가 아무리 훌륭하더라도, 잘 모르는 내용의 강의를 들으면서 친구에게 문자를 보내는 것처럼 두 가지 의도적 처리 과제에 동시에 주의를 기울이는 것은 거의 불가능하다. 뇌가 두 가지의 통제된 처리 과제를 동시에 수행하려고 할 때, 두 번째 과제에 주의를 기울이기 위해서는 첫 번째 과제에 대한 주의를 멈추어야 한다. 앞서 언급했듯이 이것을 과제전환이라고 한다. 핵심은 스스로의 끊임없는 의도적 주의 산만이 개인적 · 문화적 웰빙에 심각한 해가 될 수 있음을 신경과학적 증거들이 보여 주고 있다는 점이다(Rosen, 2008).

여러 가지 과제를 다루기

우리가 인지적인 부담이 큰 과제들을 멀티태스킹할 수 없음에도 불구하고, 과거에 비해 오늘날 우리는 훨씬 더 많이 여러 가지 과제를 다루고 있다. 이 두 개념은 서로 다르다. 여러 가지 과제를 다루는 것은 반드시 길러야 할 기술이며 매우 가치가 큰 기술이다. 여러 가지 과제를 다루는 일은 적절하게 주의 전환하기, 과제의 우선순위 정하기, 과제 완수하기를 포함한다. 실제 많은 직업에서 유능한 과제 관리자를 필요로 하는데, 이들은 현재 이 순간 가장 중요한 과제에 주의를 집중하고 나서 그다음 업무 우선순위에 따른 변화에 적응할 수 있는 사람이다. 어느 대도시 병원의 응급실을 생각해 보면 이해가 될 것이다(Oberlander, Oswald, Hambrick, & Jones, 2007).

여러 과제를 빠르게 다루는 능력은 분명 중요한 기술이며 많은 학생들이 이에 능하다. 그러나 이런 형태의 과제 관리에도 문제점은 있다. 버먼, 조니데스, 카플란의 연구에 따르면(Berman, Jonides, & Kaplan, 2008), 사람들이 많은 과제를 다루고 있을 때 비록 그들이 즐거움과 편안함까지도 느낄 수는 있겠지만 실제로 그들의 뇌는 피로해진다. 우리의 뇌가 학습 모드에 있기 위해서는 직접적인 주의를 기울여야 하기 때문에 뇌가 피로하다는 것은 문제가 된다. 뇌가 피로해지면 집중하기가 훨씬 더 어렵다. 또한 버먼과 동료들(2008)은 사람들의 과민성이 종종 두뇌 피로에 의해 발생한다는 것을 발견했다.

과제전환

자신이 멀티태스킹을 하고 있다고 생각지만, 사실 과제전환이라는 과정에 있는 경우가 일반적이다. 과제전환은 두 가지 이상의 과제들 사이를 빠르게 오가는 일을 수반하는데, 대개 그 과제들 가운데 한 가지는 일정한 인지적 에너지가 필요한 정도까지는 통제되기 때문이다. 학기말 리포트를 쓰면서 친구에게 문자를 보내고 동시에 TV 프로그램을 보는 것은 과제전환의 좋은 예이다. 이 세 가지 과제는 모두 인지적인 노력이 요구된다는 점에서 통제적 처리 과정이라 할 수 있는데, 따라서 이 가운데 한 가지 과제가 주의의 대상으로 선택되면 다른 두 과제는 '일시 정지' 상태가 된다. 이렇게 일을 할 때 심지어 뇌는 여러분이 이 과정을 효과적이라고 생각하게끔 속일 것이다. 문제는 많은 연구에서 과제전환을 하는 것이 한 번에 한 가지 일을 하는 것보다 대부분 효과적이지 않음을 보고해 왔다는 것이다. 또한 연구 결과에 따르면 나이가 들어 갈수록 과제전환은 점점 더 비효율적이며 어려워진다(Jolly et al., 2016). 일단 리포트 과제에 집중하고 난 다음에 쉬면서 텔레비전을 보고 친구들에게 문자를 보낼 때와, 텔레비전을 켜 놓고 친구에게 문자를 보내며 과제를 작성할 때를 비교해 보자. 후자보다 전자의 상황에서 과제의 완성도가 더 높을 것이고 과제도 훨씬 더 빨리 끝마칠 수 있을 것이다. 연구자들은 음악을 들으면서 공부하는 상황에서조차도 '음악 듣기'와 '공부하기'의 두 가지 과제가 서로 경쟁하게 되고 수행을 낮춘다는 것을 발견하였다(Christopher & Shelton, 2017). 여러분이 공부 중에 음악을 듣거나 TV를 켜 두어도 좋을 때는 공부하는 장소의 다른 소리에 주의가 흐트러지지 않도록 배경음악이 필요한 경우에만 해당될 것이다. 하지만 연구에 따르면 이것도 효과를 내기 위해서는 자동으로 처리될 수 있을 정도로 친숙한 음악을 선택하거나 혹은 음악이나 TV 채널을 반드시 인지적으로 주의를 끌지 않는 형태로 유지해야 한다. 다시 말해, 여러분이 두 번째 자극을 무시해야만 한다는 것이다. 이렇게 하는 데 성공한다면 여러분은 음악이 갑자기 멈추어도 바로 알아차리지 못할 것이다.

주의집중 능력을 향상하는 방법

대부분의 교사와 교수들은 성공적인 학습자의 네 가지 요소가 노력, 지능, 배워야 할 주제에 대한 배경지식 그리고 주의집중 능력이라는 데 동의할 것이다. 그들은 또한 이 네 가지 요소 가운데 요즘 학생들에게 가장 어려운 것이 주의집중이라는 것에도 동의할 것이다. 그러나 이는 학생들의 잘못이 아니다. 인간의 뇌는 뇌가 경험하는 모든 것에 의해 배선이 이루어진다. 만약 당신이 1995년 이후에 태어났다면 매우 짧은 비트(bits)나 바이트(bytes)로 정보가 전달되는 미디어 기반의 문화에서 살아왔을 것이다. 이로 인해 여러분의 뇌는 더 짧은 시간 동안만 주의를 기울이는 데 익숙해지게 되었다. 하지만 불행하게도 학교에서의 학습은 더 긴 주의지속시간을 요구한다. 다음에 이어질 내용에서 여러분은 주의집중 능력을 향상하는 방법에 대해 살펴볼 것이다.

수면과 주의력 향상

충분한 휴식을 취했고 주제에 대해 흥미가 있을 때도 주의를 집중하는 일은 여전히 어려운데, 이는 뇌가 공상에 빠져드는 자연적인 경향성이 있기 때문이다. 피곤할 때나 수면 부족 상태에서 주의를 집중하는 것은 더욱 큰 난관인데, 이것은 정말로 어려운 일이다. 제2장에서 논의하였듯이 뇌는 피곤하거나 지쳐 있을 때 학습에 필요한 몇 가지 정신 과정을 정지시킨다. 이것은 여러분이 여전히 깨어 있다고 할지라도 마찬가지다. 또한 수면을 충분히 취하지 않으면 주의집중과 새로운 내용의 학습을 위해 뇌에서 가장 중요한 부분인 해마(hippocampus)가 학습을 위해 준비되지 못한다. 전날 습득한 정보 중 원치 않는 정보는 지우고 중요한 정보는 기억 처리를 위해 신피질에 전달하는 이러한 과정은 7.5~9시간의 충분한 수면 시간이 필요하다. 주의집중을 잘하기 위해서는 충분한 수면을 취할 수 있는 방법을 찾아야 한다. 그렇지 않다면 새로운 무언가를 학습하는 것은 어려워진다.

운동과 주의력 향상

제3장에서 논의한 바와 같이 연구에 따르면 규칙적으로 유산소 운동을 하는 사람들의 주의집중 능력이 상당히 증가한다는 것은 분명하다. 운동할 때 뇌에서는 신경화학물질인 노르에피네프린, 도파민, 세로토닌이 더 많은 양으로 분비되는데, 이러한 신경화학물질(특히, 노르

에피네프린)이 주의력, 집중력, 학습 동기를 유지하는 능력을 향상시키기 때문이다(Ratey, 2013). 게다가 운동은 몸을 건강하게 하고 잠을 잘 자도록 하는데, 몸의 건강과 숙면 모두는 주의력 향상을 위해 중요한 것이다. 연구자들은 유산소 운동이 ADHD(주의력 결핍 과잉행동 장애, Attention Deficit Hyperactivity Disorder)를 가진 아이들의 인지 기능까지 높인다는 것을 발견했다(Huang et al., 2014). 유산소 운동이 가장 좋긴 하지만, 어떤 운동이라도 일주일에 4~5일 정도 하는 것은 주의력을 높이고 학습을 증진하는 데 도움이 되는 가장 좋은 방법 가운데 하나이다.

주의력을 높여 준다는 쉬운 방법들을 경계하라

인터넷에는 주의지속시간을 늘리고 집중력을 향상하는 방법에 대한 제안들이 가득하다. 그러나 이러한 제안 가운데 다수는 과학적 근거가 전혀 없다. 2010년 미국의 국립보건연구소(National Institutes of Health)가 주의력 등 인지 기능을 유지하거나 높인다고 알려진 방법들을 검증한 결과, 이 중 다수는 근거가 부족하였다(Begley, 2011). 예를 들어, 비타민 B6 · B12 · E, 베타카로틴, 엽산 그리고 플라보노이드와 같이 최근에 유행하는 항산화제들은 주의력을 강화하거나 인지 기능을 향상하는 데 아무런 효과가 없는 것으로 밝혀졌다. 또한 알코올이나 오메가-3(생선의 지방산) 또는 넓은 사회적 관계가 뇌 기능을 개선한다는 주장도 근거가 부족한 것으로 밝혀졌다(Begley, 2011).

그러나 주의력 향상에 관한 몇 가지 확실한 과학적 연구가 있다. 명상(meditation)은 외부로부터의 감각 신호를 처리하고 주의를 조절하는 뇌 영역의 두께를 증가시키는 것으로 나타났다(Jha, 2011). 명상은 두뇌의 과정이 더 효율적으로 이루어지도록(이는 높은 지능과 연관된 특성이기도 하다) 뇌의 구조와 기능을 변화시킴으로써 정신적인 영민함과 주의력을 향상하는 데 효과적인 것으로 나타났다(Jha, 2011). 이와 같은 결과는 6개월 동안 정기적으로 명상을 한 사람들로부터 도출되었다. 보건학의 다른 분야에서도 명상이 스트레스 감소 등 건강에 긍정적인 영향을 준다는 연구가 있음을 주목할 필요가 있다(Nidich et al., 2009). 또한 마음챙김(mindfulness)의 수행도 주의력을 향상하는 것으로 나타났다(Tang et al., 2010). 마음챙김은 자신의 감정과 생각, 그리고 신체의 감각을 차분히 인정하고 수용하는 과정에서 자신의 의식을 현재 이 순간에 집중할 때 성취되는 정신적 상태라고 정의된다. 마음챙김도 훈련이 필요한데, 기존의 전통적인 종류의 훈련 방식들보다 더욱 주의집중 능력을 높이는 것으로 나타났다. 마음챙김은 또한 인지능력 및 주의력와 관련된 뇌 영역에서의 기저 활동에도 변화를 일으킨다. 탕(Tang)과 동료들은 20분 정도 걸리는 훈련을 5회기 하는 것만으로도 주의력이 향상된다는 것을 발견하였다. 오늘날 많은 학교는 학생들이 마음챙김 훈련을 할 수 있도록 기회를 제공하고 있다.

주의력 강화를 위한 전략

다양한 방법을 통해 주의지속시간을 향상할 수 있다. 그중 어떤 것들은 별다른 노력 없이 쉽게 실행할 수 있다. 다음의 제안들은 주의지속 시간을 늘리는 데 도움이 되도록 고안되었는데, 최대한의 효과를 거두기 위해서는 약간의 노력이 필요할 수도 있다.

1. **자신에게 메시지를 쓰라.** 자신을 위해 메시지를 쓴다는 것이 이상하게 들릴 수도 있겠지만 효과가 있다. 예를 들어, 매시간 볼 수 있도록 노트나 교과서의 표지에 여러분 스스로에게 전하는 메시지를 작성해 두면, 그 메시지를 본 여러분은 과제를 지속하거나 수업에 집중하게 될 것이다.

2. **주변 환경을 바로잡으라.** 주의를 기울여야 한다면 방해요소를 없애라. 도서관이나 학습실에 가거나 빈 교실을 찾아라. 스마트폰을 꺼라(스마트폰을 꺼 놓아도 특별히 별일은 없을 것이다!). 가능하다면 교실에서는 집중을 잘하는 학생 옆에 앉고 수다스러운 학생은 피하라.

3. **강의를 녹음하라.** 만약 여러분이 강의를 녹음하거나, 혹은 강의가 'Tegrity' 등과 같은 도구로 녹음(녹화)된다면 여러분은 강의를 원하는 대로 정지하고 다시 들어 보면서 집중력을 통제할 수 있게 된다.

4. **더 큰 목표에 집중하라.** 우리는 수업이 때로는 지루하고 나와 아무런 관계가 없는 것처럼 느껴질 수 있음을 알고 있다. 스스로 주의집중할 수 있도록 하는 방법으로 졸업이라든지 잠재력 극대화와 같은 더 큰 목표에 초점을 맞추라.

분할 정복

결국 주의력을 향상시키는 가장 좋은 방법은 수면, 운동, 명상 그리고 주의집중하고자 하는 스스로의 노력이다. 주의력은 집중을 유지하고자 하는 동기와 노력이 요구된다. 또한 목표를 유념한다면 과제에 주의를 집중하고 유지하기가 더 쉬워진다. 80쪽의 분량을 읽어야 하는 과제처럼 과제의 양이 많은 경우에는 다룰 수 있을 만큼의 부분으로 과제를 나눠 보면 집중하기가 더 쉬워진다. 예를 들어, 한 번에 20쪽을 읽은 다음 휴식을 취하는 것이다. 대학 생활을 하다 보면 요구하는 과제의 양으로 인해서 압도당하기 쉬운데, 그 결과 "내가 이걸 어떻게 다 하지?" 하면서 과제의 양 때문에 정신이 흐트러지게 된다. 실천 가능한 것에 집중하는 것은 과제에 압도당하는 느낌을 줄이고 과제를 지속하는 데 도움을 줄 것이다.

운동경기와 주의

어느 스포츠나 활동이든 최고의 수행을 위해서는 '경기에 정신을 집중하는 것'이 필수적이다. 어떤 종목에서는 단 1초라도 부주의하면 패배할 수 있다. 전반적으로 코트나 필드, 얼음 위에서 펼쳐지는 경기에서는 경기의 다른 요소와 상관없이 주의집중하는 능력이 종종 승부의 열쇠가 된다. 예를 들어, 축구 경기에서 오심, 어려운 상대 팀, 날씨, 열악한 경기장 환경, 적대적인 관중 등의 악조건에서도 집중력을 잃지 않으려면 초점적 주의와 노력을 요하는 주의를 기울여야 한다. 이러한 초점적 주의는 학습이 가능한 것인데, 보통 성공한 운동선수들은 이에 매우 능하다(Murray, 2013). 부정적인 자기 대화, 이전의 실수를 너무 깊이 생각하는 것, 심지어 실행 및 수행 메커니즘에 대해서 지나치게 신경 쓰는 것 등과 같은 내적인 방해 또한 존재한다. 이런 내적인 방해도 주의력을 잃게 하고 경기 부진을 초래할 수 있다(Murray, 2013).

성공적인 선수가 되기 위해서는 주의를 집중하고 자신의 생각을 제어하는 방법을 배워야 한다. 이는 전적으로 지금 여기에 초점을 맞추는 것과 관련된다. 최고의 수행은 선수들이 자신이 처한 환경 내의 단서들에 초점을 맞추고, 자신의 능력 내에서 최상의 행동을 실행할 수 있는 방식으로 그 단서들을 이해할 때 가능해진다(Nideffer, 1993). 대부분의 스포츠는 다양한 유형의 집중을 오갈 수 있는 능력이 필요하다. 스포츠에서 중요한 집중의 유형은 다음과 같다(Zeplin et al., 2014).

- **포괄적–외적.** 이런 유형의 집중은 환경의 분석을 포함하는데, 예를 들어 농구에서 상대가 어떤 수비를 하고 있는지 또는 골프에서 홀이 어떻게 배치되어 있는지 등과 같은 것을 탐색하기 위한 집중이다.
- **포괄적–내적.** 이런 유형의 집중은 현재 상황을 분석하여 경기 계획을 세우는 데 도움이 되는데, 예를 들어 축구에서 공격 전략을 다른 방식으로 수정하는 데 필요한 집중이다.
- **한정적–내적.** 이런 유형의 집중은 당면한 과업과 관련된 특정한 슛이나 동작을 정신적으로 시연하는 것을 의미하는데, 예를 들어 농구에서의 자유투나 야구 또는 소프트볼에서 커브를 던지기 위한 집중이다.

- 한정적-외적. 이러한 종류의 집중은 스포츠 게임에 참여하는 동안 보이는 반응으로서 주변 환경에서 일어나는 것에 생각할 필요 없이 즉각적으로 대응하는 것을 포함하는데, 예를 들어 테니스에서 서브를 받는 데 필요한 집중이다.

주의력과 집중력을 높이는 데 매우 유용한 접근법 중 하나는 수행 전 루틴(preperformance routines)을 사용하는 것이다. 이러한 루틴은 성공한 운동선수들 사이에서 흔히 볼 수 있다. 수행 전 루틴은 매우 미세한 것부터 정교한 것, 때로는 매우 특이한 것까지 다양하다. 이처럼 다양한 수행 전 루틴에서 공통적인 한 가지는 뛰어난 운동선수들의 경우 경기가 잘 되든 안 되든 상관없이 꾸준하게 수행 전 루틴을 수행한다는 것이다. 이와 관련된 좋은 예로 모든 프로 골퍼가 샷을 하기 전에 수행하는 프리샷 루틴이 있다. 수행 루틴은 많은 이유로 효과를 보인다. 수행 루틴은 운동선수들에게 집중할 수 있는 무언가를 제공함으로써 관련이 없는 내적 · 외적 방해물을 차단하는 데 도움이 된다. 또 운동선수들에게 이번 것도 단지 또 한 번의 샷, 서브, 경주, 슛일 뿐이라는 것을 상기시켜 친숙감을 제공함으로써 긴장을 완화하게 한다. 이러한 루틴은 운동선수들에게 자신의 경기에 대한 일관된 접근법을 제공함으로써 일관된 수행을 할 수 있도록 자신의 잠재력을 극대화하는 데 도움이 된다(Bull, Albinson, & Shambrook, 1996).

많은 운동선수가 또한 주의 단서(cues) 및 촉발장치(triggers)를 사용하는 것이 집중력을 높이는 데 효과적이라는 것을 알고 있다. 과제 관련 단서는 운동선수들이 당면한 과제 내에서 가장 적절한 것에 초점을 맞추어 주의를 집중할 수 있도록 돕는다(예: 무게 중심과 손의 위치를 뒤로하기). 또한 단서는 수행의 더 효과적인 측면에 도움이 될 수 있다(예: 긴장 이완). 보통 1개 내지는 2개의 단서만을 사용해야 하며, 이 단서들의 목적은 일반적으로 선수가 현재의 순간에 집중하여 본능적으로 반응할 수 있게 준비가 되도록 돕는 것이다(Bull et al., 1996). 경쟁 상황에서 주의를 집중하고 유지할 수 있는 능력을 키우는 것은 운동에서의 수행을 향상하는 데 있어 매우 중요하다. 단서와 촉발장치를 찾은 다음에 루틴을 반복해서 연습한다면 그 행동들은 인지적 노력이 거의 필요하지 않을 정도로 자동화된다. 이것은 멀티태스킹을 가능하게 할 뿐만 아니라, 경기의 더 복잡한 측면에 대해 생각할 수 있게 한다. 무엇보다도 자동화된 루틴은 선수들이 몰입할 수 있게 하고 압박이 심할 때조차 수행을 잘할 수 있게 만든다는 점에서 중요하다.

덧붙이는 말

유명한 생물학자이자 학습 전문가인 제임스 줄(James Zull)은 자신의 저서에 다음과 같이 적고 있다(2002).

> 주의를 집중한다는 것은 하나에만 계속해서 주의를 기울이는 것을 의미하지는 않는다. …… 뇌는 집중할 때보다 훑어볼 때 세세한 것들을 알아차릴 가능성이 더 크다. …… 그러므로 사람들에게 주의를 집중하라고 하는 대신에 여러 다양한 각도에서 살펴보도록 할 수 있다. 가만히 앉아 있지 말고, 세세한 것들을 볼 수 있도록 주변을 돌아보라고 할 수 있다(pp. 142–143).

요약

만약 여러분이 학습해야 할 모든 것에 흥미가 있다면 정말 좋을 것이다. 여러분이 재미있는 선생님들과 흥미로운 수업만 한다면 주의를 집중하는 것은 매우 쉬울 것이다. 그러나 학교는 때때로 도전적이고, 어려우며, 그다지 흥미롭지 않다. 우리는 주의를 기울인 것만을 학습할 수 있기에 이 장에서는 여러분의 주의집중 능력을 향상하는 데 도움이 되는 정보를 제공하였다. 이 장의 초반에 언급했듯이 주의집중이 항상 쉽지만은 않다. 주의집중을 위해서는 적절한 수면, 식이요법, 운동과 함께 학습할 준비가 되어 있어야 한다. 공상에 잠겨 있는 순간을 알아차리고 다시 돌아와 당면한 과제에 주의를 다시 집중해야 하며, 학습이 어려워질 때는 더욱 주의를 기울여야 한다. 여러분이 이 장의 제안들을 따른다면 틀림없이 주의집중 능력을 향상할 수 있을 것이다. 이 장의 주요 아이디어는 다음과 같다.

① 학습에는 주의가 절대적으로 필요하다.
② 학생의 주의지속시간은 성장하면서 경험한 모든 것에 의해 형성된다. 만약 당신이 1995년 이후에 태어났다면 짧은 비트나 바이트로 정보가 전달되는 미디어 기반의 문화에서 성장했을 것이고 그 결과 당신의 주의지속시간은 짧아졌을 것이다.
③ 동시에 몇 가지에 주의를 기울일 수 있는지와 관련해서 뇌는 한계가 있다.
④ 과제전환은 과제를 완료할 때까지 시간이 더 걸리고 더 많은 오류를

낳는다.

⑤ 모든 사람들은 공상을 한다. 공상은 뇌의 계획 수립 및 문제해결 과정에서 자연스러운 부분이다. 여러분이 공상하고 있다는 것을 알아차렸을 때는 어떤 통찰력이 더해졌는지 주목해 보고 다시 당면한 과제로 되돌아가라.

⑥ 수업 도중 주의집중하기 위해서는 충분한 수면을 취하는 것이 중요하다.

⑦ 유산소 운동은 주의력을 증진한다.

⑧ 명상과 마음챙김 훈련은 주의력을 증진한다.

비판적 사고 및 토론을 위한 질문

1. 주의 그 자체에 대해서는 사람들이 거의 생각하지 않는다. 그렇지만 그것은 아마도 학습의 가장 중요한 측면 중 하나일 것이다. 다음에 책을 읽을 때는 몇 페이지를 읽으면서 '주의'라는 개념에 대해 각별히 주의를 기울이며 읽어 보라. 여러분이 책을 읽을 때 얼마나 주의를 잘 기울이는지에 대해 알 수 있는가? 책을 읽는 동안 주의집중을 더 잘하려면 어떻게 해야 할까?

2. 이 장에서 언급된 네 가지 다른 유형의 주의에 대해 나열하라. 그리고 유형별로 자신이 경험한 예를 제시하라.

3. 지루해 보이지만 이번 학기에 꼭 배워야 할 학업 관련 주제나 개념을 제시

해 보자. 제시한 것이 무엇이든 왜 그것이 지루하다고 생각하는가? 다시 말해, 그 주제가 흥미롭지 않게 느껴지는 이유는 무엇인가? 그 이유가 단순히 “나는 그냥 이것에는 흥미가 없어.”라고 해서는 안 된다. 대신 왜 흥미가 없는지 더 깊이 파고들어 보자. 어떻게 하면 이것을 여러분에게 더 흥미롭게 만들 수 있을까?

4. 멀티태스킹, 과제전환, 여러 가지 과제를 다루는 것의 차이점을 자신만의 말로 설명해 보라. 여러분이 멀티태스킹할 수 있는 일의 예를 제시하라. 또한 여러분이 과제전환을 하고 있음을 알아차렸던 경우의 예를 제시하라. 과제전환을 하고 있었을 때 한 과제에 푹 빠져서 다른 과제로의 ‘전환’을 깜빡 잊어버린 것을 불현듯 알아차렸던 경험을 설명해 보라.

5. 스포츠에서 우리는 종종 선수가 “집중력이 떨어졌다.”고 말한다. 이것은 그 선수가 주의집중을 하지 못했다는 뜻이다. 경기 도중에 경기에 주의를 집중하지 못한다고 생각되는 선수를 보았던 사례를 설명해 보라. 또는 실제 스포츠 경기를 보면서 주의력이 잠깐이나마 상실되는 상황을 찾아보라. 이런 상황에서 주의집중에 어려움을 일으킨 요인은 무엇이라고 생각하는가? 앞으로 그 선수가 주의력을 유지하는 데 도움이 될 만한 것에는 어떤 것이 있는가?

참고문헌

Bach, R. (1977). *Illusions : The adventures of a reluctant messiah.* New York, NY: Dell. 박중서 역 (2011). 기계공 시모다. 서울: 북스토리.

Begley, S. (2011, January 3). Can you build a better brain? *Newsweek.* Retrieved from http://www.newsweek.com/can-you-build-better-brain-66769

Berman, M., Jonides, J., & Kaplan, S. (2008, December). The cognitive benefits of interacting with nature. *Psychological Science, 19,* 1207–1212.

Bruya, B. (2010). *Effortless attention: A new perspective on the cognitive science of attention and action.* Cambridge, MA: MIT Press.

Bull, S. J., Albinson, J. G., & Shambrook, C. J. (1996). *The mental game plan.* Cheltenham, UK: Sports Dynamics.

Carp, J., Fitzgerald, K. D., Taylor, S. F., & Weissman, D. H. (2012). Removing the effect of response time on brain activity reveals developmental differences in conflict processing in the posterior medial prefrontal cortex. *NeuroImage, 59,* 853–860.

Christopher, E. A., & Shelton, J. T. (2017). Individual differences in working memory predict the effect of music on student performance. *Journal of Applied Research in Memory and Cognition, 6*(2), 167–173.

Csikszentmihalyi, M. (2014). *Flow and the foundation of positive psychology.* New York, NY: Springer.

Dawson, M., & Medler, D. (2009). Sustained attention. *Dictionary of Cognitive Science.* Retrieved from http://www.bcp.psych.ualberta.ca/~mike/Pearl_Street/Dictionary/contents/S/sustained_attention.html

Dux, P. E., Ivanoff, J., Asplund, C. L., & Marois, R. (2006). Isolation of a central bottleneck of information processing with time-resolved FMRI.

Neuron. 52(6), 1109–1120.

Foerde, K., Knowlton, B., & Poldrack, R. (2006). Modulation of competing memory systems by distraction. *Proceedings of the National Academy of Sciences of the United States of America, 103*(31), 11778–11783.

Huang, C.-J., Huant, C.-W, Tsai, Y.-J., Tsai, C.-L., Chang, Y.-K., & Hung, T.-M. (2014). A preliminary examination of aerobic exercise effects on resting EEG in children with ADHD. *Journal of Attention Disorders, 21*(11), 898–903.

Jha, A. (2011). Meditation improves brain anatomy and function. *Psychiatry Research Neuroimaging, 191*(1), 1–86.

Jolly, T. A. D., Cooper, P. S., Rennie, J. L., Levi, C. R., Lenroot, R., Parsons, M. W., ... Karayanidis, F. (2016). Age-related decline in task switching is linked to both global and track-specific changes in white matter microstructure. *Human Brain Mapping, 38*, 1588–1603.

McSpadden, K. (2015, May 14). You now have a shorter attention span than a goldfish. *Time*. Retrieved from http://time.com/3858309/attention-spans-goldfish

Montagne, R. (2011, January. 5). The incredible shrinking sound bite. Retrieved from https://www.npr.org/2011/01/05/132671410/Congressional-Sound-Bites

Murray, J. (2013, April 21). Concentration is crucial in football [Web log post]. Retrieved from http://www.johnfmurray.com/sport/football/concentration-is-crucial-in-football

Nideffer, R. M. (1993). Concentration and attention control training. In J. M. Williams (Ed.), *Applied sport psychology: Personal growth to peak performance* (pp. 257–269). Mountain View, CA: Mayfield.

Nidich, S. I., Fields, J. Z., Rainforth, M. V., Pomerantz, R., Cella, D., Kristeller, J., ... Schneider, R. H. (2009). A randomized controlled trial of the effects of transcendental meditation on quality of life in older breast cancer patients. *Integrative Cancer Therapies, 8*(3), 228–234.

Oberlander, E., Oswald, F., Hambrick, D., & Jones, L. (2007). *Individual difference variables as predictors of error during multitasking.* Millington, TN: Navy Personnel Research, Studies, and Technology Division.

Osman, M. (2004). An evaluation of dual-process theories of reasoning. *Psychonomic Bulletin & Review, 11*(6), 988–1010.

Ratey, J. (2013). *Spark: The revolutionary new science of exercise and the brain.* New York, NY: Little Brown. 이상헌 역 (2009). **운동화 신은 뇌.** 서울: 북섬.

Rosen, C. (2008). The myth of multitasking. *The New Atlantis.* Retrieved from http://www.thenewatlantis.com/publications/the-myth-of-multitasking

Smallwood, J., & Schooler, J. (2006). The restless mind. *Psychological Bulletin, 132*(6), 946–958.

Swing, E., Gentile, D., Anderson, C., & Walsh, D. (2010, July 5). Television and video game exposure and the development of attention problems. *Pediatrics.* Retrieved from http://pediatrics.aappublications.org/content/early/2010/07/05/peds.2009-1508

Tang, Y. Y., Lu, Q., Geng, X., Stein, E. A., Yang, Y., & Posner, M. I. (2010). Short term meditation induces white matter changes in anterior cingulate. *Proceedings of the National Academy of Sciences of the United States of America, 107*(35), 15649–15642.

Zeplin, S., Galli, N., Visek, A. J., Durham, W., & Staples, J. (2014, May). Concentration and attention in sport [Factsheet]. *Exercise and Sport Psychology.* Retrieved from http://www.apadivisions.org/division-47/publications/sportpsych-works/concentration-and-attention.pdf

Zull, J. (2002). *The art of changing the brain.* Sterling, VA: Stylus. 문수인 역 (2011). **뇌를 변화시키면 공부가 즐겁다.** 서울: 돋을새김.

제9장 뇌를 알면 공부가 쉬워진다

인간의 뇌가 어떻게 정보와 기술을 학습하고 기억하는지에 대하여 이전 세대는 추측에만 의존했던 반면에, 오늘날 학생들은 정확하고 과학적으로 검증된 사실에 접근 가능하다는 이점을 갖고 있다. 이는 뇌 영상 기기의 등장으로 과학자들이 뇌를 들여다보고 그것이 어떻게 작동하는지를 알 수 있게 되었기 때문이다. 이 책은 여러분이 일상에서 쉽게 실천할 수 있는 새로운 증거와 기법들을 안내하고자 하였다. 또한 이 책에서는 학생으로서 그리고 평생학습자로서 어떤 행동이 효과적이며 일상생활에 접목되어야 하는지에 대해서 단순히 견해가 아니라 과학적 근거에 기반한 정보를 제시하였다. 책 전체를 통해 강조해 온 바는 "무언가를 하는 사람이 학습한다(one who does the work does the learning)."는 사실이다. 안타깝지만 학습을 쉽게 해 주는 마법의 묘약 같은 것은 없다. 적어도 아직은 말이다. 인간의 뇌는 노력과 반복적인 연습에 의해서만 매일 마주하는 새로운 학습에 적응해 나갈 수 있다. 우리는 여러분이 이 책에서 제시한 방법들을 실천함으로써 뇌의 학습 능력을 최대화할 수 있을 것이라 확신한다.

취업과 성공적인 학습

1973년 미국에서는 모든 직업의 28%만이 대학 이상의 고등교육을 요구했었다. 2015년 조지타운 대학교(Georgetown University)의 연구에 따르면 2008년 이후 미국에서 1,160만 개의 새로운 직업이 만들어졌으며, 이 중 1,150만 개의 직업이 대학교육을 받은 사람들에게 돌아갔다. 같은 연구에 따르면 290만 개의 '좋은' 직업(연봉 $53,000과 연금, 교육연수, 건강보험 등의 복지 혜택을 제공하는 전일제 직업)이 만들어졌으며, 이 중에서 10만 개 미만의 직업만이 대학 학사학위보다 낮은 수준의 교육을 받은 사람에게 돌아갔다(Carnevale, Rose, & Cheah, 2011). 세계 시장에서 경쟁하기 위해서는 대학 졸업장과 학습 기술은 필수적인 것이 되었다. 이것은 취업만을 위해서는 아니다. 현재, 그리고 앞으로의 삶에서 평생 지속될 급격한 지식의 성장과 변화 속도를 생각한다면, 우리가 뇌와 조화를 이루며 학습해야 하는 이유는 분명해진다.

테크놀로지의 변화 속도

우리 사회에서 테크놀로지 분야만큼 변화의 속도가 빠른 분야는 없다. 한 가지 예로 1971년 인텔의 컴퓨터 칩(4004)과 2016년 칩을 비교해 보라. 오늘날의 인텔 칩이 처리 능력 면에서 3,500배 더 우수하고, 에너지 효율성 면에서는 90,000배 더 우수하며, 비용적인 면에서는 60,000배 더 저렴하다. 인텔의 CEO는 이 같은 칩의 변화 속도를 다음과 같이 자동차에 비유하여 설명하였다. "오늘날의 폭스바겐 자동차 비틀(Beetle)과 1971년에 제작된 비틀을 비교하면 오늘날의 비틀은 시간당 48만 km를 달릴 수 있고, 리터당 84만 5,000km를 주행하며, 가격은 불과 50원밖에 안 될 것이다."(Friedman, 2016).

또 다른 예는 제조업의 부품 생산에서 찾을 수 있다. GE[1]의 3D 제조부서의 부서장인 루아나 로리오(Luana Lorio)는 한 인터뷰에서 다음과 같이 말했다.

> 과거에는 아이디어가 나오고 나서 새 부품을 만들 때까지 2년이 걸렸습니다. 지금은 설계한 디자인을 3D프린터로 보내면 바로 눈앞에서 부품이 나옵니다. 그래서 하루에도 몇 번씩 원하는 만큼 즉시 테스트하여 설계를 수정하고 다시 제작하는 과정을 통해 일주일 만에 새 부품을 만들 수 있습니다(Friedman, 2016).

테크놀로지의 변화 속도는 상상 이상이기에 그 속도를 따라가는 것은 모든 학습자에게 계속되는 도전이 될 것이다.

---

1) GE: 'General Electric'의 약칭으로 미국의 전자 제품 회사.

평생학습자로의 전환

이 책을 읽고 있는 여러분 대부분은 대학 졸업장을 받는 것 자체가 학습의 시작점이 되는 첫 세대가 될 것이다. 단순히 졸업장을 받기 위해서만이 아니라 필요한 기술과 지식을 보강해 나갈 수 있는 평생학습자가 되기 위하여 학교에서 배운 경험을 활용하는 것은 장기적인 성공에 중요한 요소가 될 것이다. 교육의 한 가지 주요한 목적은 바로 평생학습자를 키우는 것인데, 평생학습자란 의도적이고 독립적이며 자기주도적인 학습자로서 스스로 새로운 지식을 습득하고 파지하며 인출할 수 있는 학습자이다(National Leadership Council for Liberal Education and American Promise, 2007; Wirth, 2008). 저자로서 이 책을 쓰면서 가졌던 한 가지 바람은 몇 가지 간단한 방법을 통해 여러분이 이와 같은 특별한 미래를 준비할 수 있도록 돕는 것이었다.

많은 시간과 연습이 요구되는 학습

이 책에서 가장 중요한 메시지 중 하나는 무언가 새로운 것을 배우는 것은 사람들이 생각하는 것보다 더 많은 시간과 연습, 그리고 기술을 필요로 한다는 것이다. 인간의 뇌는 기억을 회상할 때마다 그 기억을 강하게 만든다. 무언가를 더 자주 연습한다면 그것에 대한 기억은 더 강해진다. 중요한 것은 우리가 정말로 무언가 새로운 것을 배우기 원한다면 반복적인 연습을 대체할 수 있는 것이 없다는 사실이다. 정보를 다양한 방식으로 사용하고(정교화, 제6장 참조) 더 많이 회상할수록(장기증강, 제1장 참조), 필요할 때 그 정보나 기술을 회상할 가능성이 더 커진다. 장기기억을 형성하는 데 노력이 필요하다는 사실을 받아들이고, 그것에 따라 행동한다면 장기적으로 학습에서 성공할 수 있을 것이다.

학습을 위한 준비

인간의 뇌는 놀랍고 복잡하면서도 아름다운 기관이다. 그러나 뇌를 최상의 상태로 작동하게 하기 위해서는 수면, 수분, 영양, 운동을 통해 가꾸어야 한다. 매일 밤 7.5~9시간 잠을 자고, 일주일에 4~5번 유산소 운동을 하며, 뇌가 최상의 상태로 작동하는 데 필요한 수분과 영양을 공급함으로써 뇌가 학습할 수 있도록 준비시켜야만 진실로 여러분이 학습을 위한 준비가 되었다고 할 수 있다. 이것은 우리가 기꺼이 받아들여야 하는 완전히 새로운 수준의 책임과 의무이다. 이전 세대들은 이러한 네 가지 행동이 뇌의 학습 능력에 있어 얼마나 중요한지를 알지 못했다. 그렇기에 이전 세대들은 교사가 말하는 내용을 학생들이 단순히 따라 말하는 것과 같이 학습과 관련하여 지나치게 엄한 가르침을 받아 왔다. 뇌와 학습에 대한 새로운 발견은 우리에게 새로운 기회뿐만 아니라 동시에 새로운 책임을 제시한다. 뇌가 학습할 수 있도록 준비시키는 것은 성공적인 학교 생활을 위해서만이 아니라 인생에서의 성공을 위해서도 중요하다.

자기조절 학습자

학습은 우리에게 우연히 일어나는 것이 아니다. 이 책에서 반복하여 말했듯이 학습을 하는 사람은 무언가를 하는 사람이다. 단순히 선생님을 바라보면서 "우리를 가르쳐 주세요."라고 해서는 안 된다. 물론 교육에 있어 교사는 큰 책임을 갖지만, 학습을 위한 여러분 자신의 의도적 노력만이 학업적 성공을 가져올 수 있다. 많은 연구가 다수의 학생이 자신의 실패를 질 낮은 수업, 너무 어려운 수업, 관련성이 부족한 수업 내용 등 때문이라고 생각하고 있음을 보여 준다(Elliot, 2010). 사실 학생 중 다수가 학습에 전혀 흥미가 없다고 말한다. 이들은 단지 직업을 얻기 위해서 학교에 다닌다(Pryor, Hurtado, DeAngelo, Palucki Blake, & Tran, 2011). 학생들이 이야기하는 학교 수업의 문제점 가운데 일부는 타당한 면이 있다. 그러나 여러분이 학업적으로 성공하려면 이를 자신이 제대로 학습하지 못하는 것에 대한 핑계로 사용해서는 안 된다.

여러분이 이 책에 제시된 정보들을 사용한다면 더 좋은 자기조절 학습자가 될 수 있을 것이다. 자기조절 학습자는 어떤 학습자인가? 자기조절 학습자는 우선 모든 학습 경험에 대하여 목표를 갖는다(Nilson, 2013). 현재 하고 있는 학습 경험으로부터 무엇을 얻길 바라는가? 수업에서 A학점을 받는 것과 같이 현실적인 이유로 학습을 하는가, 아니면 특정한 주제에 대해 더 많은 것을 배움으로써 진로에 대한 준비도를 높이는 것과 같은 개인적인 이유로 학습에 임하는가? 두 번째 단계로 어떻게 하면 자신의 학습 목표를 달성할 수 있을지에 대해 계획을 세운다. 이것은 어떻게 하면 맑게 깨어 있는 상태로 집중할 수 있을지, 어떻게 노트 필기를 하고 질문을 할지, 어디에 과제와 과제 제출일을 적어 둘지, 필수적인 정보를 이해하고 회상하기 위해서 교재의 챕터를 어떻게 읽어야 할지 등에 대한 계획을 포함한다. 또한 이 단계는 어떻게 과제를 집중해서 완성할 것인지, 언제 휴식을 취해 뇌가 쉴 수 있도록 할 것인지, 언제 수면을 하여 기억을 생성하고 다음 날의 학습을 준비할지 등을 포함한다.

세 번째 단계는 자신의 학습에 대한 접근과 전략이 효과적이고 효율적인지 여부를 인식하는 것이다. 학습자료를 실제로 이해하고 있는가? 과제의 질문에 대한 답이 제대로 이루어졌는가? 작성한 보고서의 글이 잘 구성되고 짜여졌는가? 이와 같은 질문이 세 번째 단계에 해당한다(Nilson 2013). 자기조절을 한다는 것은 "나는 좋은 성적을 받고 싶어." 라고 말만 하면서 모든 걸 운에 맡기지 않는 것이며, 이 책에 제시된 정보를 사용하여 자신을 더 효과적이고 효율적인 학습자가 되도록 하는 것이다. 결국 여러분의 성공은 진정 열린 마음으로 자신의 뇌와 조화를 이루며 학습하는 자기조절 학습자가 됨으로써 이루어질 수 있을 것이다.

학습과 소득

오래전부터 대학 졸업자들은 자신의 학위가 거의 항상 더 많은 돈과 기회를 의미한다는 것을 알고 있다. 최근의 연구에 따르면 고등학교 졸업자와 대학교 졸업자 간의 소득 격차는 더 벌어지고 있다. 대학을 졸업하고 자신의 경력과 직업에서 좋은 성과를 유지하기 위해 계속 기술과 지식을 업데이트하는 사람들이 평생 벌어들이는 수입은 고등학교 졸업장만 있는 사람에 비해 2배에서 4배까지 높다(Carnevale, Rose, & Cheah, 2011). 취업 시장에서 경쟁력을 높일 수 있도록 뇌의 학습 능력을 최대화하는 책임과 의무를 받아들인다면, 이는 여러분의 일생에 걸쳐 일어나는 모든 일에서 중요한 역할을 할 것이다.

이 책에서 다루지 않은 내용

이 책에서는 공부 전략이나 공부 기술에 대한 정보를 포함하지 않기로 의도적으로 결정하였다. 공부의 기술과 전략이 중요하기는 하지만, 이미 학습과 공부에 도움이 되는 전략을 알려 주는 수많은 훌륭한 웹사이트와 책이 있다. 한 가지 좋은 예는 www.academictips.org와 같은 웹사이트다. 이와 더불어 적절한 공부 전략이나 학습 전략을 선택하는 데 있어 학교나 지역에서 운영하는 학생학업지원센터로부터도 유익한 도움을 받을 수 있는데, 전화나 이메일로도 상담이 가능하다.

같은 이유로 학습에 도움이 되거나 방해가 될 수 있는 사회적 · 정서적 문제에 대해서도 자세히 다루지 않기로 하였다. 사회적 · 정서적 요인은 학습 과정에 중요한 영향을 끼친다. 예를 들어, 제6장에서 논의한 것처럼 스트레스가 기억에 미치는 영향을 생각해 보라. 학교에서의 경험은 자신, 타인, 관계를 효과적으로 다루는 법에 대한 학습, 타인에 대한 동정심이나 공감 능력 같은 정서적 도구의 계발, 긍정적인 관계의 유지 등을 포함한다. 이는 매우 중요한 문제이며, 이미 많은 책들이 학습의 효과를 높이고 낮추는 데 있어 그러한 요소들의 역할에 대해 다루고 있다. 예를 들어, 스터디그룹이나 또래집단 학습을 활용한다든지, 멘토를 찾는다든지, 리더십 기술이나 협동 기술을 배울 수 있는 교내 프로그램에 참여하는 것 등은 모두 전체적인 학습 경험에 있어 중요하다. 협력적인 학습 활동은 종종 이해를 증진시키고 개인이 놓칠 수 있는 새로운 통찰과 관점을 접할 수 있게 해 준다. 인생의 길잡이가 될 수 있는 가치와 이상을 발달시키는 것도 학교 생활의 한 부분이다. 이 책의 부록 부분에서는 이러한 사회적 · 정서적 기술을 발달시키는 데 도움이 되는 몇 가지 훌륭한 자료를 제시하고 있다. 많은 학교와 지역에 공부 기술이나 전략에 대해 도움을 주는 시설 또는 기관이 있는 것처럼 학생들의 사회적 · 정서적 기술 발달을 도와주는 다양한 조직과 지원체제가 있다. 이와 같은 학교와 지역 내의 자원을 직접 이용해 보기를 권유한다. 명심해야 할 것은 이러한 서비스를 이용하는 것이 여러분에게 어떤 약점이 있음을 나타내는 게 아니라는 것이다. 오히려 여러분의 학교 생활을 성공으로 이끄는 기회가 더 많아질 것이다. 상담 프로그램, 학습 지원센터, 그리고 기타 교내외 기관의 전문가들은 여러분을 도와주기 위해 있는 것이다. 이들은 여러분에게 가장 도움이 되고 편하게 문의할 수 있는 사람들이라고 할 수 있다.

맺음말: 삶의 균형을 찾으라

학교 생활과 그 이후의 삶에서 만나는 여러 가지 도전을 헤쳐 나가기 위해서는 학습에 최적화되어 있는 뇌가 필요하긴 하겠지만, 뇌만이 유일하게 중요한 것은 아니다. 학교와 인생에서 성공하기 위해서는 학업뿐만 아니라 삶에 의미를 주는 재미와 즐거움, 그리고 사람들 간 균형을 이루어야 할 것이다. 여러분이 삶의 모든 측면(수면, 운동, 음식물, 사회적 생활, 정서적 건강, 학업적 열정)에서 균형을 맞출 수 있기를 바란다. 또한 자신의 뇌와 조화를 이루며 학습하는 것을 잊지 말기 바란다.

비판적 사고 및 토론을 위한 질문

1. 여러분의 학교 또는 지역 내에 있는 학업적 지원 및 사회적 · 정서적 지원을 위한 서비스나 프로그램을 요약해 보라. 요약을 마치면 3명의 친구에게 학교 또는 지역 내에서 어떤 지원을 받을 수 있는지 물어보라. 여러분은 이러한 지원이 있는지 알고 있었는가? 여러분의 친구들은 어떠한가? 여러분이 예상한 것은 무엇이며 놀란 것은 무엇인가?

2. 여러분이 졸업 후에 하고 싶은 일에서 필요한 기술이나 지식은 무엇이라고 생각하는가? 어떻게 하면 그러한 기술과 지식을 지속적으로 계발할 수 있는가? 다시 말해, 학교에 다니는 동안 여러분이 얻고 싶은 교육적 경험을 위해서 무엇을 할 것인가?

참고문헌

Carnevale, A., Rose, S., & Cheah, B. (2011). *The college payoff*. Washington DC: Georgetown University Center on Education and the Workforce. Retrieved from https://1gyhoq479ufd3yna29x7ubjn-wpengine.netdna-ssl.com/wp-content/uploads/collegepayoff-completed.pdf

Elliot, D. (2010, August 1). How to teach the trophy generation. *Chronicle of Higher Education*. Retrieved from http://chronicle.com/article/How-toteach-the-trophy-generation/123723/?sid=pm&utm_medium=en

Friedman, T. (2016). *Thank you for being late: An optimist's guide to thriving in the age of accelerations* [Kindle Fire Version]. New York, NY: Picador Press.

National Leadership Council for Liberal Education and American Promise. (2007). College Learning for the New Global Century. Retrieved June 3, 2018 from https://www.aacu.org/sites/default/files/files/LEAP/GlobalCentury_final.pdf

Nilson, L. (2013). *Creating self-regulated learners: Strategies to strenghen students' self-awareness and learning skills*. Sterling, VA: Stylus.

Pryor, J. H., Hurtado, S., DeAngelo, L., Palucki Blake, L., & Trans, S. (2011). *The American freshman: National norms fall 2010*. Los Angeles, CA: Higher Education Research Institute, University of California, Los Angeles.

Wirth, K. (2008). *Learning about thinking and thinking about learning: Metacognitive knowledge and skills for intentional learners*. Retrieved from https://serc.carleton.edu/NAGTWorkshops/metacognition/workshop08/participants/wirth.html

부록

교육은 계속해서 변화한다

약 20년 전부터 고등교육은 수업(teaching) 중심에서 학습(learning) 중심으로 극적인 전환이 이루어지기 시작하였다. 이러한 전환은 현재도 이루어지고 있으며 앞으로도 수년 동안은 지속될 것이다. 전환에 따른 차이는 학생들이 교실에서 무엇을 경험하게 될 것인지와 관련해서 작지만 매우 중요한 함의를 갖는다. 수업 중심의 교실은 교과목의 내용을 모두 다루었는지에 초점을 맞추며, 가장 빈번하게 사용되는 수업 전략은 강의식 수업으로 수업 중 학생들이 기여할 수 있는 게 거의 없다고 할 수 있다. 이에 반해 학습 중심의 교실은 학생들이 얼마나 배웠는지에 초점을 맞춘다. 학습 중심의 교실에 있는 학생들은 반응이 필요하며, 서로 이야기해야 하고, 학습 목표가 달성되었는지를 교사나 교수가 확인할 수 있는 행동을 해야 한다. 즉, 수업 중심 교실에서보다 학습 중심 교실에서 학생들의 참여가 더 많이 이루어진다. 이러한 학습 중심 접근은 우리 뇌가 가장 잘 학습할 수 있는 방식에 부합한다. 다감각적 학습, 패턴 인식, 회상 연습 등 이 책 전체에서는 이를 위한 전략을 제시하였다.

도움을 구하는 데 주저하지 말라

학생이 똑똑하고, 흥미가 높으며, 열성적인지를 가장 잘 나타내는 지표는 필요할 때 도움을 구하는지의 여부이다. 카네기 멜론 대학교(Carnegie Mellon University)에서 이루어진 연구를 비롯하여 여러 연구에서는 학업 및 개인 문제와 관련하여 도움이 가장 필요한 학생들이 실제로는 가장 도움을 구하지 않는다고 지적한다. 수업에 대한 도움을 구하기 위해 학생상담시간이나 오피스아워[1]를 활용하고, 수업이 어렵다면 튜터링 서비스를 신청하며, 과제에 대한 도움을 얻기 위해 글쓰기 센터를 가고, 전공이나 진로에 대해 도움이 필요할 때는 담당교사 또는 지도교수를 찾아가며, 삶이 너무 힘들게 느껴진다면 개인 상담가를 찾아가는 등의 행동은 여러분이 자신의 행복과 안녕에 관심을 갖고 있다는 증거일 뿐만 아니라 똑똑한 행동이다. 학교 생활은 누구에게도 녹록지 않기에 한두 번쯤은 도움을 구할 필요가 있다. 필요할 때 도움을 구하는 것은 성공적인 학교 생활을 위해 필요한 가장 똑똑한 행동이다.

1) 오피스아워(office hour): 교사와 교수들이 수업과 별개로 사전 면담 시간을 지정해 학생들이 전공, 진로 등을 자유롭게 면담할 수 있는 시간.

• 학생들이 필요할 때 도움을 구하지 못하는 이유에 대해 다음의 사이트(QR 코드)를 참고하라.

협동과 팀워크

학교 수업에서 학생들은 집단이나 팀으로 활동해야 할 때가 많다. 어떤 경우엔 교사와 교수들이 효과적인 팀워크와 관련된 조언을 해 주기도 하고, 때로는 집단 과제의 일부로서 팀 활동을 잘하는 방법에 대해 배우기도 한다. 그러나 많은 경우 수업은 집단 프로젝트의 내용 또는 기대되는 결과물에 초점을 맞추는 반면, 집단이나 팀으로 활동하는 과정에 대한 안내는 전혀 이루어지지 않는다. 학교에서 하는 팀 활동의 빈도를 고려할 때 그리고 좋은 팀원이 되는 것이 졸업 후 구직 시 얼마나 중요한지를 생각한다면, 효과적인 팀을 만드는 데 필요한 것이 무엇인지를 스스로 공부해 보는 것은 매우 도움이 된다. 효과적인 팀에 대한 지식을 쌓는다면 여러분은 팀의 리더가 될 수 있을 것이다. 협조적이지 않고 해야 할 일을 하지 않는 구성원을 대하는 방법을 아는 것은 여러분이 갖추어야 할 너무도 중요한 기술이다. 소규모 팀을 이끌어 보는 경험은 분명 나중에 도움이 될 것이다. 휴식시간을 활용하여 효과적인 팀워크에 대한 책을 읽어 보라. 사업가들은 항상 이와 관련된 책을 읽는다.

• 팀 리더가 되는 데 도움이 되는 자료의 예시 중 하나로 다음의 사이트(QR 코드)를 참고하라.

스터디그룹

스터디그룹은 수강하는 강의에 대한 정보 및 지식, 각자의 전문성을 공유하기 위해 만나는 둘 이상의 학생들로 구성된다. 스터디그룹은 학생들에게 강의 내용에 대하여 더 심층적인 토론을 할 기회를 제공한다. 단순히 강의를 통해 수업 내용을 들을 때보다 소집단으로 공부할 때 학생들은 수업에서 다루어진 내용을 대개 더 많이 학습하고 더 오랫동안 기억한다. 소집단으로 공부할 때는 해야 할 목록이나 집단에 기대하는 사항을 만들어 놓는 것이 중요하다. 휴식을 취하는 건 괜찮지만, 공부할 때는 학습해야 할 내용에 초점을 맞추는 것이 중요하다. 자신이 속한 스터디그룹이 학습에 초점을 맞추지 않고 시간을 허비한다면 다른 집단을 찾는 게 더 낫다.

• 스터디그룹에 대하여 더 알아보려면 다음의 사이트(QR 코드)를 참고하라.

멘토 찾기

2014년 갤럽과 퍼듀 대학교(Purdue Unviersity)가 대학생 3만 명을 대상으로 실시한 연구에 따르면, 멘토를 찾는 것은 학교 생활에서 가장 중요하고도 도움이 되는 일이다. 매우 다양한 영역에서 우리는 다수의 멘토를 가질 수 있다. 멘토는 인생에서 중요한 결정을 할 때 도움이 된다는 점에서 필수적이다. 대학에 진학하여 본격적인 진로의 첫걸음을 디디게 되면 반드시 잠재적 멘토를 찾아보라. 가장 쉽게 찾을 수 있는 멘토는 수업 담당교수나 지도교수이다. 이분들은 여러분이 정기적으로 만날 수 있기에 개인적인 친분을 쌓을 기회가 있다. 수업 담당교수나 지도교수를 만나는 가장 좋은 방법은 1대1로 이야기를 나눌 수 있는 상담시간이나 오피스아워에 찾아가는 것이다. 또 다른 효과적인 방법은 수업 후에 따로 질문을 함으로써 여러분이 수업 내용에 흥미가 있다는 것을 보여 주고 1대1로 이야기 나눌 기회를 갖는 것이다. 멘토의 가치를 보여 주고 멘토를 얻는 법을 설명해 주는 많은 책이 있다.

- 멘토 찾는 법에 대해 더 알아보려면 다음의 사이트(QR코드)를 참고하라.

균형 잡힌 삶

학교 생활 중 많은 학생이 소진을 경험한다. 만약 학교 생활에서 시간에 쫓기고 있거나, 졸업만 하고 나면 잠도 더 자고 취미를 가지겠다고 생각하고 있다면 이는 그다지 좋은 징조가 아니다. 소진될 정도로 바쁘게 사는 것도 삶의 한 가지 방식이다. 여러분이 현재 이렇게 살고 있다면 나중에도 이렇게 살 가능성이 크다. 대부분 사람은 학교를 졸업하거나, 새 직장을 얻고, 가정을 꾸리더라도 자신이 해야 할 일은 줄어들지 않는다는 걸 생각하지 못한다. 바로 지금이 균형 잡힌 삶을 시작할 때이다. 물론 시험 기간처럼 해야 할 일이 쌓여 있을 때도 있지만, 항상 피곤하다면 안 될 일이다. 균형 잡힌 삶은 개인의 효과성과 마음의 평화를 위해 중요하다. 여러분이 상대해야 할 사람이나 해야 할 일은 언제나 있다. 중요한 것은 해야만 하는 일과 즐거이 하고 싶은 일 사이에 균형을 유지하는 것이다. 이것은 쉽지 않으며, 나중에도 쉬워지진 않는다. 쉽지는 않더라도 이 문제에 대해 진지하게 검토해 본다면 더 균형 잡힌 삶을 살 수 있을 것이다.

- 어떻게 균형 잡힌 삶을 시작할 수 있을지에 대한 조언을 얻으려면 다음의 사이트(QR 코드)를 참고하라.

찾아보기

인명

내용

ㅅ

ㅇ

저자 소개

Terry Doyle

현) 미국 페리스 주립 대학교(Ferris State University) 읽기 및 학습장애 전공 명예교수
학습자 중심 수업 컨설팅사(Learner Centered Teaching Consultants) CEO

Todd Zakrajsek

전) 미국 노스캐롤라이나 대학교(University of North Carolina, Chapel Hill) 교육수월성 센터장
현) 미국 노스캐롤라이나 대학교(University of North Carolina, Chapel Hill) 가정의학과 교수 겸 의학교육실 부소장

역자 소개

박용한(Yonghan Park)

미국 미시간 주립 대학교(Michigan State University) 교육심리학 박사
전) 미국 오리건 대학교(University of Oregon) 교육연구소 전임연구원
현) 충남대학교 교육학과 교수(교육심리학 전공)

〈대표 논문〉

「대학생의 가치와 학업 관련 태도 및 성취의 관계」(교육학연구, 2021)
「초등학교 고학년이 지각한 교사행동, 학급풍토, 학생의 성취목표지향과 도움찾기 행동 간의 구조적 관계」(교육심리연구, 2017)

뇌기반 학습과학

-학습과 뇌과학의 만남-

The New Science of Learning:

How to Learn in Harmony with Brain (2nd ed.)

2021년 8월 30일 1판 1쇄 발행
2022년 5월 30일 1판 2쇄 발행

지은이 • Terry Doyle · Todd Zakrajsek
옮긴이 • 박 용 한
펴낸이 • 김 진 환
펴낸곳 • (주) 학지사
04031 서울특별시 마포구 양화로 15길 20 마인드월드빌딩 5층
대표전화 • 02) 330-5114 팩스 • 02) 324-2345
등록번호 • 제313-2006-000265호
홈페이지 • http://www.hakjisa.co.kr
페이스북 • https://www.facebook.com/hakjisabook

ISBN 978-89-997-2503-6 93370

정가 14,000원